全国铁道交通运营管理专业高职高专规划教材

U0649751

Tielu Keyun Fuwu Liyi

铁路客运服务礼仪

石　瑛　主　编

郑学良　杜卫芳　副主编

于伯良　主　审

人民交通出版社股份有限公司

China Communications Press Co.,Ltd.

内 容 提 要

　　本书为全国铁道交通运营管理专业高职高专规划教材。全书从基本礼仪常识出发,系统介绍了仪态、仪容与服饰、沟通等礼仪基本知识和规范,并结合旅客运输作业过程中车站服务和列车服务的标准要求,按业务流程、作业规范,分别构建岗位工种情境,通过大量礼仪图片,展示提炼了铁路客运服务礼仪。遵循标准、内容精炼、结构合理,对提高职工个人修养,提高服务水平,树立铁路客运服务的良好形象有所帮助。

　　本书可作为中、高等职业学校铁道交通运营管理专业的学历教育和铁路职工的岗前培训教材,也可作为参考资料和普及读本。

　　＊本书配有多媒体助教课件,任课教师可通过加入职教轨道教学研讨群(QQ 群:129327355)索取。

图书在版编目 (CIP) 数据

铁路客运服务礼仪／石瑛主编. —北京:人民交通出版社股份有限公司,2016.5

ISBN 978-7-114-12923-0

Ⅰ. ①铁…　Ⅱ. ①石…　Ⅲ. ①铁路运输—旅客运输—服务业—礼仪　Ⅳ. ①U293.3

中国版本图书馆 CIP 数据核字(2016)第 068800 号

全国铁道交通运营管理专业高职高专规划教材

书　　　名:**铁路客运服务礼仪**

著　作　者:石　瑛

责任编辑:袁　方

出版发行:人民交通出版社股份有限公司

地　　　址:(100011)北京市朝阳区安定门外外馆斜街 3 号

网　　　址:http://www.ccpress.com.cn

销售电话:(010)59757973

总 经 销:人民交通出版社股份有限公司发行部

经　　　销:各地新华书店

印　　　刷:北京鑫正大印刷有限公司

开　　　本:787×1092　1/16

印　　　张:14.25

字　　　数:315 千

版　　　次:2016 年 5 月　第 1 版

印　　　次:2019 年 12 月　第 9 次印刷

书　　　号:ISBN 978-7-114-12923-0

定　　　价:38.00 元

(有印刷、装订质量问题的图书由本公司负责调换)

全国铁道交通运营管理专业高职高专规划教材
编 委 会

序　言

　　铁路作为国民经济的大动脉、国家重要基础设施和大众化交通工具,在国民经济社会发展中具有重要作用。经过近几年的建设和发展,我国铁路运输能力得到进一步扩充,技术装备现代化水平有了显著提高。目前,我国铁路的旅客周转量、货物发送量、货运密度和换算周转量均为世界第一。预计到2020年,全国铁路营业里程将达到12万km以上。

　　在大交通格局形成以及铁路快速发展的背景下,我国铁路职业院校招生、就业形势较好,培养的铁路从业人员素质也得到了普遍提高。我们为满足各职业院校对教材建设差异化的需求,针对目前职业教育"校企合作、工学结合"的教学改革形势,组织湖北、辽宁、陕西、天津、黑龙江、四川等铁路职业院校,编写了铁道交通运营管理专业高职高专规划教材,于2013年后陆续推出以下教材:

《铁道概论》

《铁路客运组织》

《铁路货运组织》

《铁路车站工作组织》

《铁路行车规章》

《铁路客运服务礼仪》

《铁路线路及站场》

《铁路运输安全管理》

《铁路运输法律法规》

《铁路客运组织习题集》

《铁路货运组织习题集》

　　本套教材具有以下特点:

　　1. 体现了工学结合的优势。教材编写过程中努力做到校企结合,聘请各地一线铁道运营管理人员参与进来,丰富了教材内容。

　　2. 突出了职业教育的特色。教材内容的组织围绕职业能力的形成,侧重于实际工作岗位操作技能的培养。

　　3. 遵循了形式服务于内容的原则。教材对理论的阐述以应用为目的,以够用为尺度。语言简洁明了,通俗易懂;版式生动活泼、图文并茂。

　　4. 整套教材配有教学课件,读者可于人民交通出版社网站免费下载;课后附有复习思考题和实践训练,方便教学使用。

　　希望该套教材的出版对职业院校铁道交通运营管理专业教材改革有所裨益。

全国铁道交通运营管理专业高职高专规划教材

编委会

2013 年 7 月

前　　言

　　铁路客运服务礼仪作为一种与旅客交往过程中所应具有的相互尊重、亲善和友好的行为规范和艺术，是铁路优质服务的重要组成部分。广大铁路客运人员可以通过规范、优雅的服务礼仪，展示客运员工的外在美和内在修养，能够更容易拉近与旅客的距离，提高旅客的满意度，提升铁路企业的社会形象。

　　本书由南京铁道职业技术学院石瑛担任主编，黑龙江交通职业技术学院郑学良、武汉铁路职业技术学院杜卫芳担任副主编，吉林铁道职业技术学院于伯良担任主审。有关章节的编写分工为：武汉铁路职业技术学院杜卫芳负责编写第一、三章，天津铁道职业技术学院轩宏伟负责编写第二、四章，黑龙江交通职业技术学院韩晶书负责编写第五章，黑龙江交通职业技术学院郑学良负责编写第六章，吉林铁道职业技术学院董国艳负责编写第七章。

　　本书在编写过程中还得到了哈尔滨铁路局、沈阳铁路局相关部门的大力支持，在此，向他们一并致谢。

　　由于行业发展迅速，编者水平有限，书中难免会出现纰漏之处，恳请读者批评指正，便于我们修订时改正。

编　者
2016 年 1 月

前　言

目　　录

第一章　概　述

【导读】

　　人类的一切活动不仅仅受到自然规律的影响和制约,同时也要受社会规律以及由社会规律所决定的各种社会规范的影响和制约。而社会规范,除了道德规范和法律规范之外,还有一个很重要的规范就是礼仪规范。礼仪是指人们在社会交往活动中形成的行为规范与准则,是礼节、礼貌、仪表、仪式等的总称。它是社会道德、习俗、信仰等方面人们行为的规范,是文明道德修养程度的一种外在表现形式。礼仪不是随便制定的,是以约定俗成的程序、方式表现的律己、敬人的过程,涉及穿着、交往、沟通、情商等内容。铁路客运服务人员,作为铁路部门对外窗口的"第一人""第一张脸""第一形象",其服务水平直接影响旅客对客运服务的满意度,其礼仪文化的培养和锤炼至关重要。铁路客运服务人员不仅要做礼仪形象的代言人,还要成为礼仪文化的宣传员、播种机。

第一节　礼仪的含义、功能及作用

【案例1-1】

　　孟子,战国时期有名的政治家、思想家、教育家,是继孔子之后儒家学派的代表人物。

　　这位为后世尊称为"亚圣"的圣人,其一身的成就,与他母亲的敦敦教诲是分不开的,流传于世的"孟母三迁""孟母断织"等故事,就反映了她对幼年孟子的教育。即使孟子成年后,孟母亦不断地利用生活中的琐事去启发、教育他。

　　有一次,孟子回家直接推门进去,便看见妻子独自一人两腿叉开坐在那儿,正在做着自己的事情。孟子十分生气,在他看来,妻子坐的姿势很不雅观,因为在古人眼里,两腿向前叉开坐对别人是十分不礼貌的。孟子也不打招呼,一声不吭地走出去,遇到孟母,便说自己要休妻。孟母问:"这是为何?"孟子便将自己所见告诉了孟母,说妻子既不懂礼貌,也没有仪态。孟母没有责怪儿媳不懂礼貌,反而说"你不能这样责怪你的妻子,没有礼貌的是你,而不是她。"

　　为何孟母会这样说呢?是何缘由?孟子因此休妻到底是对还是错?

【知识目标】

1. 掌握礼仪的含义;
2. 了解礼仪的社会功能,既有利于提高个人修养,也有利于和谐社会的发展;
3. 掌握礼仪的各种作用。

【能力目标】

1. 能够依据礼仪的各种规范,提高自身的礼仪素养,赢得旅客的认可;
2. 能够依据礼仪的各种规范,更好地与旅客沟通,提供更优质的服务;
3. 能够担任起铁路企业对外形象的"第一人"。

【学习要求】

1. 具有良好的服务态度意识;
2. 具有良好的礼仪修养,善于与旅客沟通交流。

一、礼仪的含义

礼仪是礼和仪的统称,是指在人际交往过程中,人们为了表示尊重与友好而共同遵守的行为规范和准则。

在现代社会里,礼仪是人们在平等互敬的基础上进行交往时用以规范行为、沟通思想、交流情感、促进了解的重要形式,是人的道德修养和文明程度的外在表现,是建立和谐有序社会的重要保障。具体来讲,礼仪是社会组织或个人在人际、社会乃至国际交往中以一定的约定俗成的程序、方式来表现的律己、敬人的行为规范。这种律己、敬人的行为规范,从个人修养角度来看,是一个人内在素质和修养的外在表现;从道德的角度来看,是为人处世的行为规范和行为准则;从交际的角度来看,是一种交往的方法和技巧;从民俗的角度来看,是沿袭下来的待人接物的习惯做法;从审美的角度来看,是人的心灵美的外化。现代礼仪是通过礼貌、礼节、仪式体现出来的,三者既相互联系又有各自特定的内容和要求。

礼貌是礼仪的基础,主要是指在人际交往和社交过程中,表现出来的敬意、友善和得体的气度与风范。通常所说的礼貌修养,主要表现在个人对仪表、仪容的适度修饰,较高的涵养,待人接物的彬彬有礼,言谈举止的端庄、优雅等方面。礼貌的思想核心和首要内容就是一种敬人的态度。诸如铁路运输企业客运人员在为客户服务时,要求"来有迎声,问有答声,走有送声";在服务中要求使用"请""您好""对不起""谢谢""再见"等文明用语,都是礼貌在服务过程中的体现。

礼节是礼仪的基本组成部分,是礼貌在语言、行为、仪态等方面的具体表现形式,主要是指在工作和交际场合中,相互表现出来的尊敬、祝颂,迎来、送往,问候、致意之类的各种惯用的规则和形式。礼貌与礼节之间的关系是互为表里的关系。没有礼节,无所谓礼貌;有了礼貌,则必然伴有相应的礼节。礼节的应用强调的是得体,即根据不同的交际对象和交际场合施以恰当的礼节。旅客运输行业礼节是铁路客运部门员工对交往、接待、服务的对象由衷表示尊敬、和善与友好的行为方式,比如在为旅客提供服务过程中对站姿、行姿、坐姿的要求。

仪式通常是指围绕一定主题所举行的具有某种专门规定的程序化行为规范的活动,场合一般较大且较隆重,以表示重视、尊重和敬意,如升旗仪式、开业典礼、庆祝典礼、迎宾仪式、签字仪式等。仪式是由一系列具体表现礼貌的礼节构成的。礼节与仪式相比,礼节只是表示礼貌的一种做法,而仪式则是表示礼貌的系统完整的过程。

由此可见,礼貌、礼节、仪式三者是互相渗透、相辅相成的,但又有一定的区别。礼貌的核心是尊重他人的一种态度,从社会学的角度讲,是人的行为的一种道德规范,它决定一个人待人处世的基本行为倾向,较之礼节更为根本。但礼貌只是大致指出人的行为的方向和轮廓,并不具体规定和说明人的行为方式和方法,从这个角度来讲,礼貌还是比较抽象的。

礼节则体现礼貌的行为细节,尊敬他人的态度要以相应的礼节配合才能体现出来,两者之间的关系实为内容与形式的关系。礼节是礼貌的外在表现形式,礼貌则是礼节实施的内容基础。礼貌与礼节的关系,正如古人所言的文与质的关系。仪式主要是作为一种集体性的社交活动形式来说的,在仪式中对礼貌、礼节又有不同的要求。

二、礼仪的功能

"读书是学习,使用也是学习,而且是更重要的学习",学习的目的在于运用。当前,礼仪之所以被提倡,之所以受到社会各界的普遍重视,主要是因为它具有多重重要的功能,既有利于个人,又有利于社会。

(1)从个人角度讲,礼仪的功能首先在于提高人们的自身修养,使人们在社会中得到愉快的尊重。其次,礼仪可以增强个人的自信和魅力,促进人们的社会交往,改善人际关系,是个人社交的身份牌。

在人际交往中,你不尊重他人,也就得不到他人的尊重。交往是生活事业的一部分,没有良好的礼仪教养,交往、生活及其事业都不可能得到成功。或者,得不到应有的成功程度,生活质量、事业成功的可能都会大打折扣。礼仪是个人文化与道德修养的体现,与文化水平成正比,所以礼仪教养也是能力。礼仪教养是我们生活交往中不可缺少的润滑剂,是事业成功的敲门砖。没有人会喜欢一个缺乏教养、出言不逊、举止粗俗、行为猥琐,或者小气无礼的人。礼仪对个人来讲,是人与人之间的润滑剂,是个人呈给社会的名片。有礼走遍天下,每个人都应递给社会一张彬彬有礼的名片。

(2)从社会角度讲,礼仪在社会中也发挥着不可缺少的功能。

①协调、维护社会秩序,体现和谐社会,展示社会文明。社会有很多规范,它们发生作用的方式及渠道不同。没有什么比礼仪规范更渗透在生活的方方面面。可以说,缺少礼仪规范的社会是不和谐、不稳定的社会。社会上人人讲礼习礼用礼,能够净化与提升社会风气,也是和谐社会的直接体现。

一个社会进步还是落后,文明还是野蛮,通过礼仪这个窗口就能够判断出来。越进步越文明的社会,就越讲究礼仪,社会成员的礼仪教养也就越好。

②沟通、协调人际关系。礼仪对于协调人际关系、沟通人与人之间的情感非常重要。人与人之间要和谐相处,更多的是需要讲求沟通、理解、合作。西方一位礼仪专家曾说:"礼仪看上去有无数的清规戒律,但其根本目的却在于让世界成为充满生活乐趣的地方,使人们变得和蔼亲近。"总之,礼仪可看作是人际交往的润滑剂和生活艺术。

三、礼仪的作用

(一)沟通作用

礼仪行为是一种信息性很强的行为,每一种礼仪行为都表达一种甚至多种信息。在人际交往中,交往双方只有按照礼仪的要求,才能更有效地向交往对象表达自己的尊敬、敬佩、善意和友好,人际交往才可以顺利进行和延续。热情的问候、友善的目光、亲切的微笑、文雅的谈吐、得体的举止等,不仅能唤起人们的沟通欲望,彼此建立起好感和信任,而且可以促成交流的成功和范围的扩大,进而有助于事业的发展。

(二)协调作用

人是社会关系的总和,人际关系是人类社会关系中极为重要的关系。由于人们受教育程度不同、成长环境各异,加上个性、职业、年龄、性别等方面的差异,导致人们产生价值取向的不同。在人际交往中,为了维护自身利益,就会发生不同程度的矛盾和冲突。这就必然会使交往双方发生不同程度的矛盾和冲突。这时,礼仪的原则和规范,就会约束人们的动机,指导人们立身处事的行为方式,从而很好地协调人与人之间的关系、人与社会的关系,使人们在相互理解、相互尊重的前提下友好相处,使社会生活井然有序。

(三)教育作用

礼仪作为一种社会规范,会潜移默化地影响和教育人们按照礼仪要求去做,同时通过社会舆论会纠正人们不良的行为习惯和失礼行为。人们对礼仪的孜孜以求,会使社会形成良好的文明风气,进而会促进人们尊礼行礼,同时社会上的礼仪之士也在客观上起着榜样的作用,无形中也会使礼仪之花盛开。现代国家,有的把礼仪教育列入了国民素质教育的主要内容,在短时间内提高全体国民的综合素质,取得了举世瞩目的成就。新加坡可谓这方面的典范。20世纪70年代后期,新加坡在大力抓国民经济建设的同时,将以"礼仪"教育为中心的国民素质教育,提高到一个非常重要的位置,甚至将"忠、孝、仁、爱、礼、义、廉、耻"八种美德列入政府必须贯彻的"治国之纲",使礼仪教育成为每个公民都必须接受的教育内容之一。为规范国民行为,使之养成良好的礼仪习惯,他们甚至运用了法律手段来强化国民的礼仪意识。这些措施的实施,最终使新加坡在短时间内变成了神话般的现代"礼仪之邦",提升了新加坡的国际地位。

(四)塑造作用

礼仪讲究和谐,重视内在美和外在美的统一。礼仪在行为美学方面指导着人们不断地充实和完善自我,并潜移默化地熏陶着人们的心灵。人们的谈吐变得越来越文明,举止仪态越来越优雅,人们的装饰打扮变得越来越富有个性,并符合大众的审美标准,体现出时代的特色和精神风貌。

(五)维护作用

礼仪作为社会行为规范,对人们的行为有很强的约束力。在维护社会秩序方面,礼仪起着法律所起不到的作用。社会的发展与稳定,家庭的和谐与安宁,邻里的和睦与友好,同事之间的信任与合作,都依赖于人们共同遵守礼仪的规范与要求。社会上讲礼仪的人越多,社会便会更加和谐稳定。

第二节　礼仪的归属、特征及原则

【案例1-2】

《林肯传》中有这样一件事:一天,林肯总统与一位南方的绅士乘坐马车外出,途遇一位老年黑人深深地向他鞠躬,林肯点头微笑并也摘帽还礼。同行的绅士问道:"为什么你要向黑鬼摘帽?"林肯回答说:"因为我不愿意在礼貌上不如任何人。"可见林肯深受美国人民的热爱是有其原因的。1982年,美国举行民意测验,要求人们在美国历届的40位总统中挑选一位"最佳总统"时,名列前茅的就是林肯。

这个案例给了我们很多启示:

启示一:虽然不同的民族对于礼仪内容的理解不同,但是礼仪是全人类共同需要的,不分国别、民族、种族、性别、年龄和阶层。

启示二:礼仪具有规范性,所以当一位老年黑人向林肯鞠躬时,林肯也微笑并摘帽还礼。

启示三:礼仪具有延续性,虽然林肯逝世多年,但是他所遵守的礼仪规范直至今日仍然需要人们遵循,所以林肯能在1982年的关于"最佳总统"的民意测验中名列前茅。

【知识目标】

1. 了解礼仪的归属问题;
2. 掌握礼仪的基本特征;
3. 掌握礼仪的基本原则。

【能力目标】

1. 能够在礼仪所属学科范围内借鉴更多理论知识;
2. 能够把握礼仪的各项特征,更好地学习礼仪相关知识;
3. 能够严格遵守礼仪的各项原则,更好地实施礼仪。

【学习要求】

1. 具有良好的服务态度意识;
2. 具有良好的礼仪修养,善于与旅客沟通交流。

一、礼仪的学科归属

探讨礼仪的归属、特征以及应遵循的原则问题,实际上就是要求人们明确现代礼仪学究竟属于什么学科,它与别的学科相比究竟具有哪些特征,它的实施与执行应遵循什么原则。而这正是我们学习和应用礼仪学必须解决的首要、基本的理论问题,因为只有弄清楚了这些问题,我们才能在礼仪所属的学科范围内借鉴更多知识,把握好礼仪的突出特征,并在不断学习和实践中提高自身的礼仪知识水平,更好地实施礼仪。

中国作为人类文明的发源地之一,礼仪文化的历史十分悠久。从渊源上看,中国的"礼"先于"仪"产生,因此,探讨礼仪的学科归属问题,就必须从古代礼学研究开始。

在中国,礼学研究古已有之,正如杨志刚先生在《礼学研究刍议》一文中指出,"中国古代的礼学可以划分为四类:礼经学、礼仪学、礼论、泛礼学。"礼仪的研究对象是礼经,即《周礼》《仪礼》《礼记》以及其他儒家经典中记载的礼,属于经学的范畴。"礼仪学"的侧重点在于"仪",包括仪制撰作和仪制研究。仪制撰作无论是官修(代表作如《唐开元礼》《政和五礼新仪》《明集礼》《清通礼》等),还是私纂[代表作如:(宋)司马光《书仪》、(宋)朱熹《家礼》、(明)黄佐《泰泉乡礼》等],主观意图都是想借此确立仪制的规范,指导现实生活中的礼仪活动。仪制研究,是意于搜辑考订,对于繁琐的名物、制度、礼节,或述或考,或明其沿革,或究其礼意,却并不图用于实施。"礼论"是对礼的本质、价值、功能和历史作用等问题进行理论性的论证和阐述(如载录于《论语》和《礼记》诸篇的孔子礼学,基本就属于礼论;荀子以及北宋李觏的礼学,可谓典型的礼论)。礼论常散见于经、史、子、集各种著作及篇章之中,不似礼经学、礼仪学等专著。"泛礼学"即泛化的礼学,是对"礼"这一古代中国几乎无所不包的社会生活的总规范,影响渗透到制度、器物、行为、观念心态等各个层面的研究,比如,称谓尊谦、姓氏等级、避讳习俗等就曾经是一门不可或缺的"礼"学。

值得注意的是,礼经学、礼仪学、礼论以及礼学这四者之间的划分不是绝对的,它们有时会交错杂糅地并存在一起。例如:朱熹的礼学,就包括了礼经学、礼仪学、礼论三方面的内容,他所撰的《仪礼经传通解》就具有礼经学和礼仪学的双重特点。又如,礼仪学的开山之作——《仪礼》,在汉代,从整个礼学史发展角度看,它归于"经";而在先秦,其特点又表现为"仪"。因此,人们在研究中国古代礼学史时,通常将礼经学研究视为狭义的礼学;把以泛礼学为基础,集合礼经学、礼仪学、礼论这三类礼学的研究扩展为广义的礼学。

当前,我们所学习的现代礼仪学,由于其研究对象涵盖了礼仪的渊源与概念、特性与构成、功能与作用、规律与原则、规范与技巧等内容,因此,它实际上是超越了古代礼仪学的研究范围,并在扬弃古代广义礼学的基础上,将礼仪的理论探讨与实践检验有机的结合在一起的一门新兴的人文应用学科。

二、礼仪的特征

从哲学上来讲,礼仪属于上层建筑。"心灵的真正药物是哲学"(罗马,西塞罗),尽管各个国家的政治制度不同,意识形态各有差异,但共同生活在一个"地球村",期待和平发展是共同的心愿,因而会产生许多不可避免的交往。因此,对礼仪的一般属性和基本特征作一番探讨完全有必要。

礼仪具有普通性、差异性、实践性、传承性、发展性和规范性等特征。

(一)普遍性

礼仪是调整社会成员在社会生活中相互关系的行为准则,是全人类共同需要的。它可以跨越国界,不分国家、地区、民族、宗教和政治信仰的界限,不论年龄、性别、阶层、贫富,只要存在着交往活动,人们就需要通过礼仪来沟通和表达相互的情感,还可以在两个对立的国家、民族、宗教、集团、个人之间的交往接触中起到制约的作用。

礼仪无处不有,无处不在。它运用于各种场合、各个领域。大到国家的政治、经济、文化领域,小到个人的衣、食、住、行;无论是城市乡村,还是企业机关;不论是干部群众,还是集体个人;不管是国家大事,还是家庭琐事;不分场合大小、人数多少,只要有人际交往的活动,就需要人们去遵守约束行为的礼仪规范。

礼仪的普遍性还反映在它的丰富多样性上,它与每个人都有密切的联系。它涉及个体在学习、生活、工作等不同的方面;同时也影响到不同的个体,与其在不同领域的不同礼仪要求等。

(二)差异性

礼仪是各个国家、地区、民族的人们在社会交往中,由于受到历史传统、民族文化、宗教信仰、风俗习惯、时代潮流等因素的影响而形成的,所以不同的国家、地区的礼仪存在着差异。如中国和美国、四川和广东、汉族和土家族的礼仪规范均有区别。

同一礼仪的形成,可以因国家、地域的不同而使其表达的意思大相径庭。例如点头礼,在大多数国家用点头表示"是""同意",但是在保加利亚等国家的礼仪习惯是"点头不算摇头算";再例如向上伸出大姆指,其余四指相握的手势,在中国、日本、斯里兰卡、法国和美国等国家,都有不同的含义。

在不同的场合、针对不同对象,用同一种礼仪形式也会有差异。例如同样是握手,新老朋友之间、男士与女士之间、长辈与小辈之间是有区别的;又比如打招呼,在不同的区域、不同的民族也不尽相同。

不同的行业、不同的职业、不同的场合,也有不同的礼仪要求,如校园礼仪、商务礼仪、宾馆礼仪、办公礼仪、生产礼仪、求职礼仪、谈判礼仪、就餐礼仪等。

差异性是礼仪的重要特征,所以,礼仪必须与其实施礼仪的时间、场所和对象相适宜,否则就会造成适得其反的结果。对此,《礼记·曲礼上》就曾说过"入(竟)境而问禁,入国而问俗,入门而问讳",这就是在强调我们在实施礼仪的时候要考虑礼仪的差异性。

(三)实践性

礼仪是一门实用性很强的行为科学,它不同于纯粹的理论演绎、逻辑抽象和概念探讨,是理论与实践紧密结合的产物。它源于社会实践,直接服务于社会实践。礼仪应用于交际场合,是人类进行交往和应酬的实践活动。

礼仪活动注重一切从实际出发,拒绝夸夸其谈,坚持实事求是。其原则和规范,简单易懂,便于理解操作,其方式、方法仔细周详。"言之有物""行之有礼",便于贯彻落实。因此,对于学习者来说,遵守礼仪的基本原则,制定简便易行的操作方案并加以实践是至关重要的;否则,只学不练就丧失了礼仪的实践特性,达不到学习礼仪的目的。

(四)传承性

我们今天在人际交往中的一切礼仪,都是在人类长期共同生活中逐渐积累而形成的。在漫漫的历史长河中,人们在人际交往中把习惯、规则沿袭传承固定下来,形成了礼仪的规范。"人之性情,莫不由习",可见,礼仪具有极强的继承性。虽然由于社会的进步和人类文明的发展,礼仪的某些内容和形式会产生变革和改变,增添了一些博采众长的时尚元素,但基本内容和形式会保存和承袭下来。

中国是个礼仪之邦,尽管在长期的封建社会里,礼仪是为当时的统治阶级服务的,不可能全盘因循守旧、全盘肯定与继承。但是,其中绝大部分的内容和形式,却充分反映了中华民族的文明水平、道德风貌、大智大勇、勤劳诚挚。这些高尚健康的礼仪,代表着我们祖先待人接物的本质和主流,因而也就很自然地被现代所肯定和继承。

(五)发展性

礼仪规范是随着社会的不断发展而不断发展的,不可能一成不变。道理很简单,首先,由于礼仪本身就是人类文明的产物,需要随着社会的进步与时俱进地不断完善和发展,取其精华去其糟粕。其次,礼仪作为上层建筑,必然在经济基础发生变化时相适应的随之变化。随着时代的要求、人们生活习俗的改变而产生礼仪的变化,是极其自然的事情。

一方面,一个时期被公认的礼仪规范,随着历史的发展,有的被肯定、继承,有的被否定、摈弃。同时,一些符合历史发展和时代特征的新内容又会被补充吸纳、不断推陈出新。另一方面,随着国与国之间的交往,对外文化交流的扩大,经济全球化和信息化时代的到来,各国、各地区、各民族之间的交往日益密切,各自的礼仪也会互相渗透、互相影响、互相取长补短,并使之在传承历史的基础上,不断地被注入新的内涵。

(六)规范性

礼仪的规范性,是指人们在交际场合待人接物时必须遵守的行为规范。这种规范性,不仅约束着人们在一切交际场合的言谈话语、行为举止,使之合乎礼仪;而且也是人们在一切交际场合必须采用的一种"通用语言",是衡量他人,判断自己是否自律、敬人的一种尺度。

三、礼仪的基本原则

现代礼仪应该遵循平等、尊重、真诚、守信、适度、自律的原则。

(一)平等

在现代礼仪中,平等原则是基础,是最重要的。所谓平等就是指以礼貌待人,礼尚往来,既不盛气凌人，也不卑躬屈膝。它要求人们在人际交往中，对任何交往对象都一视同仁，不论对方在年龄、性别、种族、文化、职业、身份、地位、财富等与己有何不同，也不论与自己的关系是亲疏远近，都不能厚此薄彼、区别对待。

从心理学的角度看，人都有友爱和受人尊重的心理要求。人人都渴望平等，成为家庭和社会中真正的一员。任何抬高和贬低自己的语言和行为，都不利于建立和谐的人际关系。平等原则要求我们在处理人际关系中，尤其在服务工作中，对服务对象不管是外宾，还是内宾或侨胞，都要满腔热情、一视同仁地对待，决不能有任何看客施礼的意识，更不能以貌取人。应本着"来者都是客"的真诚态度，以优质服务取得宾客的信任，使他们乘兴而来，满意而归。

【案例1-3】 不卑不亢 平等适度

某一日，一名国内非常有名且受人欢迎的大明星乘坐高铁回老家，该列车的列车员小丽在为该明星服务时，没有利用职务之便，不时打招呼，要求合影或签名，时刻关注他的动态，而是在引领他入座后，询问其是否有什么其他需要后就忙自己的业务，为其他旅客服务去了。

小丽在整个过程中，坚守自己的本职工作，为每一名旅客提供贴心的服务，并没有因为身份的不同而对旅客区别对待。因为不论身份的高低，作为我们的旅客，都应当得到平等的对待，而铁路客运人员也应该热情地为每一名旅客提供服务。

（二）尊重

在现代礼仪中，尊重原则是指在礼仪行为实施的过程中，要体现出对他人真诚的尊重，而不能藐视别人。礼仪本身从内容到形式都是尊重他人的具体体现。在交往中，任何不尊重他人的言行，都会引来别人的反感，更不会赢得别人对自己的尊重。心理学认为，人们对尊重的需要分两类，即自尊和来自他人的尊重。自尊包括对获得信心、能力、本领、成就、独立和自由的愿望，来自他人的尊重包括威望、承认、接受、关心、赏识等。自尊往往是人们容易做到，但要获得来自他人的尊重，首先要学会尊重他人。尊重他人是礼仪的重要原则。与人交往，不论对方的地位高低、身份如何、相貌怎样，都要尊重他的人格，使人感到他在你的心目中是受欢迎的，从而得到一种心理上的满足，进而使心情愉悦。古人说过，敬人者，人恒敬之。俗话说得好：你敬我一尺，我敬你一丈。

在人际交往中如何才是尊重别人呢？首先，要热情、真诚。热情的态度会使人产生受重视、受尊重的感觉。相反，对人冷若冰霜，会伤害别人。当然，热情要有度，如果过分热情，会使人感到虚伪、缺乏诚意。第二，要给人留面子。所谓面子，就是自尊心。每个人都有自尊心，失去自尊心对一个人来说，是件非常痛苦的事。伤害别人的自尊是严重的失礼行为。维护自尊，希望得到他人的尊重，是人的基本需要。第三，允许他人表达思想，表现自己。当别人和自己的意见不同时，不要把自己的意见强加给对方。当你和与自己性格不同的人交往时，也应尊重对方的人格和自由。

（三）真诚

真诚是一个人外在行为与内在道德的有机统一。在社交生活中，用礼仪表达对他人的尊敬，必须出于真诚，表里如一，不能虚情假意、口是心非。因此，在社交活动中，施礼者与受礼者双方，都应彼此真诚相待。英国作家乔叟不止一次地在他的文集中提及一句话："诚实是人能保持的最为高尚的品性。"交往双方只有彼此真诚相待，才能体现自己的文明素质，创造良好的交往氛围，增进了解和感情。

（四）守信

守信是真诚的外在表现,在社交活动中要讲真话,遵守诺言,实践诺言。诚为体,信为用,以诚为本,才能谈得上有信用和信誉。在现代人际交往中,都需要讲信用。企业家讲质量诚信、服务者讲服务诚信,管理者讲管理诚信,教育者讲教育诚信。言必行,行必果。承诺是一种沉重的付出,对待任何已经做出的承诺都应该竭尽全力地去做到;因此在必要的时候,如果你实在无法帮助别人做到一些事情的时候,应该学会拒绝,并掌握好拒绝的艺术。

（五）适度

在社会交往中,需要准确把握在特定的环境和时间里与特定对象的感情尺度,在礼仪方面善于体现理性。为什么在社会交往的感情运行之中要提及理性的学问呢?希腊学者毕达哥拉斯曾说过:"人的精神由三部分构成:智力、理性和热情。其他动物也具备智力和热情,理性只有人类才有……理性不灭。"

所谓适度与理性,要注意施礼与受礼双方在时间、环境、身份以及双方关系的亲密程度相适应。如在与人交往时,要彬彬有礼,又不能低三下四;既要热情大方,又不能轻浮谄媚;要自尊,不要自负;要坦诚,不能粗鲁;要信任人,但不要轻信;要活泼,但不能轻浮。这是因为凡事过犹不及,运用礼仪时,假如做得过了头,或者做得不到位,都不能正确地表达自己的自律、尊敬他人之意。当然,运用礼仪要真正做到恰到好处、恰如其分,只有勤学多练,积极实践。

（六）自律

礼仪作为行为的规范、处事的准则,反映了人们共同的利益。每个人都有责任、义务去维护它、遵守它。各种类型的人际交往,都应当自觉遵守现代社会早已达成共识的道德规范,如社会公德、守时重信、真诚友善、谦虚随和等。在人际交往中,交往双方都希望得到对方的尊重。在这种情况下,我们应该首先检查自己的行为是否符合礼仪的规范要求,主动做到严于律己、宽以待人,"得理也让人"。只有这样,才能在人际交往中塑造自身良好的形象,掌握交往的主动权,得到别人的尊重。

第三节　礼仪的内容与形式

【案例1-4】

有一次,铁路局领导在招待一队从欧洲前来我国考察的团队时,席间发生了这样一个插曲:厨师特意将所上汤中的冬笋片刻成图案"卐",表示"万德吉祥",以示对客人的良好祝愿,但端上来的汤中,冬笋片翻了个身,变成了法西斯的标志"卍"。原本这个菜肴中雕刻的图案只是属于一种礼仪的形式,然而,这个考察团中有些人的家人曾遭受到过法西斯的迫害,这样的图案对于他们来说所代表的含义非比寻常。席间这些人的脸色十分不好,质问这位路局的领导是何用意。在这紧要关头,该领导神色自若地指着那个图案说到:"这在我们中国叫'万'字,象征'福寿绵长',是为了表达我对你们的良好祝愿!"随后他又说:"它并不是法西斯的标志,如果你们不喜欢!刚好我们大家一起来消灭法西斯,把它吃掉!"简单的一席话,尴尬的气氛立马得到了化解,这一插曲也给该考察团队留下了深刻的印象。

【知识目标】

1. 掌握礼仪的内容;
2. 熟悉礼仪的形式分类。

1. 能够分析清楚礼仪实施时候礼仪的各项基本要素;
2. 能够根据不同性质的交往区分各种礼仪。

【学习要求】

1. 具有良好的服务态度意识;
2. 具有良好的礼仪修养,善于与旅客沟通交流。

一、礼仪的内容

通常人们在实施礼仪行为和礼仪活动的时候,肯定是有某种意愿需要表达,而表达这些无形的东西所应具备的基本要素,就是礼仪的内容。根据礼仪内容所选定的诉诸人们感官的物理表现,则是礼仪的形式。礼仪的内容和形式统一于礼仪的实践活动之中,并相互作用共同推进礼仪活动朝着既定的目标顺利进行。

(1)依据礼仪构成的基本要素分,礼仪的内容有礼仪的主体、礼仪的客体、礼仪的媒体和礼仪的环境几个方面。

①礼仪的主体,指的是礼仪活动的操作者和实施者。

它既可以是个人,也可以是组织,甚至是国家。当礼仪活动规模较小、较为简单时,其主体通常是个人。例如:军训时,学员向教官汇报前要先敬礼,那么这个学员就是行礼这个礼仪行为的主体。当礼仪活动规模较大、较为复杂时,其主体通常则是组织,甚至国家。例如:在汶川地震爆发后,当地居民遭受到了巨大的损失,美国政府致电中国政府表示了诚挚的慰问。那么,美国政府就是慰问这一礼仪行为的主体。没有礼仪主体,礼仪活动就不可能进行,礼仪也就无从谈起。

②礼仪的客体,又叫礼仪的对象,它指的是礼仪活动的指向者和承受者。

从外延上讲,它可以是人,也可以是物;可以是物质的,也可以是精神的;可以是具体的,也可以是抽象的;可以是有形的,也可以是无形的。当学生在路上遇见老师,向老师行礼时,老师就是礼仪的对象。学校升旗仪式上,所有学生及教职员工对国旗凝神注目行礼,国旗就是他们的行礼对象。没有礼仪客体,礼仪就失去了对象,就不称其为礼仪。礼仪的客体与礼仪的主体二者之间既对立又依存,而且在一定条件下相互转化。所以,礼仪主体与礼仪客体之间的关系不是一成不变的。很多时候,随着礼仪过程的转换,主体和客体的地位也会发生变化。例如,铁路员工使用礼貌用语接待旅客,铁路职工是礼仪主体,旅客是礼仪客体;如果旅客也用礼貌语言回应铁路职工,则旅客是礼仪主体,而铁路职工则是礼仪客体。为了建立、维护和发展更融洽的人际关系,往往需要人们自觉地、主动地、及时地促成这种转换和变化。

③礼仪的媒体,指的是礼仪活动所依托的一定的媒介。

任何礼仪都必须使用礼仪媒体,不使用礼仪媒体的礼仪不可能存在。现实生活中,礼仪媒体的种类是多种多样、千变万化的,为了更好地运用它,我们必须找出其中最主要的几种类型加以认识和把握。大量的礼仪实践说明,生活中的人、物、事在一定的环境条件下,都可以作为礼仪媒体发挥作用。所以我们可以将礼仪的媒体划分为人体礼仪媒体、物体礼仪媒体、事体礼仪媒体三大基本类型。在具体操作礼仪时,这些不同的礼仪媒体往往是交叉、配合使用的。

a.人体礼仪媒体,是指通过人体自身来传达礼仪信息的媒体,如:讲究敬语相待、文书规整、手势准确、体态优雅、表情自然等言谈举止礼仪。

b.物体礼仪媒体,是指通过各种物体的各种状态来传达礼仪信息的媒体,如:讲究鲜花寓意、物品形态、礼品特色等的馈赠礼仪。

c.事体礼仪媒体,是指通过各种有关的事体来传达礼仪信息的媒体,如:讲究谈判的艺术、迎宾规格、诚实守信、宣传适度等的商务礼仪。

任何形式的礼仪行为和礼仪活动,都不可能凭空进行,必须依托一定的媒介或媒体来实现礼仪内容和形式的统一。

④礼仪的环境,指的是礼仪活动得以进行的特定的时空条件。

大体说来,它可以分为礼仪的自然环境(如天气情况、地理位置、自然灾害等)与礼仪的社会环境(如世事变迁、战争胜负、风俗更易、人际关系等)。礼仪环境不论怎样变化,都体现于时间和空间的变化之中,随着时间和空间的不断变化,礼仪环境也相应地有所改变,并经常对礼仪的实施起着制约的作用,主要表现为以下两个方面:

a.实施何种礼仪要由礼仪环境决定。这一点是指具体的礼仪环境(即时空场合)总是千差万别、千变万化的,一般的礼仪规范不可能也没有必要对每一种特定时空条件下的礼仪都规定的整齐划一。因此,我们必须根据礼仪环境的变化去适应和遵从各种不同的礼俗。

b.具体礼仪如何实施的方法也要由礼仪环境决定。这主要是指礼仪类型确定后,要根据礼仪环境对实施礼仪的规模大小、程序繁简、规格高低等作通盘考虑和妥善处置。

(2)依据礼仪的适用对象、适用范围分,礼仪大致有以下几种:

①政务礼仪,亦称国家公务员礼仪。指的是国家公务员在执行国家公务时所应当遵守的礼仪。

②商务礼仪,指的主要是公司、企业的从业人员以及其他一切从事经济活动的人士,在经济往来中所应当遵守的礼仪。

③服务礼仪,指的是各类服务行业的从业人员,在自己的工作岗位上所应当遵守的礼仪。

④社交礼仪,亦称交际礼仪。指的是社会各界人士,在一般性的交际应酬之中所应当遵守的礼仪。

⑤涉外礼仪,亦称国家礼仪。指的是人们在国际交往中,在同外国人打交道时所应当遵守的礼仪。

在上述礼仪的五个主要分支中,政务礼仪、商务礼仪、服务礼仪,主要是按照行业划分的,并且是人们在工作岗位上所应遵守的,故可称之为行业礼仪或职业礼仪。而社交礼仪、涉外礼仪的划分,则主要以交往范围为依据,所以两者均可以交往礼仪相称。

二、礼仪的形式分类

礼仪既然是社会交往中表示尊重和友好的行为规范,那么凡是在人们交往的时候就一定有礼仪在其中。人们的社会交往行为是复杂多样的,为了便于认识与学习,我们可以根据不同性质的交往区分各种礼仪。如果根据行业的不同,可以分为铁路客运礼仪、航空客运礼仪、医院礼仪、学校礼仪、酒店礼仪、商业礼仪等;如果从交往的程序和过程来看,可以分为欢迎礼仪、交谈礼仪、宴请礼仪、送客礼仪等;如果从行为主体来分,又可以分为个人礼仪、家庭礼仪、团体礼仪等。

不同的社会交往要求不同类型的礼仪行为,不同种类的礼仪行为不能相互混淆,也不能不顾自身的特点照搬一般的礼仪。例如同样是服务行业,商业服务与铁路客运服务在服务过程中有很大差异,有的餐车照搬酒店服务员端托盘的方法培训餐车服务人员,实际上忽略了列车服务自身的特点,显得不伦不类。

从内容上说,现代礼仪至少应该包括四大类:家庭生活类(一般日常生活、节日生活、家庭祭祀);社会交往类;职业工作类;政治生活类。具体而言,家庭生活礼仪应当包括一切与生老病死相关的礼仪,例如出生礼、成年礼以及婚丧食节喜祭诸礼;社会交往礼仪应该包括往来迎送诸礼;职业工作礼仪包括求、辞职礼,与各类同事相处礼等;政治生活礼仪包括与开会、选举、谈判、外交、军队等相关的礼仪;另外还有一些杂礼。

有些礼仪需要一定的载体,包括礼具、礼所、礼人,例如在特定的场合要穿特定的服装,特定的礼仪必须在特定的地点举行,需特定的人来主持等。

三、礼仪内容与礼仪形式的关系

礼仪内容和礼仪形式作为矛盾的两个方面相互依存,统一于礼仪或礼仪媒体之中,它们之间的关系主要表现为以下两个方面。

(一)礼仪内容与礼仪形式之间的关系通常是主从关系

礼仪内容和礼仪形式作为矛盾的两个方面,虽然在礼仪或礼仪的媒体中都是不可缺少的,但是,它们的地位却不是完全一样的。

通常,礼仪内容是矛盾的主要方面,处于决定地位;而礼仪形式是矛盾的次要方面,处于服从地位。礼仪内容决定礼仪形式,礼仪形式服从礼仪内容。对于礼仪内容与礼仪形式之间的这一主从关系,孔子早就有了比较清晰的认识。据《礼记·檀弓上》中孔子的学生子路回忆,孔子曾曰:"丧礼,与其哀不足而礼有余也,不若礼不足而哀有余也。祭礼,与其敬不足而礼有余也,不若礼不足而敬有余也。"意思是说:举行丧礼,与其悲哀不足而送葬的礼物有余,不如礼物不足而悲哀有余。举行祭礼,与其敬意不足而祭祀的礼物有余,不如礼物不足而敬意有余。在这里,悲哀和敬意是丧礼和祭礼这两种礼仪所要表达的精神和情感,属于礼仪的内容;而送葬的礼物和祭礼的礼物则是这些精神和情感的表现方式或物理体现,属于礼仪的外在形式。孔子的意思实际上也就是说:与其礼仪的内容不足而礼仪形式有余,不如礼仪形式不足而礼仪内容有余。可见,其中以礼仪内容为主的思想是非常明确的。

然而,在礼仪实践中,许多人由于不明白礼仪内容与礼仪形式之间的这种主次关系,"斤斤计较"于礼仪形式而完全忽略了礼仪内容,以致做了许多错事、蠢事。例如:17世纪40年代,法国国王路易十三有一次找红衣主教黎塞留议事,正巧碰上这位红衣主教大人有病卧床不起。当臣民躺着的时候,国王怎么能站着或坐着与臣民谈话呢?出于维护国王的尊严,路易十三干脆也在红衣主教的身边躺下来,然后才开始议事。其实,站着也好,坐着也好,躺着也好,都只是礼仪形式问题,只要主教大人在实质上是尊重国王的,国王的尊严就不会因为这个可以理解的实际情况而受到影响和损害,倒是国王躺下来这个做法显得十分愚蠢和可笑。

(二)礼仪内容和礼仪形式在一定条件下可以互相转化

礼仪内容和礼仪形式的主、次地位也不是绝对不变的。在一定条件下,这两个方面又是可以互相转化的,礼仪形式这个处于服从地位的次要方面,也可以成为处于决定地位的主要方面。礼仪行为或活动过程中一旦出现这种情况,就应该采取适当的办法,及时进行调整,以避免出现礼仪失误。

综上可见，礼仪是礼仪内容和礼仪形式的矛盾统一体，而矛盾的双方又是可以在一定条件下互相转化的，这就是事物发展的辩证法。因此，我们的责任就是要在礼仪实践中创造条件。促进矛盾的转化朝着有利于实现礼仪目标的方向发展。

本章小结

本章主要介绍了礼仪的基本概念与主要内容。在本章中，对礼仪的含义进行了介绍；讲解了礼仪的基本功能与作用，使我们了解学习礼仪、掌握礼仪实施技巧的重大意义；详细介绍了礼仪的学科归属以及礼仪的一些基本特征和实施原则，让我们能够更好地去学习、掌握礼仪知识；描述了礼仪的内容与形式，分析了它们之间的相互关系。

通过本章的学习，广大铁路客运职工可以对礼仪的一些基本概念有细致的了解。熟悉礼仪的社会功能及作用，不仅仅针对个人，也有助于整个社会；掌握礼仪的特点及实施原则，更好地学习礼仪相关知识。对提升个人的礼仪修养，拉近与旅客之间的距离有一定的帮助，同时，也可以对内融洽关系，对外树立企业形象，营造和谐的工作和生活环境。

复习思考题

1. 礼仪的含义是什么？
2. 礼仪的功能与作用有哪些？
3. 现代礼仪学的研究对象和特征是什么？
4. 礼仪实施的基本原则是什么？
5. 礼仪内容主要是由哪些要素构成的？

第二章　仪容仪态仪表

【导读】

　　仪容、仪态、仪表都是指人们的外表,只是有所侧重。它包括人的容貌、姿态、举止、风度、衣着、修饰等方面。仪容指的是人的容貌长相;仪态则多指人的姿态,指人在行为中的姿态和举止,它们都是仪表的重要组成部分;仪表是综合人的外表,它包括人的形体、容貌、健康状况、姿态、举止、服饰、风度等方面,是人举止风度的外在体现。风度是指举止行为、待人接物时,一个人的德才学识等各方面的内在修养的外在表现。风度是构成仪表的核心要素。在社会交往中,注重仪容仪态仪表,不仅可以展示我们良好的形象、精神和修养,同时也是尊重交往对象的重要表现。著名的美国小说家马克·吐温曾经说过:"不修边幅的人在社会上是没有影响的。"由此可见,仪容、仪态、仪表不仅能满足他人的审美需要,而且又能使他人感到自己的身份地位得到了应有的承认,因而求尊重的心理也自然会得到满足。

第一节　概　　述

【案例2-1】

　　一铁路企业在招聘文秘人员时,由于待遇优厚,应聘者很多。中文系毕业的小张同学前往面试,她的背景材料可能是最棒的:大学四年,在各类刊物上发表了4万字的作品,内容有小说、诗歌、散文、评论、政论等,还为六家公司策划过周年庆典,一口英语表达也极为流利,书法也堪称佳作。小张五官端正,身材高挑、匀称。面试时,招聘者拿着她的材料等她进来。小张穿着迷你裙,露出藕段似的大腿,上身是露脐装,涂着鲜红的唇膏,轻盈地走到一位考官面前,不请自坐,随后翘起了二郎腿,笑眯眯地等着问话,孰料,三位招聘者互相交换了一下眼色,主考官说:"张小姐,请回去等通知吧。"她喜形于色:"好!"挎起小包飞跑出门。

　　问题:小张能等到录用通知吗?为什么?假如你是小张,你打算怎样准备这次面试?

【知识目标】

1. 了解仪表美及仪表美的基本要求;

2. 熟悉仪态美及仪态美的基本要求;

3. 熟悉女士仪容修饰的方法;

4. 熟悉男士仪容修饰的方法。

【能力目标】

1. 能够展现仪表美;

2.能够展现站、坐、蹲、表情等仪态美；

3.能够根据自身特点修饰自己的仪容。

【学习要求】

1.具有良好的服务态度意识；

2.具有良好的仪容仪态仪表习惯；

3.具有较高的服务水准,善于与旅客进行沟通。

一、仪表美

(一)对仪表的认识

仪表,是指人的外表。包括人的容貌、服饰、姿态、风度等方面。仪表是一个人的精神面貌、内在素质的外在表现。仪容是仪表的重要组成部分。仪容主要指一个人的容貌。在铁路客运服务中,注重个人仪容仪表,对建立良好的个人形象有着重要的作用。一个人的仪容仪表,不单是由其先天的生理条件决定的,也不仅仅是穿戴和修饰的问题,还与他的道德品质、思想修养、文化素质、生活情调等密切相关。在客运服务中,每个客运服务人员的仪表不仅反映个人的精神面貌,同时也代表着中国铁路企业的形象。

爱美是人的天性,追求仪表美是人们热爱生活的表现。随着社会文明程度的提高,追求仪表美越来越成为人们的一种共识。人们通常用仪表端庄、容貌俊秀、风度翩翩、举止潇洒等来赞扬一个人的仪表美。仪表美使人赏心悦目,令人感叹赞美,那么怎样才算仪表美呢?

仪表美是一个综合概念,它应当包括以下三个层次的含义:

其一,仪表美是指人的容貌、形体、体态等的协调优美。如体格健美匀称、五官端正秀丽,这些先天的生理因素是仪表美的基本条件。其二,仪表美是指经过修饰打扮及后天环境的影响形成的美。天生丽质这种幸运并不是每个人都能够有的,而仪表美却是每个人都可以去追求和创造的。即使天生丽质,也需要用一定的形式去表现。无论一个人的先天条件如何,都可以通过化妆、服饰、外形设计等方式使自己拥有仪表美。其三,仪表美是一个人美好高尚的内心世界和蓬勃旺盛的生命活力的外在体现,这是仪表美的本质。真正的仪表美是内在美与外在美的和谐统一,慧于中才能秀于外。一个人如果没有道德、情操、智慧、志向等内在美作为基础,那么,再好的先天条件,再精心的打扮,也只能是一种肤浅的装饰。缺少丰富深刻内涵的美,不可能产生魅力。因此,一个人的仪表美是其内在美的一种自然展现。在现代社交活动中,注重仪容仪表是一个不容忽视的问题,良好的仪表可以塑造良好的自我形象,产生意想不到的社交效果,具有重要的意义。

1.仪表美可以给人留下良好的第一印象

在社会交往中,人们首先是通过仪表开始相互认识的。在最初的交往中,仪表往往比一个人的档案、介绍信、证明、文凭等的作用更直接,更能产生直觉的效果。对方往往通过仪表来判断一个人的身份、地位、职业、学识、个性等。外表给人的第一视觉印象常常会使人形成一种特殊的心理定势和情绪定势。修整得体的仪表能够给人留下深刻的印象,无形地左右着人们相互交往的进展与深度。从这个意义上说,仪表美是社交活动的"通行证"。

2.仪表美是自尊自爱的需要

一个热爱生活、富于理想、工作作风严谨的人,应当是注重仪表的。仪表端庄大方、整齐美观,既体现了一个人的精神风貌,也是自尊自爱的表现。衣冠不整、不修边幅,会被认为是作风拖沓,生活懒散,社会责任感不强,难以得到人们的信任。仪表美还体现了一种安全感,一种认真的作风,一种自信、热情、向上的精神风貌。

3.仪表美是尊重旅客的要求

注重仪表是讲究礼节礼貌的表现,是对他人的一种尊重。仪表美使客运服务人员与旅客之间在思想上感情上容易沟通,有利于增进相互了解和友谊,受人尊重是人们在社交活动中最普遍的心理需要。仪表美在一定程度上起到调整客运服务人员与旅客之间关系,旅客求尊重心理会得到满足。

4.仪表美是客运管理水平和服务水平的需要

客运服务人员的仪表,不仅反映个人的精神面貌,更重要的是代表铁路企业的形象。客运服务人员每天接触来自国内外各行各业的旅客,仪表美会产生积极的宣传效果,给旅客留下良好的印象。客运服务人员的仪表仪态,反映着企业的管理水平和服务质量,其对接待服务工作的影响是不可低估的。美观整洁、端庄大方的仪容仪表,能使人产生好感,取得良好的工作效果。客运服务人员的仪表美,有利于服务质量的提高。

(二)仪表美的基本要求

仪表既然是一个人精神面貌、内在气质的外在表现,那么对仪表美的具体要求应当是:容貌端正,举止大方,行为端庄,遇事稳重,态度诚恳,待人亲切,服饰整洁,打扮得体,不卑不亢,彬彬有礼,如图2-1所示。总体要求可以概括为以下几点:

图2-1 仪表礼仪

1.要追求秀外慧中

仪表美必须是内在美与外在美的和谐统一。要有美的仪表,必须从提高个人的内在素质入手,如果没有文明礼貌、文化修养、知识才能这些内在素质做基础,那么所有外在的容貌、服饰、打扮、举止,都会被人视作矫揉造作,而不会产生美感。

2. 要强调整体效果

仪表美应当是整体的美,它强调的是整体形象效果。秀美的皮肤,端正的五官,令人赞叹;修长的身材,优美的线条,让人羡慕;时髦的服装,精美的饰品,更使人增加几分姿色。但仪表美绝不仅仅局限于此,仪表美是多方面因素的和谐统一。某一局部的美不等于是仪表美,而且过分突出某一局部的美,会使美变得支离破碎,破坏了整体的和谐。一味追求面面俱到的美,也会使美失去平衡。若是不顾自己的特点去模仿别人,难免会俗不可耐,有"东施效颦"之嫌。美是风格,美是和谐,美是设计,仪表美应当是一种独具匠心的和谐的整体美。

3. 要讲究个人卫生

仪表美还必须讲究个人卫生,在与人交往时必须注意仪表的修整与清洁,具体应做到以下几点:

(1)勤洗澡,勤换衣。男士要经常修面,女士要适度使用化妆品,保持皮肤的细润、靓丽。

(2)保持口腔清洁,养成刷牙习惯,防止口臭。

(3)工作前一般不要食用葱、蒜等有刺激性气味的食物。

(4)在工作时间不要浓妆艳抹和佩戴华贵的饰物,不应在众人面前炫耀自己。

(5)头发要适时梳洗,发型要大方得体,指甲要经常修剪,保持两手的清洁。

以上是仪表美的基本要求。历史上的中外名人都非常注重仪表美。周恩来同志青年时代曾悬挂一幅格言:"面必净,发必理,衣必整,钮必结,头容正,肩容平,胸容宽,背容直,气象勿傲勿急,颜色宜和,宜静,宜庄"。这段格言概括了仪表美的主要内容,这些格言对周总理一生为世人所景仰的风度和仪表有着很大的影响。

二、仪态美

(一)仪态的概念

仪态是指人在行为中的姿势和风度。姿势是指身体所呈现的样子,风度则属于内在气质的外化。每个人总是以一定的仪态出现在别人面前,一个人的仪态包括他的所有行为举止:一举一动、一颦一笑、站立的姿势、走路的步态、说话的声调、对人的态度、面部的表情等。而这些外部的表现又是内在品质、知识、能力等的真实流露。

仪态在客运服务中有着特殊的作用。客运服务人员在旅客面前的一举一动,不仅关系到个人形象,而且直接影响到铁路客运服务质量和铁路企业的形象。潇洒的风度、优雅的举止,常常令人赞叹不已,给人留下深刻的印象,受到人们的尊重。在与人交往中,我们可以通过一个人的仪态来判断他的品格、学识、能力以及其他方面的修养程度。仪态的美是一种综合的美、完善的美,是仪态礼仪所要求的。这种美应是身体各部分器官相互协调的整体表现,同时也包括了一个人内在素质与仪表特点的和谐。容貌秀美,身材婀娜,是仪态美的基础条件,但有了这些条件并不等于就是仪态美。与容貌和身材的美相比,仪态美是一种深层次的美。容貌的美只属于那些幸运的人,而仪态美的人,往往是一些出色的人。因而仪态的美更富有永久的魅力。

(二)仪态的特征

1. 仪态是一种"无声的语言"

在客运服务过程中,客运服务人员与旅客能通过语言交流信息,但在说话的同时,面部表情、身材的姿态、手势和动作也在传递着信息。对方在接受信息时,不仅"听其言",而且也在"观其行"。仪态语言是一种极其丰富、极其复杂的语言。据研究者估计,世界上至少有

70 多万种可以用来表达思想意义的态势动作,这个数字远远超过当今世界上最完整的一部词典所收集的词汇数量。信息的传递与反馈,从表面上看,主要是嘴、耳、眼的运用。事实上,表情、姿态等所起的作用,却远远超过自然语言交流的本身。仪态是一种很广泛、很实用的语言,往往比有声语言更富有魅力,可以收到"此处无声胜有声"的效果。

2. 仪态是内在素质的真实表露

仪态在表情达意方面也许不像有声语言那么明确和完善,但它在表露人的性格、气质、态度、心理活动方面却更真实可靠。一个人所说的话可能是真实的,也可能是虚假的,语言可以言不由衷,而人的仪态却总是真实的。也许你嘴上在说着欢迎客人到来的话语,可你的表情、手势、动作却流露出了你的厌倦、无奈,这才是你真实的态度。在社会交往中,仪态还是一种无形的"名片",也许你没有随身带着档案、介绍信,但人们却可以通过你的一举一动、一笑一颦,判断出你的身份、地位、学识、能力,并因此而影响对你信任的程度、交往的深度等。只有那些受过良好教育并且在各方面都很出色的人,才可能举止得体、风度优雅。相比之下,穿着时髦、浓妆艳抹、矫揉造作、刻意表现出来的那种美就肤浅得多。

3. 仪态的习惯性

仪态是人们在成长和交往的过程中逐步形成的,因而具有习惯性的特点。首先,仪态的习惯性是指人们对某一动作理解的习惯性。它一方面表现在某些动作表情达意的一致性,比如人们总是用笑容来表现欢乐、友好、喜欢等感情;另一方面,也表现在同一动作由于地域和文化环境的不同而具有不同的含义。比如,点头在中国和西方人是表示肯定,而在印度、土耳其等国却是表示否定。其次,仪态的习惯性是指每个人的仪态都是在成长过程和生活环境中长期形成的,这种习惯性并不都是先天的,也可以通过后天的生活和训练形成,一旦形成,就很难改变。人们的仪容美会随着时间的流逝而失色,而仪态的美却能够随着年龄的增长而增添几分成熟、稳重、深刻的美。

总之,仪态的美是一种更完善、更深刻的美,它不是可以通过外表的修饰打扮得到的,也不是单纯的动作、表情的模仿可以体现的。它有赖于内在素质的提高、自身修养的加强,有赖于性格、意志的陶冶和能力、学识的充实。仪态的美是长期培养磨炼的结果。只有那些热爱生活、积极进取、自信、自尊、自爱、卓有才华的人,才会拥有真正的仪态美。

(三)仪态礼仪的基本要求

在铁路客运服务中,对每个客运服务人员的仪态要求概括起来是:站有站相,坐有坐姿,举止端庄稳重,落落大方,自然优美,彬彬有礼。具体说来,对各种动作、姿势有以下要求。

1. 站姿

站立是客运服务接待中最基本的姿势。站姿是生活中静力造型的动作,站立不仅要挺拔,而且要优美和典雅,站姿是优雅举止的基础。保持优美的站姿是客运服务人员的基本功之一。

正确的站姿是:抬头,颈挺直,下颌微收,嘴唇微闭,双目平视前方,面带微笑;双肩放松,气向下压,身体有向上的感觉,自然呼吸;挺胸,收腹,立腰,肩平;双臂放松,自然下垂于体侧,虎口向前,手指自然弯屈;两腿并拢立直,提髋,两膝和脚跟靠紧,脚尖分开呈"V"字形,身体重量平均分布在两条腿上。这是基本的站姿,也是客运服务中男客运员常用的站姿,如图 2-2 所示。在此基础上,还可以有所调整,将两脚平行分开,比肩略窄,或将左脚向前靠于右脚内侧,成丁字步站立;可以将右手搭在左手上,放在腹部或臀部,双手叠放于体后,或是一手放于体前一手背在体后。铁路客运服务中女客运员常用的站姿是右手搭在左手上,双脚呈"V"字形和丁字形,如图 2-3 和图 2-4 所示。站立时不可以双手叉腰、抱在胸前或放入衣袋,不可以探脖、弓腰、东歪西靠。训练站姿可以在室内靠墙站立,脚跟、小腿、臀、双肩、后脑勺都紧贴着墙,每次坚持15分钟左右,养成习惯;也可以到室外广场上、道路旁人员众多的地方面带微笑练习站立,这样更容易培养人们多方面的素质。

图 2-2　基本站姿　　　　　　　图 2-3　"V"字形站姿　　　　　　　图 2-4　丁字形站姿

正确优美的站姿,会给人以挺拔向上、舒展俊美、庄重大方、亲切有礼、精力充沛的印象。

2. 坐姿

坐是最常用的一种举止。坐姿是静态的,但也有美与不美、优雅与粗俗之分。良好的坐姿可以给人以庄重安详的印象。

标准的坐姿是:入座时要轻稳,走到座位前,转身后退,轻稳地坐下,女子穿裙装入座时,应将裙向前收拢一下再坐下。上体自然坐直,立腰,双肩平正放松;两臂自然弯曲放在膝上,也可以放在椅子或沙发的扶手上,掌心向下;双膝自然并拢(男士可略分开些),如图 2-5 所示,双脚平落在地上;坐在椅子上,至少应坐满椅子的三分之二,脊背轻靠椅背;起立时,右脚向后收半步,而后站立,如图 2-6 所示。

图 2-5　标准坐姿　　　　　　　　　　　　图 2-6　起立姿势

端坐时间过长,会使人感到疲劳、不自然,可换一下姿势:男士可在标准式的基础上,两小腿前伸一脚的长度,左脚向前半脚,脚尖不要翘起,形成前伸式;或将小腿前伸,两脚踝部交叉形成前交叉式。女士可将两小腿向左斜出,两膝并拢,右脚跟靠拢左脚内侧,右脚掌着地,左脚尖着地,头和身躯向左斜,注意大腿小腿要成90°,小腿要充分伸直,尽量显示小腿长度,形成侧点式;在侧点式基础上,左小腿后屈,脚绷直,脚掌内侧着地,右脚提起,用脚面贴住左踝,膝和小腿并拢,上身右转,形成侧挂式;右脚前伸,左小腿屈回,大腿靠紧,两脚前脚掌着地,并在一条直线上,形成屈直式;在前伸式坐姿的基础上,右脚后缩,与左脚交叉,两踝关节重叠,两脚尖着地,形成前交叉式,如图2-7所示。总之,坐在椅子上是可以变换姿态的,只要端坐,腰立直,头、上体与四肢协调配合,那么各种坐姿都会是优美自然的。

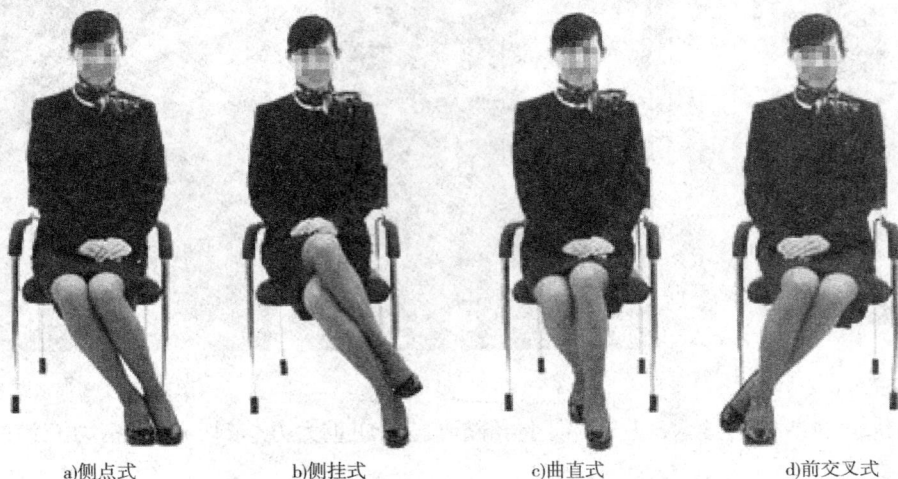

a)侧点式　　　　b)侧挂式　　　　c)曲直式　　　　d)前交叉式

图2-7　其他女士的坐姿

坐时切不可前倾后仰,或是歪歪扭扭,也不可双腿伸得远远的,摇腿、跷脚、两腿过于分开都是不雅观的。坐在椅子的前半边,身子稍向前倾是表示谦虚,但与人交谈时,坐得过于萎缩前倾,就是一种阿谀了。

3.动作

在客运服务中,每个客运服务人员经常是处在动的状态,除了站、坐之外,其他动作的优美也必须注意培养。

(1)蹲姿

蹲姿也应当是优美典雅的。在取低处物品或拾取落地物品时,切不可弯腰翘臀,而应使用蹲姿。具体做法有:

①膝点地式蹲姿:单膝点地式,即下蹲后一腿弯曲,另一条腿跪着。臀部坐在脚跟上,以脚尖着地,另外一条腿应全脚着地,小腿垂直于地面,双腿应尽力靠拢,如图2-8所示。

②交叉式蹲姿:女交叉式蹲姿,下蹲时右脚在前,左脚在后,右小腿垂直于地面,全脚着地。左膝由后面伸向右侧,左脚跟抬起,脚掌着地。两腿靠紧,合力支撑身体。臀部向下,上身稍前倾,如图2-9所示。

③高低式蹲姿:下蹲时右脚在前,左脚稍后,两腿靠紧向下蹲。右脚全脚着地,小腿基本垂直于地面,左脚脚跟提起,脚掌着地。左膝低于右膝,左膝内侧靠于右小腿内侧,形成右膝高左膝低的姿态,臀部向下,基本上以左腿支撑身体,如图2-10所示。

若用右手捡物品,可以先走到物品的左边,右脚向后退半步后再蹲下来。脊背保持挺直,臀部一定要蹲下来,避免弯腰翘臀的姿势。男士两腿间可留有适当的缝隙,女士则要两腿并紧,穿旗袍或短裙时需更加留意,以免尴尬。

图2-8　膝点地式蹲姿　　　　图2-9　交叉式蹲姿图　　　　图2-10　高低式蹲姿

（2）手势

手势是客运服务中不可缺少的动作,动作手势可以增强表情达意。手势的美是一种动态美,手势运用要规范和适度,要给人一种优雅、含蓄、彬彬有礼的感觉。手势的动作要求是:手指伸直并拢,手与前臂成一条直线,肘关节自然弯曲,掌心向斜上方,如图2-11所示。手势不能过大,也不能过多。运用手势要有个摆动过程,动作规律是:欲扬先抑、欲左先右、欲上先下。注意不能掌心向下,不能攥紧拳头,也不能用手指点,这些都含有不敬的意思。运用手势要注意与面部表情和身体其他部位的动作的配合,才更能体现出尊重和礼貌。

a)　　　　　　　　　　　　　　　b)

图2-11　手势

（3）递物与接物

递物与接物是客运服务中常用的一种动作,应当双手递物,双手接物,表现出恭敬与尊重的态度。递物时要注意,如果是文件、名片等要将正面对着接物的一方,如图2-12所示;如果是尖利的物品,要将尖头朝着自己,而不要指向对方。接物时不能漫不经心,在双手接物的同时应点头示意或道声谢谢。

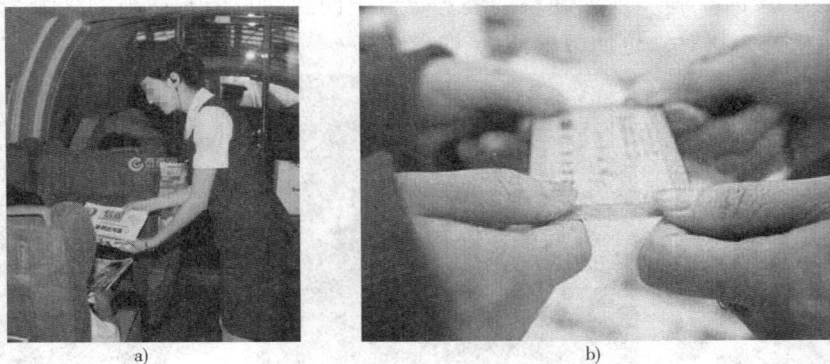

图 2-12 递物与接物

（4）禁止的动作

在旅客面前打喷嚏、打哈欠、伸懒腰、挖耳鼻、剔牙、打饱嗝、搓泥垢、修指甲，都会被认为是不文明的行为。咳嗽或打喷嚏时，应用手帕捂住口鼻，而转向无人侧。吐痰时要吐在手纸里或去卫生间，不能乱扔纸屑、果皮、烟头等废物。有病时应避免社交活动。雨天进门应先在门口擦鞋底，雨具应放在门外或门厅。

4. 表情

表情是人体语言中最为丰富的部分，是内心情绪的反映。人们通过喜、怒、哀、乐等表情来表达内心的感情。在客运服务中，表情起着重要的作用，现代心理学家总结出一个公式：

$$感情的表达 = 7\% 言语 + 38\% 语音 + 55\% 表情优雅的表情$$

感情的表达可以给人留下深刻的第一印象。

表情是优雅风度的重要组成部分，构成表情的主要因素有目光和笑容。

图 2-13 目光

（1）目光

目光是面部表情的核心。在客运服务时，目光是一种真实的、含蓄的语言。"眼睛是心灵之窗"，从旅客的目光中，可以看到他的整个内心世界。一个良好的客运服务形象，目光应是坦然、亲切、友善、有神的。在与旅客交谈时，目光应当注视着对方，才能表现出诚恳与尊重，如图 2-13 所示。客运服务过程中，冷漠的、呆滞的、疲倦的、轻视的、左顾右盼的眼光都是不礼貌的。切不可盯人太久或反复上下打量，更不可以对人挤眉弄眼或用白眼、斜眼看人。

（2）笑容

笑有微笑、大笑、冷笑、嘲笑等许多种，不同的笑表达了不同的感情。微笑是指不露牙齿，嘴角的两端略微提起的表情，如图 2-14 所示。发自内心的微笑是最美好的，人们的交往应是从微笑开始的。微笑是对人的尊重、理解和友善。与人交往时面带微笑，可以使人感到亲切、热情和尊重，使自己富于魅力，同时也就容易得到别人的理解、尊重和友谊。

微笑的力量是相当巨大的，有人把微笑比作全世界通用的"货币"，因为它易被世界上所有人接受。

22

5. 空间距离

人与人之间有着看不见但实际存在的界限,这就是个人领域的意识。因此,根据空间距离不同,也可以推断出人们之间的交往关系。

一般说来,交际中的空间距离可以分为以下四种:

(1)亲密距离

亲密距离在 45 厘米以内,属于私下情境。多用于情侣,也可以用于父母与子女之间或知心朋友间。两位成年男子一般不采用此距离,但两位女性知己间往往喜欢以这种距离交往。亲密距离属于很敏感的领域,交往时要特别注意不能轻易采用这种距离。

(2)私人距离

私人距离一般在 45～120 厘米之间,表现为伸手可以握到对方的手,但不易接触到对方身体,这一距离对讨论个人问题是很合适的,一般的朋友交谈多采用这一距离。

图 2-14 微笑

(3)社交距离

社交距离大约在 120～360 厘米之间,属于礼节上较为正式的交往关系。一般工作场合人们多采用这种距离交谈,在小型招待会上,与没有过多交往的人打招呼可采用此距离。

(4)公共距离

公共距离指大于 360 厘米的空间距离,一般适用于演讲者与听众、彼此极为生硬的交谈及非正式的场合。在社交活动中,根据其活动的对象和目的,选择和保持合适的距离是极为重要的。

(四)培养健美的形体

形体健美是指人体各部位比例关系的协调对称,发育正常,按一定标准延伸形成富有变化的线条,并且能体现出健康向上的活力。比如我国评选模特,对身高、体重、胸围、腰围、腿围、臀围等都规定了理想化的标准。如果一个人的形体符合这些标准,那就是具备了形体美的基本条件。但仅有形体各部位的标准还不够,形体美应当以健康为基础,男子应表现阳刚之美,女子则应表现秀丽之美。要想形体健美,应当坚持进行科学、系统的形体训练。如参加定期的健美培训班等,只要持之以恒,就能使形体达到基本健美。

人的体形不可能都完全符合理想化的标准,如果身体各部位的比例不理想,可以通过服饰、发型、妆色等来修饰、调整。正常的头部与身体的比例关系,应该以自己一个头的长度为衡量单位,全身是七个半头的比例关系。不符合这种比例者,可以利用发型和服装两大因素来弥补。此外,穿上一双高跟鞋,可以收到加长身高和加大腿长的效果,还可以使人显得挺拔、精神。但穿高跟鞋时要注意,鞋跟高度必须与脚的长度和腿的长度成适当的比例。

人的身高与体重有一定的比例关系,用公式表示为:

$$身高(厘米)-105=体重(公斤)$$

例如,身高为 165 厘米的女士,她的标准体重应该是 165－105＝60(公斤),在这个标准上,允许有 10% 的变化幅度,即她的体重在 57～63 公斤之间,都是正常的。如果不在这个范围,就可认为是偏胖或偏瘦了。另外,对人的胸、腰、臀、腿、臂的尺寸以及各部位之间的比例关系,也规定了一定的标准范围,可以根据这些标准,测量你的身体是否理想。你如果身材合乎标准,则可以尽情地去穿着打扮。如果你的身材某些方面不十分理想,那你就要设法掩饰或改变它。衣着的款式、色彩可以起到改善体型、掩饰缺欠、修正比例的作用。

总之,人们在客运服务过程中,只有将服饰、妆饰、仪态三者融为一体,才能创造出完美的铁路形象。培养良好形象的过程,实际上是在高度自觉的前提下,使自己整体素质提高的过程,这远非一朝一夕之功,但只要有恒心,就一定能够达到理想的境界。

三、女士仪容

爱美之心人皆有之,女士更是天性爱美。要使自己在客运服务中表现出令人赏心悦目的仪容,受到旅客的欢迎,就要学会一些仪容修饰的方法,根据自身特点通过后天修饰,使自己的仪容散发出高雅的气质。客运服务人员应充分关注自己的仪容,自觉维护和修饰形象,把最好的一面展现在旅客面前。一般来讲,涉及女士仪容主要包括发型(头发养护)与美容两方面。

(一)发型

在当今社会,头发的功能已不再是单纯地表现人的性别,而是更全面地表现着一个人的道德修养、审美情趣、知识结构及行为规范。人们可以通过某人的发型推断其职业、身份、所受教育程度、生活状况及卫生习惯,甚至可以感受出其是否身心健康和对生活事业的态度,所以,发型对于女士的仪容是非常重要的。女士树立与众不同的自我,首先应该"从头做起"。

1. 了解自己的头发

头发的基本成分是蛋白质,每根头发平均每月可长1厘米,头发的平均寿命约4~5年,之后它便会自行脱落,每人每天约要脱落几十根至一百根,随之新头发长出来。正常头发,皮脂分泌正常,有光泽,有弹性;油脂性头发,皮脂分泌过多,头的表皮及毛发均有黏糊之感;干性头发,由于皮脂分泌过少,没有光泽,有干松之感。可以认为:头发的性质与皮肤的性质相同,面部皮脂属于干性的人,头发也是干性的。头发的软硬,可以从烫发后头发是否容易保持卷性较好断定,较硬的头发保持卷性较好,软发则不然。

2. 头发的保养

(1)洗发

一般来说中性皮肤的人,冬天可隔4~5天左右,夏天可隔3~4天洗一次,油性皮肤和干性皮肤的人,要分别缩短或延长1~2天,夏季每天洗发基本没什么问题,只要注意的是,必须选用性质温和的洗发水,例如含有氨基酸、蛋白质等活性剂的洗发水。

洗发前应先将头发梳顺;用温水洗发,水应在37~38℃最适宜,过烫的水容易使头发受损伤而变得松脆易折断,而水温过低,去油腻的效果又不好;洗发精应选择适合自己发质的,一般略带微酸性者较佳,将洗发水按摩至起泡后再涂在头发上,不要直接倒在头发上;不要大力用指甲抓头皮,用手指的指腹按摩头皮;要确保彻底冲洗干净洗发水,不然会伤害发质;洗发后冲水花的时间应是洗发的两倍,否则,洗发水中的碱性成分残留在头皮和头发上,会损伤头发产生分叉、头皮屑等。

(2)梳发及按摩

梳发,是保持美发不可缺少的日常修整之一。梳发可以去掉头及头发上的浮皮和脏物,并给头发以适度的刺激,以促进血液循环,使头发柔软而有光泽。使用的梳子应从实用的目的出发进行选择。正确的梳拢办法是,首先从梳开散乱的毛梢开始,用刷子毛梢轻贴头皮,慢慢在旋转着梳拢。用力要均匀,如用力过猛,会刺伤头皮。先从前额的发际向后梳,朝相反方向,再沿发际从后向前梳。然后,从左、右耳的上部分别向各自相反的方向进行梳理,最后让头发向头的四周披散开来梳理。

按摩头皮能刺激毛细血管与毛囊,有助于头皮的分泌调节,并对油性和干性皮肤有治疗功效。按摩时,两手的手指张开,以手指在头皮上轻轻揉动。按照头皮血液自然流向心脏的方向,按前额、发际、两鬓、头颈、头后部发际的顺序进行。按摩可以促进油脂分泌,因此,油性头发按摩时用力轻些,干性头发可稍重些。

(3)不同发质的护理

干性发质:专家一致认为,除了遗传因素,干枯的头发是长时间缺乏护理和化学品残留的后遗症。当然,精神压力、内分泌的变化以及饮食的平衡与否等,也会对发质产生或多或少的影响。选用一种配方特别温和的完全不含或只含少量洗涤剂但却能有效地补充水分的洗发水是很重要的。洗发不需过于频繁,当然不要忘记使用护发素。为防止发丝内的水分流失,应尽量避免使用电吹风以及其他以电力操作的卷发器具。如果必须使用,最好事先在头发上涂一层护发品。饮食方面,多吃新鲜果蔬无疑对身体大有好处的。身体健康者的头发有足够的养分可摄取,自然柔亮可人。

油性发质:皮脂腺分泌过多的天然油脂,是形成油性发质的根本原因。要改善这种情况,你需要的是一种性质温和的洗发水,并经常清洗头发。强力的洗发水不但于头发无益,反会令油脂分泌更加猖獗。由于头皮已能分泌足够的油脂,护发素只要涂在距离发根数寸的发梢上即可。油性发质比较适合染发,染发剂或多或少地会令头发变得干燥,而较多的油脂正好可以起到中和作用。纤细发质:如果你的头发过于纤细柔软,应该寻找一种能渗入发茎的洗发水,使头发充盈起来。美发造型时,最好使用能营造丰厚发式的喷雾产品。染发也颇适合这种类型的头发,因为在染发过程中,染发会让发茎逐渐膨胀,由此产生更强的质感。

3. 发型的选择

(1)发质与发型

各人的发质不一,不同的发质适合不同的发型。当女性选中了适合自己发质的发型以后,就可以配合理发师把自己的头发打扮的更美丽。

①自然的卷发:自然卷曲的头发,只要能利用自然的卷发,就能做出各种漂亮的发型。这种发质如果将头发减短,卷曲度就不太明显,而留长发才能显示出其自然的卷曲美。

②服贴的头发:这种发质的特点是头发不多不少,非常服贴,只要能巧妙修剪,就能使发根的线条以极美的形态表现出来。这种发质的人,最好将头发剪短,前面和旁边的头发,可以按自己的爱好梳理,而后面则一定要用能显示出发根线条美的设计,才是理想的发型。修剪时,最好能将发根稍微打薄一点,使颈部若隐若现,这样能给人以清新明媚之感。

③细少的头发:这种发质的人应该留长发,将其梳成发髻才是最理想的,因为这样不但梳起来容易,同时也能比较持久。通常这种发质缺乏时感,可以辅之以假发。如果梳在头顶上,适合正式场合;梳在脑后,是家居式;而梳在后颈上时,则显得高贵典雅。

④直硬的头发:这种发质要想做出各种各样的发型是不容易的。在做发型以前,最好能用油性烫发剂将头发稍微烫一下,使头发能略带波浪,稍显蓬松。在卷发时最好能用大号发卷,看起来比较自然。由于这种头发很容易修剪得整齐,所以设计发型时最好以修剪技巧为主,同时尽量避免复杂的花样,做出比较简单而且高雅大方的发型来。

⑤柔软的头发:这种发质比较容易整理,不论想做任何一种发型,都非常方便。由于柔软的头发比较服贴,因此俏丽的短发比较适合,能充分表现出个性美。

（2）脸型与发型

①方脸的特点是棱角突出、下巴稍宽，显得个性倔强，缺乏温柔感。因而，在选择发型时，宜掩盖太突出的棱角感，使脸部看上去长一些，增加柔和感。可以利用波浪形增加脸部的温柔感。宜将前额和头顶的头发上扬，露出部分额头，但切忌全部露出。方脸型的人在留额发时，宜遮掩额部的两角，额发要有倾斜感，使方中见圆。头发的两侧可选择卷曲的波浪发型，以改善方脸的形状。还可利用卷曲的长发部分遮住下颌两侧，转化太宽的下颌线条。

由于近年来人们审美标准逐渐改变，方脸形因其极富个性而得到青睐，所以不少女性愿意不加掩饰，选择富于个性的发型。

②三角形脸的特征是上窄下宽，所以在选择发型时应平衡上下宽度，可用波浪形发卷增加上部分的分量，也可用头发掩饰较为丰满的下部。不宜将额发向上梳，以免暴露额头太窄的缺陷。分缝可采用中分或侧分。耳旁以下的发式不应再加重份量，也不宜选择双颊两侧贴紧的发型。

③倒三角脸与三角脸恰好相反，可以选择掩饰上部、增宽下部的发型。发型要造成大量的蓬松的发卷，并遮掩部分前额。具体选择时，最忌选往上梳的高头型，这样只会突出细小的下巴，使整个脸部更不平衡。可运用领部线条之美，使耳边的头发产生份量，并显出额角，令脸部变得丰满一些。

这样的脸型不应选择直的短发和长发等自然款式，这样会使窄小的领部更加单调。刘海可留得美观大方而不全部垂下。面颊旁的头发要梳得蓬松，显得很多，以遮掩较宽的上部分。

④椭圆形的脸是东方女性最理想的脸型，所以拥有这种脸型的人梳什么样的发型都不会难看。不过，如果选择中分、左右均衡的发型，更能体现娴静、端庄的美感。若留一袭黑色直发披在肩头，更有飘逸之感。

（3）发型与服装

①与西装相适应的发型。无论直发还是烫发，都要梳理得端庄、艳丽、大方，不要过于蓬松，并且可以在头发上适当抹点油，使之有光泽。

②与礼服相适应的发型。着礼服时，可将头发挽在颈后结低发髻，显得庄重、高雅。

③与运动衫相适应的发型。可将头发自然披散，给人以活泼、潇洒的感觉；如将长发高束，或将长发编成长辫，可增加柔美的情调。

④与皮制服装相适应的发型。如你穿皮装，可选披肩发、盘发、梳辫子等，使你倍添风采。

⑤与连衣裙相适应的发型。如果你穿的是一种外露较多的连裙，那你可选择披发或束发；如果你穿V字领连衣裙，那你可选盘发。

（4）发型与体型

①高瘦型。该种体型的人容易给人细长、单薄、头部小的感觉。要弥补这些不足，发型要求生动饱满，避免将头发梳得紧贴头皮，或将头发搞得过分蓬松，造成头重脚轻。一般来说，高瘦身材的人比较适宜于留长发、直发。应避免将头发削剪得太短薄，或高盘于头顶上。头发长至下巴与锁骨之间较理想，且要使头发显得厚实、有份量。

②矮小型。个子矮小的人给人一种小巧玲珑的感觉，在发型选择上要与此特点相适应。发型应以秀气、精致为主，避免粗犷、蓬松，否则会使头部与整个形体的比例失调，给人产生大头小身体的感觉。身材矮小者也不适宜留长发，因为长发会使头显得大，破坏人体比例的

协调。烫发时应将花式、块面做得小巧、精致一些。若盘头也有身材增高的错觉。

③高大型。该体型给人一种力量美,但对女性来说,缺少苗条、纤细的美感。为适当减弱这种高大感,发式上应以大方、简洁为好。一般以直发为好,或者是大波浪卷发。头发不要太蓬松。总的原则是简洁、明快,线条流畅。

④短胖型。短胖者显得健康,要利用这一点造成一种有生气的健康美。比如选择运动式发型。此外应考虑弥补缺陷。短胖者一般脖子显短,因此不要留披肩长发,尽可能让头发向高度发展,显露脖子以增加身体高度感。头发应避免过于蓬松或过宽。

(二)美容

1. 肌肤的基本护理

(1)面部的清洁

清洁面部可以去除新陈代谢产生出的老化物质、空气污染;卸妆等残留物,同时也可以清洁肌肤。洗脸时应遵守以下几点:

①使用洗面乳的方法是先将洗面乳放在手上揉搓起泡,泡沫约细,越不会刺激肌肤,泡沫需揉搓至奶油般细腻才算合格,让无数泡沫在肌肤上移动以吸取污垢,而不是用手去搓揉。

②基本上是从皮脂分泌较多的T字区开始清洗,额头中心部皮脂特别发达,要仔细清洗。手指不要过分用力,轻轻地由内朝外画圆圈滑动清洗。

③用指尖轻柔仔细地清洗皮脂腺分泌旺盛的鼻翼及鼻梁两侧,这一部分洗不干净将导致脱妆及肌肤出现油光。

④鼻子下方容易长青春痘,须仔细洗净多余的皮脂,用无名指轻轻画轮廓,既不会刺激肌肤,又可完全去除污垢。

⑤注意,嘴巴四周也要清洗,脸部是否仔细洗净,重点在于有没有注意细小的部位,清洗时以按摩手法从内朝外轻柔描画圆弧状。

⑥下巴和T区也一样,也容易长青春痘及粉刺。不但如此,这还是洗脸时,往往容易忽略的部位。洗脸时应由内朝外不断画圈,使污垢浮上表面。

⑦面积较大的脸颊部位需要特别仔细的关照。清洗面颊的诀窍是,不要用指尖,接触皮肤而是用指肚,使指肚仅有的面积充分接触脸颊的皮肤,以起到按摩清洁的作用,洗脸的重要技巧是在于不要太用力,以免给肌肤带来不必要的负担。

⑧洗时要记得洗到脖子部位,下巴底部、耳下等也要仔细洗净,粉底霜没有去除干净将使肌肤引发各种困扰。

⑨冲洗时用流水(水龙头不关)充分地去除泡沫,冲洗次数要适度,在较冷的季节,需使用温水,以免毛细孔紧闭而影响了清洗效果。

⑩洗脸后用毛巾擦拭脸上水分时,不可用力揉搓,以免伤害肌肤。正确使用毛巾的方法将毛巾轻贴在脸颊上,让毛巾自然吸干水分。

(2)面部营养的补充

通过卸妆及洗脸去除污垢后,便是补充随污垢一起流失的水分、油脂、角质层内的 NMF(天然保湿因子)等物质,使肌肤回复原来的状态,化妆水和乳液可以发挥它们的功效。

化妆水的任务绝对是补充水分,它的首要职责是补充洗脸时失去的水分,用充足的水分紧缩肌肤,使它变得柔软,紧接在其后的乳液才容易渗入。

用化妆水充分补充洗脸所失去的水分后,再用乳液补足水分、油分、使肌肤完全恢复原来的状态,这点相当重要。乳液有水分、油分、保湿等肌肤必要的三种成分,而且这三种成分调配得十分均匀,是每日保养肌肤不可缺少的产品,它的主要目的是恢复肌肤的柔软性,并为接下来的化妆做好准备。

除去化妆水与乳液以外,面霜也是一种护肤的佳品。一般人认为面霜属油性,因此油性肌肤的人不应选用,其实这是不完全的认识。本来,面霜的目的是在肌肤渗入含有水分的保湿剂后,制造油分保护膜,使它继续保持湿润。因此一般认为它是替皮脂分泌少的干性皮肤补充人工皮脂膜,但它对天然皮脂膜十分充裕的油性皮肤也是不无益处的。特别是脂多但水分相当缺乏的油性皮肤,面霜更是帮助皮肤保持水分的良好营养品。

2. 肌肤的特殊护理

(1)按摩

按摩最大的效果是提高新陈代谢,加强血液循环。因为夏天强烈的紫外线及户外空气与冷暖气房间的温差所引起的生理机能下降,会引起肤色暗沉、肌肤干燥等有碍肌肤健康的现象。按摩的确是有效的保养法,不但如此,要使化妆品充分溶合,按摩是最适度的手段。

有些人认为按摩是产生皱纹的主要因素,其实他们所担心的是过度按摩会对肌肤造成负担。利用毛细孔张开,皮肤柔软的沐浴时间。在3~5分钟内边放松心情边按摩,将不致给肌肤带来任何负作用。

按摩的诀窍是手肘尽量伸展,手平行地朝内拉回,指尖不要大用力,手指横向移动,自然能防止肌肤产生皱纹。手指由下到上、自内向外轻轻触摸,以逆时针方向做螺旋状动作。整个手掌推压皮肤,对深部皮肤施压,可加速血液流动,也能收到效果。

(2)化妆品皮炎护理

由于皮肤接触化妆品而发生的皮肤炎症反应,称为化妆品皮炎。其症状轻重不一,轻者只见潮红或丘疹,按上去微热;重者可引起明显的红斑、水泡。严重者会出现红肿,甚至形成糜烂、浅溃疡,愈后留下色素或短痕。由于一般化妆品中含有的成分对一些皮肤较敏感的人有刺激作用,一些长期使用化妆品的人便会发生化妆品皮炎。如染发剂中的苯二胺、镍,唇膏、眼影、胭脂中的香料,脱毛剂中的硫化物,戏剧化妆的油彩以及绿色、深红色颜料等均可引起皮炎。

一旦得了化妆品皮炎,若面部有明显的红肿和流水时,可先用清水冲洗干净,再以3%浓度的硼酸水作湿敷,并可涂一些氧化锌油剂,也可在短期内服用强的松片和抗过敏药物。

在预防上,凡疑有化妆品过敏的人,可做皮肤敏感试验,即将化妆品取少许涂在手部较柔嫩处,待两小时后观察涂抹处有无发红、发痒的现象。如确属过敏,应更换其他化妆品,或在化妆前用凡士林打底,并均匀地涂抹一层薄薄的皮肤防护剂,以减轻发病。卸妆时,可用精制而成的石蜡油。若过敏较严重的人,最好避免再次接触致病的化妆品。

四、男士仪容

注重仪容不是女士的专利,也是男客运员提升外在气质的手段之一,需要注意自己的形象。那么,男客运员需要注意哪些个人仪容?一般来说,要保持男客运员的形象也不是很难,注意以下九个方面的问题即可。

(一)身上有异味要经常清理

男人的汗腺比较发达,出汗后身上会产生一些酸败味,这样会使人"敬而远之"。所以,大汗刚过的男人如有可能应换上干净的衣服再往人群中凑,或注意与他人保持一定距离,还可在腋下胸前等易出汗的部位涂一点儿止汗香剂。吸烟的男人最好在与人交谈时停止吸烟,注意不要过近地与人面对面谈话,吸烟后最好能嚼点儿口香糖等能去除烟味的食物。不少男人是汗脚,所以,应注意保持鞋的清洁,皮鞋最好有两双以上,换着穿。有口臭的人,应养成一日刷三次牙的习惯,如一段时间之后仍有口腔异味,应去看医生。

(二)胡须、头发要经常清理

男人的头发和胡子很容易影响自身的美观,油腻脏乱的头发对精神面貌有很大的负面影响。在出门前,上岗前,摘下帽子时,下班回家时,其他必要时都要自觉梳理头发,保持头发的整齐。通常留短发最好,后不过领,侧不过耳,后不及领,不留怪异发型,头发不允许中分。男士应该每天都将自己的下巴刮得光洁平滑,这样看上去更显年轻。

(三)别让脸上总是过于油腻

多数男人的脸比较容易油腻,且易生出粉刺,因此,要特别注重面部的清洁。不妨选用男性洗面奶及吸油面纸等,每日早晚各清洁一次,这样既清洁又护肤。

(四)不要变得女人气

男人的形象与女性健美形象的标准不同,如果男人像女人那样涂脂抹粉,会显得不伦不类。男人不应使用过浓的香水、穿着太花哨的衣服;语言和动作也不应矫揉造作,否则会给人不像个男子汉的印象。

(五)衣装不要太随便、没情趣

男人不能还抱着不需要打扮自己的旧观念不放。男人的服装式样比较少,这就更要注意细节和搭配,特别是颜色和款式的搭配,穿出自己的个性。

(六)鼻部的修饰

早晚特别是经过较长时间在外奔波的,更要注意清洁鼻子内外,起码不要让人看到"乌溜溜"的鼻孔。有鼻液更要及时用手帕或纸巾擦干净。不应当众用手去擤鼻涕、挖鼻孔、乱弹或乱抹鼻垢,更不要用力"哧溜、哧溜"地往回吸,那样既不卫生又让人恶心。一定要在没有人的地方清理的,用手帕或纸巾辅助进行,还应避免搞得响声太大,用完的纸巾要自觉地放到垃圾箱里。平时还要注意经常修剪鼻毛,不要让它在外面"显露",也不要当众揪拔自己的鼻毛。

(七)眼部的修饰

眼部是被别人注意最多的地方。所以时刻要注意眼部的清洁,避免眼屎遗留在眼角,并让眼睛能够得到足够的休息。有些男士喜欢戴墨镜。墨镜主要适合在外活动时佩戴,来防止紫外线损伤眼睛,在室内时最好不要佩戴。

(八)味道

男士打扮的最后一个步骤是他的气味。可以在刮完胡子后,用一些男用香水或须后水。目前使用香水不仅仅是女性的专利,男士同样可以。可以选择含有淡淡烟草味道的香水,这样会提升男士们的个人魅力。

(九)精神面貌不容忽视

男人的形象与其精神面貌有很大的关系,如果外表各方面都处于最佳状态,但目中无光,神态不振,这个人的形象也就谈不上好。所以,男人在精神面貌上要保持对生活的乐观和追求,少些抑郁忧愁,多些爽朗欢笑。

第二节　面部淡妆技巧

【案例2-2】

　　王某,女,高校文秘专业高材生,毕业后就职于铁路车站做文员。为适应工作需要,上班时,她毅然放弃了"清纯少女妆",化起了整洁、漂亮、端庄的"白领丽人妆":不脱色粉底液,修饰自然、稍带棱角的眉毛,与服装色系搭配的灰度高偏浅色的眼影,紧贴上睫毛根部描画的灰棕色眼线,黑色自然型睫毛,再加上自然的唇型和略显浓艳的唇色,虽化了妆,却好似没有化妆,整个妆容清爽自然,尽显自信、成熟、干练的气质。

　　但在公休日,她又给自己来了一个大变脸,化起了久违的"青春少女妆":粉蓝或粉绿、粉红、粉黄、粉白等颜色的眼影,彩色系列的睫毛膏和眼线,粉红或粉橘的腮红,自然系的唇彩或唇油,看上去娇嫩欲滴,鲜亮淡雅,整个身心都倍感轻松。

　　心情好,自然工作效率就高。一年来,王某以自己得体的外在形象、勤奋的工作态度和骄人的业绩,赢得了车站同仁的好评。

【知识目标】

　　1. 熟悉化妆的一般程序;
　　2. 熟悉化妆的内容与技巧。

【能力目标】

　　1. 能够化面部淡妆;
　　2. 能够通过一定的艺术处理,突出面部五官最美的部分,掩盖或矫正缺陷或不足的部分。

【学习要求】

　　1. 具有良好的服务态度意识;
　　2. 具有良好的面部淡妆习惯;
　　3. 具有较高的服务水准。

一、面部化妆的一般程序

　　每个人的面容都有自己的特点,因此,化妆的技法和风格也不尽相同。而且每隔一段时间,化妆方法也会有不同的流行特色。脸部化妆就是利用各种技术,恰当使用化妆品,通过一定的艺术处理,突出面部五官最美的部分,使其更加美丽,掩盖或矫正缺陷或不足的部分,达到美化形象的目的。由于职业的需要,从事客运服务工作的女员工化面部淡妆,适度的化妆也是尊重宾客的一种礼貌需要。

　　1. 洁面
　　首先用洗面奶、清水将面部清洁干净。

　　2. 化妆水
　　日光下容易脱妆,化妆前必须选用收敛性的化妆水。

　　3. 乳液
　　化日妆宜选用乳液,含油量不宜太大,可选用水溶性乳液。

4. 修正液、修正粉底

用于调整皮肤的颜色,适合化日妆使用,方便快捷,肤色黄的人用紫色粉底,可使皮肤显白;对红血丝皮肤用绿色粉底可起掩饰作用。

5. 粉底液

适用于肤质好的人,也可以局部遮掩,用量宜少、宜薄,有严重斑点的部位和高光部位可多涂抹两次,皮肤较干或有严重斑点的皮肤应使用粉底霜。

6. 定妆

用粉刷蘸取少量散粉或用粉饼在全脸薄薄定妆,尤其是脸颊和眼部。散粉宜少、宜薄。

7. 眼影

眼部结构好的人可用单色眼影晕染。用眼影刷蘸取少量眼影色,从上眼睑外眼角向内眼角轻轻晕染,然后用干净大眼影刷晕染,位置为眼球的边缘线上。

8. 眼线

睫毛浓密的人可不画眼线,睫毛条件差的人可选合适的眼线笔,画上下眼线,然后用眉刷蘸深色眼影作晕染。使眼线产生睫毛的浓密感和朦胧感。

9. 眉毛

眉毛条件好的人,只需用眉刷蘸取少量深色眼影刷顺眉毛,眉毛条件差者,用深色眼影轻刷一遍,缺少的眉毛要用眉笔一根一根的按眉毛生长的方向画上。

10. 口红

日妆的口红颜色不宜鲜艳,尽量接近唇色,可选用粉质无光的口红,画出唇形后,用唇刷蘸单色口红晕染,或涂上少量浅色唇油。

11. 睫毛

睫毛条件好的人,可用无色睫毛膏刷一遍;睫毛条件差的人,先要把睫毛夹弯上翘,然后刷 2~3 遍增长睫毛膏,使睫毛向上弯曲,可增强眼睛的立体感和魅力。

12. 胭脂

脸形和肤色好的人可以不刷胭脂,需要刷时用胭脂刷,选择浅红色胭脂,用量宜少不宜多,非常自然、似有似无的感觉。

二、化妆的内容及技巧

(一)化妆的基本内容及技巧

化妆的基本内容及技巧大致是不变的,一般包括下面几个方面:

1. 基础底色

使用底色的目的是遮盖皮肤的瑕疵,统一皮肤色调。应根据自己的脸型施以粉底,突出面部的优点,修饰其不足。不要用太白的底色,否则会使人感到失真。最好是选用两种颜色的底色,在脸部的正面,用接近自己天然肤色的颜色均匀地薄薄地涂抹;在脸部的侧面,可用较深的底色,从后向前、由深到浅均匀地涂抹。深色有后退和深陷的作用,这样做可以收到增强脸形立体感的效果。在面部需要表现后退和深陷的部位,都可以巧妙自然地使用底色。

2. 定妆

上完底色后用粉定妆,目的是柔和妆面,固定底色,还可吸收皮肤分泌物,保护皮肤免受阳光、风、灰尘等外部刺激。选用香脂粉要考虑自己皮肤的特征和色调,普通香粉分为粉红、微黄和白色三种。脸上涂粉不宜过多,粉一定要涂得薄而均匀。

3. 修饰眼睛

通常情况下,修饰眼睛要遵循以下五个步骤:

(1)定方案。对着镜子设计好化妆眼睛的方案。

(2)涂眼影。目的是为了表现眼部结构的整体风格,有丰富面部的作用。涂眼影时,贴近睫毛眼角部位要重些,然后用眼影刷轻轻扫开去。

(3)画眼线。是为增加生理睫毛的合理浓密程度,增强眼睛的神采。画眼线时,使用眼线笔紧贴睫毛由外眼角向内眼角方向描画,上眼线比下眼线重些,上眼线从外眼角向内眼角画 7/10 长,下眼线画 3/10 长。

(4)卷翘睫毛。用睫毛夹夹住睫毛卷压片刻,使睫毛向上翘立,从而扩大眼睑的弧度,使眼睛更多地受到光线照射。反射光与黑眼珠形成对比和闪动亮光,以使眼睛更为有神。

(5)刷染睫毛液。在卷翘的睫毛上刷染睫毛液,可以使睫毛显得浓密而漂亮。在做眼部美化的时候,必须与生活化妆中的整体风格相协调。

4. 描画眉毛

眉毛的生长规律是两头淡,中间深,上面淡,下面深。标准的眉形是在眉毛的 2/3 处有转折。描画修饰出一个理想的眉形,一般需要下列步骤:

(1)用小眉刷轻刷双眉,以除去粉剂及皮屑。

(2)用温水浸湿的棉球盖住双眉,使眉毛部位的组织松软。

(3)拔除多余的散眉毛。

(4)用眉笔根据自己的脸型修饰接近于标准眉型。

(5)用小刷子轻刷双眉,使眉毛保持自然位置。

5. 涂刷面红

面颊是流露真实感情的部位,是显示健康貌美的焦点。面颊红润,会给人留下生气勃勃、精神焕发的印象。面红的中心应在颧骨部位。涂面红时应从颧骨处向四周扫匀,越来越淡,直到与底色自然相接。涂面红可以用来矫正脸形。圆脸形的人,面红的形状应是长条形的,以减弱胖的感觉;长脸形的人应涂得宽些,以增加胖的感觉。面红的颜色,白皮肤的人,可选用淡一些、明快一些的颜色,如浅桃红、浅玫瑰红;皮肤较黑的人,颊红可以深一些、暗一些。

6. 涂抹唇膏

嘴唇是人身上最富于表情的部位。比较理想的唇形为:唇线清楚,下唇略厚于上唇,大小与脸形相宜;嘴角微翘,富于立体感。为达到理想的唇形,可以采用涂抹唇膏的方法,具体程序是:

(1)清洁嘴唇。

(2)用唇线笔勾出理想的唇廓线。

(3)用唇刷或唇笔按照从上到下,从嘴角向唇中方向涂抹外缘,逐步涂向内侧,直到全部涂满,在笑时或谈话时看不到留有界线的存在。

(4)根据需要涂上光亮剂。

涂抹唇膏必须适合自己的具体条件。还要注意不同场合选用不同的口红色。日常淡妆中,口红色应以浅色、透明色为佳,显示一种健康的红润血色;晚妆、宴会妆、新潮妆等,口红色既可以浓艳,也可以夸张,但无论选用什么颜色,都应使唇色与整体面妆风格协调一致。

7. 美化手部

在客运服务中,手往往充当"先行官"的角色。手的运用最为频繁,且与人体其他部位一起,形成了整体风采。手的类型很多,对于年轻女子来说,理想的手应具备以下特征:丰满、修长、流畅、细腻、平洁等。

手的美化,最主要的是保养。要养成勤洗手的习惯;用手洗衣要戴上橡皮手套以防洗衣粉的刺激;寒冷的季节外出要戴手套以免冻伤;晚上睡觉前用温水洗净手后敷上营养霜或甘油;要经常修剪指甲,保持指甲的清洁光亮。

(二)不同脸型化妆技巧

1. 椭圆脸化妆技巧

椭圆脸可谓公认的理想脸型,化妆时宜注意保持其自然形状,突出其可爱之处,不必通过化妆去改变脸形。胭脂,应涂在颊部颧骨的最高处,再向上向外揉化开去。唇膏,除嘴唇唇形有缺陷外,尽量按自然唇形涂抹。眉毛,可顺着眼睛的轮廓修成弧形,眉头应与内眼角齐,眉尾可稍长于外眼角,如图 2-15 所示。

正因为椭圆形脸是勿需太多掩饰的,所以化妆时一定要找出脸部最动人、最美丽的部位,而后突出之,以免给人平平淡淡、毫无特点的印象。

2. 长脸形化妆技巧

长脸形的人,在化妆时力求达到的效果应是:增加面部的宽度。胭脂,应注意离鼻子稍远些,在视觉上拉宽面部。抹时,可沿颧骨的最高处与太阳穴下方所构成的曲线部位,向外、向上抹开去。粉底,若双颊下陷或者额部窄小,应在双颊和额部涂以浅色调的粉底,造成光影,使之变得丰满一些。眉毛,修正时应令其成弧形,切不可有棱有角的。眉毛的位置不宜太高,眉毛尾部切忌高翘,如图 2-16 所示。

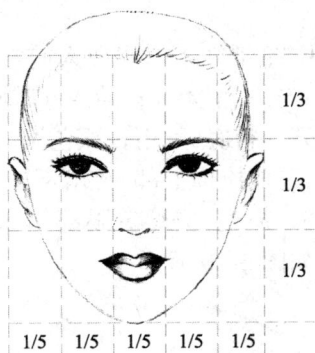

图 2-15　椭圆脸化妆技巧　　　　图 2-16　长脸形化妆技巧

3. 圆脸形化妆技巧

圆脸形给人可爱、玲珑之感,若要修正为椭圆形并不十分困难。胭脂,可从颧骨起始涂至下颌部,注意不能简单地在颧骨突出部位涂成圆形。唇膏,可在上嘴唇涂成浅浅的弓形,不能涂成圆形的小嘴状,以免有圆上加圆之感。粉底,可用来在两颊造阴影,使圆脸削瘦一点。选用暗色调粉底,沿额头靠近发际处起向下窄窄地涂抹,至颧骨部下可加宽涂抹的面积,造成脸部亮度自颧骨以下逐步集中于鼻子、嘴唇、下巴附近部位。眉毛,可修成自然的弧形,可作少许弯曲,不可太平直或有棱角,也不可过于弯曲,如图 2-17 所示。

4. 方脸形化妆技巧

方脸形的人以双颊骨突出为特点,因而在化妆时,要设法加以掩蔽,增加柔和感。胭脂,宜涂抹得与眼部平行，切忌涂在颧骨最突出处。可抹在颧骨稍下处并往外揉开。粉底，可用暗色调在颧骨最宽处造成阴影，令其方正感减弱。下颚部宜用大面积的暗色调粉底造阴影，以改变面部轮廓。唇膏，可涂丰满一些，强调柔和感。眉毛，应修得稍宽一些，眉形可稍带弯曲，不宜有角，如图2-18所示。

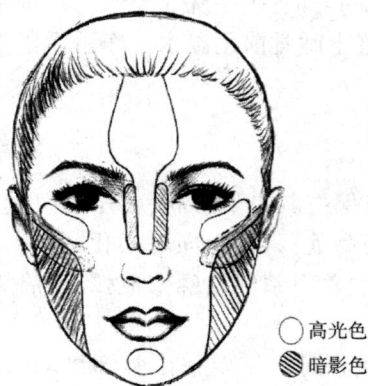

○ 高光色
▨ 暗影色

图2-17　圆脸形化妆技巧　　　　　　图2-18　方脸形化妆技巧

5. 三角脸形化妆技巧

三角脸的特点是额部较窄而两腮较阔，整个脸部呈上小下宽状。化妆时应将下部宽角"削"去，把脸形变为椭圆状。胭脂，可由外眼角处起始，向下抹涂，令脸部上半部分拉宽一些。粉底，可用较深色调的粉底在两腮部位涂抹、掩饰。眉毛，宜保持自然状态，不可太平直或太弯曲，如图2-19所示。

6. 倒三角脸形化妆技巧

倒三角脸形的特点是额部较宽大而两腮较窄小，呈上阔下窄状。人们常说的"瓜子脸""心形脸"即指这种脸形。化妆时，掌握的诀窍恰恰与三角脸相似，需要修饰部分则正好相反。胭脂，应涂在颧骨最突出处，而后向上、向外揉开。粉底，可用较深色调的粉底涂在过宽的额头两侧，而用较浅的粉底涂抹在两腮及下巴处，造成掩饰上部、突出下部的效果。唇膏，宜用稍亮些的唇膏以加强柔和感，唇形宜稍宽厚些。眉毛，应顺着眼部轮廓修成自然的眉形，眉尾不可上翘，描时从眉心到眉尾宜由深渐浅，如图2-20所示。

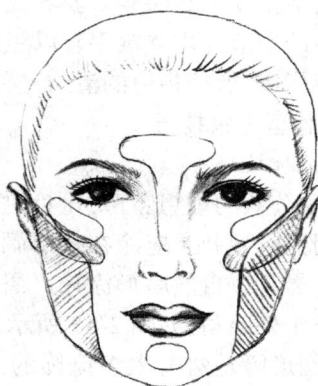

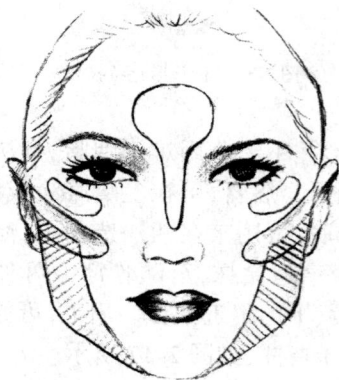

图2-19　三角脸形化妆技巧　　　　　　图2-20　倒三角脸形化妆技巧

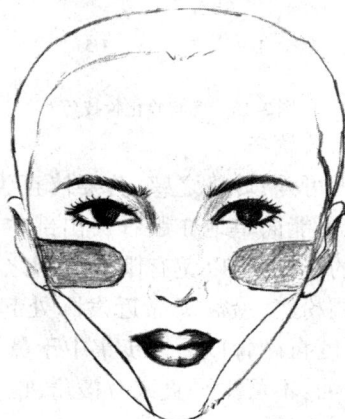

(三)不同年龄化妆技巧

1. 少女化妆技巧

少女妆的特点应在于自然,给人以青春朝气和不加修饰之感。

由于少女的皮肤细腻、娇嫩而富有弹性和光泽,在化妆时宜突出两颊和嘴唇处,不宜描眉、涂眼影和上较夸张的粉底。在技巧上,应清淡自然、似有若无,切忌浓妆艳抹,反倒失去自然美。

具体的方法是:清洁皮肤,一定要彻底洗净,因为青春期皮肤油脂分泌较多,若不保持清洁易生粉刺等。涂上润肤剂,以轻拍方式施以化妆水,以整理肌肤;涂上一层薄薄的浅色调的粉底,双颊扫以淡淡的棕红色胭脂;唇部画好唇形后,宜涂上粉红色、橙色等富有朝气色彩的唇膏;睫毛上可涂上淡淡的黑色睫毛膏,强调明亮的双眼;在整个以粉红色和棕色为基调的脸部,还可略施薄薄的透明状松粉,更显露出柔和鲜艳的肤色。清新而艳丽是少女化妆的目标。

2. 中年女性化妆技巧

由于中年女性面部普遍布有皱纹,因而化妆重在掩饰。可选用稍暗色调的粉底,在有皱纹地方轻轻涂抹,应沿着皱纹纹路的起向轻涂,否则垂直涂抹粉底会使之存留于皱纹之中,使皱纹更为明显。粉底宜涂得薄而均匀。为进一步掩饰皱纹,必须降低皮肤的亮度,所以应用质好细腻的香粉扑面。选用胭脂时应视面部的不同情况而定。液状胭脂有湿润作用,粉状胭脂则能掩饰粗大的毛孔。中年女性的化妆宜突出自然、优雅之感。

3. 老年女性化妆技巧

我国的老年女性大多不打扮,认为人老珠黄再美容化妆会惹人说笑,这是极为错误的观念。其实即使老年人,也可借助巧妙的化妆技巧来美化自己。展现"黄昏"之美,白发红颜更予人强烈的美感。

老年女性,应选用接近自然肤色的粉底,过深或过浅色调的粉底反而会使皱纹更为显眼;眼影不可选用油质的或带有闪光的,否则会使眼部油腻无神而显浮肿;唇膏宜选用颜色柔和的,忌用过于艳丽的色彩,最常使用的是润仪容唇膏,另外,在涂唇膏时,不宜画唇线;在修正眉形时,可将眉毛稍稍描一下。

老年女性的装饰应上下统一而协调,给人高雅之感。在穿衣时,最好将皱纹较多、肌肉松弛的颈部掩饰住,使面部化妆效果更好。

(四)戴眼镜者化妆技巧

经常戴眼镜的人,在化妆上应有别于不戴眼镜者。应注意眼镜框的上边是否与眉型相配合,以上边线与眉平行为佳,切不可框线下垂而眉形上扬。画眉毛的眉笔色调应与镜框的颜色尽量相配。应选用校明亮的眼影色及浓密一些的假睫毛或深色的睫毛膏。由于近视往往会使眼睛显得小些,所以应在上睫毛下画上较深色的眼线。胭脂、口红的颜色应与镜框的颜色相调和,深色镜框需配以较深色的口红,反之则较淡些。胭脂应抹得低些,以免被眼镜遮住。发型应以简单为宜。额前的刘海不要太多、太长。选择戴其他饰物时,应考虑到与眼镜的配合。

(五)洗澡忌急于化妆

洗澡水的温度、水质和湿度会使正常皮肤的酸碱度发生改变。正常人的皮肤呈酸性,可以防止细菌的侵入,保护皮肤。洗澡后,皮肤酸碱度改变,若急于化妆,使用化妆品会使皮肤产生不良反应。应在洗澡后1小时,待皮肤酸碱度恢复正常后再化妆为宜。

三、正确使用香水的方法

香水是女性美容的化妆品之一,也是居室中常备的物品。香水不仅能除臭、添香、止痒、消炎、防止蚊叮虫咬等,而且还能刺激大脑,使人兴奋,消除疲劳。但使用香水亦有讲究:

(1)最好将香水洒在手腕、颈部、耳后、太阳穴、臂弯里、喉咙两旁、膝头等不完全暴露的部位,这样香味随着脉搏跳动、肢体转动而飘溢散发为避免香水对皮肤的刺激,可洒在衣领、手帕处。千万不要将香水搽在面部,不然会加速面部皮肤老化。

(2)不要在毛皮衣服上洒香水,因为它的酒精成分会使毛皮失去光泽。如果将香水洒在浅色衣服上,日晒后会出现色斑。所以,尽量避免直接洒在衣服上。

(3)不可将香水喷在首饰上,应该先搽香水,等完全干后,再戴项链之类的饰物。否则会影响饰物的颜色及光泽。

(4)香水不宜洒得太多、太集中,最好在离身体20厘米处喷射。如果在3米以外还可以嗅到身上的香水味,则表明用得太多。

(5)搽用香水后不宜晒太阳,因阳光的紫外线会使搽过香水的部位发生化学反应,严重的会引起皮肤红肿或刺痛,甚至诱发皮炎。

(6)不要同时将不同牌子的香水混用,因为那样会使香水变味或无效。

(7)夏日出汗后不宜再用香水,否则汗味和香味混杂在一起,给人留下污浊、不清新的感觉。因此多脂多汗处忌洒香水,以免怪味刺鼻。

(8)患有支气管哮喘或过敏性鼻炎的人,最好不要用浓香的香水。

第三节　服饰礼仪

【案例2-3】

车站有位女职员是财税专家,她有很好的学历背景,常能为客户提供很好的建议,在公司里的表现一直很出色。但当她到客户的公司提供服务时,对方主管却不太注重她的建议,她发挥才能的机会也就不大了。一位公司同事发现这位财税专家在着装方面有明显的缺憾:她26岁,身高147厘米,体重43公斤,看起来机敏可爱,喜爱着童装,像个16岁的小女孩,其外表与她所从事的工作相距甚远,客户对于她所提出的建议缺少安全感、依赖感,所以她难以实现她的创意。

【知识目标】

1.了解着装的基本原则;

2.了解女士着装礼仪及男士着装礼仪;

3.熟悉西装及职业装穿着规范;

4.了解饰品搭配技巧。

【能力目标】

1.能够按照TPO原则正确着装;

2.能够正确穿着西装及职业装;

3.能够巧妙进行饰品搭配。

【学习要求】

1. 具有良好的服务态度意识；
2. 具有良好的着装习惯；
3. 具有较高的服务水准。

服饰不仅能避风挡雨，保护身体，更重要的是可以美化身体、扬长避短，展示一个人良好的精神风貌。服饰礼仪是仪表礼仪的重要组成部分。服饰是一种文化，也是一个国家和民族礼仪的标志之一，学习和遵守服饰礼仪，是铁路客运服务取得成功的前提。

一、着装的基本原则

着装的 TPO 原则（Time 时间、Place 地点、Occasion 仪式，这三点称之为 TPO）是世界通行的着装打扮的最基本的原则。它要求人们的服饰应力求和谐，以和谐为美。TPO 原则即着装与时间、地点、仪式内容相配的原则。

1. 时间原则

一般包含三个含义：一是指一天中时间的变化；二是指一年中四季的不同；三是指时代间的差异。日间是工作时间，着装要根据自己的工作性质的特点，总体上以庄重大方为原则。如果安排有社交活动或公关活动，则应以典雅端庄为基本着装格调。晚间可能有宴请、听音乐、看演出、赴舞会等社交活动，由于空间的相对缩小和人们的心理作用，人们往往对晚间活动的服饰比白天活动时的服饰给予更多的关注与重视。因此，晚间着装要讲究一些，礼仪要求也要严格一些。晚间着装以晚礼服为宜，以形成典雅大方的礼仪形象。西方许多国家都有一条明文规定：人们去歌剧院观看歌剧一类的演出时，男士一律着深色晚礼服，女士着装也要端庄雅致，以裙装为宜，否则不准入场。这一规定旨在强调社交场合的文明与礼仪，同时也体现着西方国家所具有的尊重他人、可以营造优美环境与氛围的社交文化。

另外，一年四季不同气候条件的变化对着装的心理和生理也会产生影响，着装时应做到冬暖夏凉、春秋适宜。夏天的服饰应以简洁、凉爽、轻柔为原则，切记拖沓累赘，给自己与他人造成不必要的烦恼和负担。冬天的服饰则应以保暖、轻快、简练为原则，穿者单薄会使人看起来唇乌面青、缩肩伛背；而着装过厚，又会显得臃肿不堪、形体欠佳。春夏两季着装的自由度相对来讲要大一些，但仍应注意总体上宜以轻巧灵便、薄厚适宜为着装原则。此外，服饰还应顺应时代的潮流和节奏，过分落伍或过分新奇都会令人侧目。

2. 地点原则

即指环境原则。不同的环境需要与之相协调的服饰，以获得视觉与心理上的和谐感。在豪华的铺着地毯的谈判大厅与陈旧简陋的会客室里，穿着同一套服装得到的心理效应会是截然不同的。与环境不相协调的服装，甚至会给人以身份与穿着不符的感觉或华而不实、呆板怪异的感觉等，这些都有损于形象。避免它的最好办法是"入乡随俗"，穿着与环境地点相适合的服装。不如职业女性在衣着穿戴上不能太华丽，肉色蕾丝上衣、丝绒高开叉长裙，会使别人怀疑其工作能力，同时也难免会遭到同性的嫉妒和异性的骚扰。同样，对于一个刚离开校门参加铁路客运工作的青年人来说，太清纯、大学生味的装扮也只会让自己显得幼稚、脆弱，让人怀疑其肩上能否挑得起重担；而太前卫的着装只会让人觉得散漫、怪诞、缺乏合作精神。

3. 仪式原则

着装的仪式原则是指服装要与穿着场合的气氛相和谐，更和欲达到的目的相一致。如参加签字仪式或重要典礼等重大活动,要想让自己显得庄重、大方,表现出诚意或教养,着一套便装或打扮的过于花枝招展都不适宜,不能达到预期目的;只有穿着和体的,质地、款式都庄重大方的套装才合适。

二、着装的注意事项

1. 着装与体型相配

人们的体型千差万别,而且往往难以十全十美。但如掌握一些有关服装造型的知识,根据自己的身材选择服饰,利用眼睛的视错觉,就能做到扬长避短,隐丑显美。

如身材肥胖者,服装的质地不能太厚,显得笨重;也不能太薄,使体型暴露无遗。应选用厚薄适中,柔软而挺括的料子,如华达昵、毛涤纶、棉涤纶等。胖人还忌穿大花纹、横条纹、大方格图案的服装,避免体型横宽的视错觉。在色彩上,胖人应用收缩色,尤其冬季不要穿浅色外衣。胖人着装还应以避免款式过于复杂和花边等装饰过多,应力求服装线条简洁明快。

高而瘦的人,面料图案不宜选用竖条纹的,料子也不应过薄,显得呆板没有韵味。稍硬一点的料子会使瘦人看上去精神。最好不要穿窄腰或领口很深的连衣裙,否则露出突出的锁骨,影响美观。还应避免颜色暗深的收缩色。

身材短小的人,可利用颜色创出高度,让衣服鞋袜连成一色,看上去会有修长感。上衣短些,腿会显得长些。对不少人来说,柔软贴身的衣料也能使人修长。

腰部过粗的人,不宜穿紧身衣。应选择半卡型和流线型上衣,西服都适合。另外,如能在胸部装饰一下,把人的注意点引到胸部,也能达到掩饰腰粗的目的。相反是不要用金属腰带等扩张腰部的装饰品。

窄肩或溜肩的人,也不宜穿下摆有横向图案的上衣或裙子,这样会使上窄下宽,而愈加显得不协调。臀部过大过高的,不宜将裙子或裤子穿在衬衫外面,可选择卡腰,略短的上衣套在上面,看上去庄重大方。腿短的人下装尽可能长一些,

2. 着装与脸型相配

衣领好比衣服的眼睛,人们打量对方时,总是习惯自上而下去观看。衣领处于衣服的最上端,是人们视线较集中的部位,因此,对服装美影响很大。人们竞翻花样,搞出了数以百计的衣领样式,但每种衣领式样,不是人人穿着都合适的。从形体美学的观点来看,衣领除了要同衣服整体相称外,还必须同穿衣人的脸型相配,因为衣领处于脸部下端,是有直接的对比作用的。领形适当,可以衬托脸庞的匀称,富有美感。如果领型与脸庞失调,则会使人看起来感到不美观。

人的脸型分为圆脸、长脸、方脸和尖形脸四种主要类型。圆脸形的人,为了避免脸看上去更圆,所以不宜穿着小圆型领的衣服,而穿着 V 字领、宽 U 字领和尖领形的衣服会收到良好的效果。对于长脸形的人,如果配上了长形领式,会夸大颈项长度,脸就越发显得长了。因此,V 字形衣领不宜使用。长脸形人的衣领宜圆,颈项外露要少,长发要适中,发型要修剪得蓬松外翘。方脸形者,不宜着长方形领式,因为领的线条与脸的线条重复,加深了方脸的印象。方脸形配小圆角领式或双翻领为宜,这样可以减少脸型的棱角感。尖形脸的人选配衣领的范围比较大,除了不易采用同脸型相似(如窄边相公领)的领式外,其他领形都可以相配,尤以配大翻领为美观,通过领样外翻加宽的形式,可以弥补脸颊颊窄的不足。

如果脸庞小,就不宜穿着领口开得太大的无领衫,否则会使脸庞显得更小。而脸庞大的人,通常脖子也比较粗,所以,领口不能开得太小,否则会给人以勒紧的感觉。这种人适合穿

深 V 字形领的服装,使面部和脖子有一体感,造成纤细的效果。如果下巴比较大,穿着大而突起的硬领、蝴蝶结领、高翻领、花边领均不适宜,而穿着深而尖形的衣领为宜,领子既要简单又要平贴在肩上。

总之,衣领要与脸型相配。一般来说,应该根据自己的脸型用"相反相成"的原则去选择领子的式样,扬长避短,弥补缺陷,从而收到美化的效果。

3. 着装与肤色相配

俄国大文豪列夫·托尔斯泰笔下的安娜·卡列尼娜,穿一件黑天鹅绒长袍,把她那洁白如玉的皮肤衬托得更加洁白。小说《安娜·卡列尼娜》发表后,彼得堡的贵妇们率先仿效,掀起了一股强大的时装花色翻新的浪潮。巧妙地运用服装色彩,可扬长避短,表现自己的"美点",掩盖缺点,这是衣着打扮的高招。下面略举几例以供参考。

(1)面色红润:适宜穿茶绿或墨绿色衣服。不适宜穿正绿色衣服,否则会显得俗气。

(2)肤色黑色的人:最好不要穿粉红、淡绿色的服装。

(3)肤色黄白:适宜穿粉红、桔红等柔和的暖色调衣服。不适宜穿绿色和浅灰色衣服,否则会显出"病容"。

(4)面色偏黄:适宜穿蓝色或浅蓝色上装,可使偏黄的肤色衬托得洁白娇美。不适合穿品蓝、群青、莲紫色上衣,否则会使面色显得更黄。

(5)肤色黑黄:不要选择鲜艳的蓝色或紫色。

(6)肤色暗褐:不要选择咖啡色。

(7)肤色偏黑:适宜穿浅色调、明亮些的衣服,如浅黄、浅粉、月白等色彩的衣服,这样可衬托出肤色的明亮感。不宜穿深色服装,最好不要穿黑色服装。

(8)白肤色:宜选择的颜色范围较广,但忌近似于皮肤色彩的服装,而且宜穿颜色较深的服装。

(9)皮肤偏粗:适宜穿杂色、纹理凸凹性大的织物,如粗花呢等。不适合穿色彩娇嫩、纹理细密的织物,如金丝绒及拉毛衫等。

4. 着装与年龄相配

服饰对年轻人是格外恩惠的,几乎没有什么禁忌。但年轻人应尽量避免穿过于华丽的服装,如闪光面料制作的,或缀有过多装饰品的服装,因为这会使年轻人失去清新、纯静的美,反而显得俗气。而中、老年人的服饰就有一定的限制了。但不等于中、老年人服装都是一些灰暗的颜色和平平淡淡的款式。

中、老年人的服饰,要体现出雍容、高雅、华丽、冷静的气度。在色彩上,不宜太纯(因为这些色彩过于活泼);可以选择明亮度暗的色彩如暖色中的土红、砖红、驼色、红棕色,冷色中湖蓝、海蓝、偏蓝、墨绿等。其他一些高明度的色彩,如蛋青、银灰、米色、乳白色,也是十分淡雅、明快的色调,能表现出中、老年人的特殊气质;甚至黑、白、灰色也能组成非常和谐的色调来。在款式上,不宜线条复杂,以简洁为佳,有适当的放松度,不宜穿着紧裹在身上的服装,既不舒适,也不利于健康,但也不要过于肥大。在面料上,趋向于含蓄、高雅,比较挺括,以中档和高档为宜,能体现中、老年人的成熟干练、严肃大方的气度。

总之,在着装时,既要扬长避短,又要体现个人风格。要通过细心的观察,虚心接受自己的"缺点",了解自己的身高、脸形及其大小、腿的长短、肤色等等,通过选择适合自己的发型、色调、服饰进行巧妙的妆扮才能变得更美,更具魅力。当然,妆扮都是外在的,若还能不断充实自己的内涵,培养自己优雅的风度及高贵的气质,那么不仅在穿着上一定是成功的,还将受到周围人们的信赖与瞩目。

三、女性着装礼仪

女性着装应当体现出女士的职业特点、性格特征和女性的魅力,并且与具体的场景相协调。在西方的交际场合中,一般要求女士穿礼服。女士的礼服有常礼服、小礼服和大礼服三种:常礼服为质地、色泽一致的上衣和裙子;小礼服为长及脚背但不拖地的露背式单色连衣裙式服装;大礼服为袒胸露背的拖地或不拖地的单色连衣裙式服装。其他日常穿着的服装称为便服。

女士在衣着上选择的余地是极大的,除了女性特有的服装之外,许多适合男性穿的服装女性同样也可以去穿,例如西装、夹克衫、牛仔装、衬衫、长裤等。但是女士的衣着之中最能够展现女性魅力的服装是裙子,一条恰到好处的裙子能够最充分地增加女性的美感和飘逸的风采。在交际场合中,女士穿着的裙子至少长应及膝,普通的长裙适用于一切场合,比较正式的场合应当穿西服套裙。超短裙、无袖式或背带连衣裙、睡裙仅适用于家居或度假。长裤适合于女士在几乎所有的场合中穿,特别是郊游和旅行时穿长裤最方便。在一些中东国家,女士只能穿长袍戴面纱,穿裤子是不许可的。有些国家还规定,在隆重的庆典活动中,女士不准穿长裤。

我国女士选择衣着的范围比较大,一般情况下,可以穿西装套裙、中式上衣配长裙或长裤、连衣裙、旗袍以及其他民族服装。在比较正式的场合,我国的女士通常穿着西装套裙、连衣裙和旗袍作为礼服。

旗袍是最适宜中国女性穿着的民族服装,它既能最大限度地表现女性柔美婀娜的身姿,又能使女性显得端庄典雅。在涉外活动中,女士穿旗袍参加往往会受到外宾由衷的赞美。

参加婚礼时,不论自己穿上白色的衣裙多么动人,也最好不要去穿,不然就会招人议论:你是有意同新娘比上一个高低了。而参加丧礼时,宜穿黑色或颜色柔和的衣裙。要是自己不顾一切地穿上大红大绿的时装去了,只能让旁人说自己不懂礼貌。

作为女主人招待宾客的话,衣着要根据聚会的性质而定。最基本的一条要求是,女主人的衣着应当比女宾的衣着朴素一点,不要企图在这方面去略胜一筹。

在公司、企业负责的女士,一般要穿灰色或蓝色的西装套裙,这样有助于提高自己的威严。如果想要显得平易近人一些,则可选择色彩柔和一点的衣裙,但也不要穿那些会显得过于散漫的运动服或牛仔装。普通的职业女性在工作中不要把自己打扮得花枝招展或者野味十足,不要让自己的工作被衣着喧宾夺主了。性感服装绝对不能够穿。

如果前去应征招聘,要考虑使自己的穿着突出个性,并且要符合工作的性质。为求惊世骇俗而穿上奇装异服去应征,或者力图凭衣着取胜,都是不切实际的空想。去应征之前,最好把将要穿着去应征的服装先试穿一遍,以舒适合体为宜。

旅游时穿汗衫、背心加上短裤或短裙,锻炼、游泳或作日光浴时穿体操服、泳装、太阳裙甚至比基尼,那是人们各有所好。但是不论自己体型多么丰满、线条多么漂亮,也不能穿着这类衣服,自我感觉良好地在社交场合露面,不然就是太不自爱了。

女士的衣着不但要干净、整洁、合身,而且要注意在不同的场合中它所发挥的不同作用。女士着装要考虑以下四个方面因素。

(一)整洁平整

服装并非一定要高档华贵,但须保持清洁,并熨烫平整,穿起来就能大方得体,显得精神焕发。整洁并不完全为了自己,更是尊重他人的需要,这是良好仪态的第一要务。

(二)色彩技巧

不同色彩会给人不同的感受,如深色或冷色调的服装让人产生视觉上的收缩感,显得庄重严肃;而浅色或暖色调的服装会有扩张感,使人显得轻松活泼。因此,可以根据不同需要进行选择和搭配。

(三)配套齐全

除了主体衣服之外,鞋袜手套等的搭配也要多加考究。如袜子以透明近似肤色或与服装颜色协调为好,带有大花纹的袜子不能登大雅之堂。正式、庄重的场合不宜穿凉鞋或靴子,黑色皮鞋是适用最广的,可以和任何服装相配。

(四)饰物点缀

巧妙地佩戴饰品能够起到画龙点睛的作用,给女士们增添色彩。但是佩戴的饰品不宜过多,否则会分散对方的注意力。佩戴饰品时,应尽量选择同一色系。佩戴首饰最关键的就是要与你的整体服饰搭配统一起来。

总之,穿衣是"形象工程"的大事。西方的服装设计大师认为:"服装不能造出完人,但是第一印象的80%来自于着装。"因此,大家都不可以掉以轻心哦!

四、男性着装礼仪

西方在交际场合中的男士穿着大体上可以分为便服与礼服两大类。各式外衣、衬衣等日常穿着的服装均为便服,适合于一般场合穿。而参加正式、隆重、严肃的典礼或仪式,则应当穿着礼服或深色西装。

我国男士参加正式的交际活动可穿西装,也可穿中山装或民族服装。通常以西装和同色同质的毛料中山装为礼服,而以各种式样的其他中式服装或夹克为便装。参加正式的交际活动应穿礼服,普通的参观游览活动则可穿便服。民族服装在涉外活动中可以作为礼服穿着。

在室外活动中,风衣可以为男士增添风采。最佳的穿法是,领子竖起七分高,最下一只钮扣不系,腰带随意扎上。不穿风衣时,可用一只手臂任意搭着。不过在正式场合中不宜穿风衣。

业余时间内,穿夹克衫、运动服、度假服、牛仔服以及羊毛衫都是可以的。但不要过于随便,或刻意追求式样的奇特与花哨。要注意自己的年龄与身份。在轻松的朋友聚会上,可以穿得比较随便一些。

得体的服装是男士自尊、自信的最佳体现,也是个人素养与品位的最佳象征。男士着装的整体要求是自然得体、协调大方。除此之外,对于一些约定俗成规范或原则也要遵守。男士着装,不仅要根据自己的具体条件,还应该注意客观环境与具体场合。得体、巧妙的着装能够扮靓男士的人生,掌握着装的方法与技巧,才会拥有人生的魅力。通常来说,男士着装要考虑以下四个方面因素:

(一)得体着装,注重品位

着装讲求品位,不仅能够将男士的阳刚、成熟之美展现出来,还能够将男士深富内涵的知识与心灵美表现出来。

(二)量体裁衣显气派

一般来说,男性的体型差异较大,几乎没有十全十美的人。躯干挺直,身体各部位骨骼匀称则是理想的体型。诸如体型过胖、过瘦或腿短、臀宽等都是不完美的,这些在礼仪活动中都是自身的不利因素。身高 1.85 米以上的肩宽、胸厚男士,宜选竖条子衬衫、灯芯绒夹克衫等。上装的款式应袖口窄而腋下宽大,裤子要略微紧些。瘦小型男士为了看上去形象高大,最好选择简单明快、舒适贴身的花型或直线型服装。可以将上衣稍微缩短,下身的长度便可以适度增加。身材肥胖的男士应穿深色套装,裤子应略微长一些,裤腿要瘦些,但衣裤不能过于狭窄。窄肩的男士宜使用垫肩,肩部看上去会宽些,也可以打褶增加肩部的宽度,束腰的服装能够衬托出肩部的宽大。不宜穿插肩上衣、宽大的外套和皮夹克,无袖上装、长而紧的上装也不宜穿。适合穿一字领轻便衫等。脖颈略长的男士应该穿高领的服装;脖颈略短的男士可选择低领或无领的款式。通过领型长短变化,来巧妙协调生理上的先天性不足因素。

(三)穿出男士精彩本色

尽管男士服装千变万化,但是基本的款式却不会改变。职场的男士要根据时间、地点、场合和身份的不同而选择不同的服装。商界人士要讲究商界着装原则。要严格遵循"衣着纪律",着装要以规范、稳重为主;摄影师、艺术家、建筑师等其他自由职业者,对于传统的上班族着装规律可以不遵循,可独具特色,紧跟时代发展的潮流;领导型的男士,稳重、不事张扬的穿着才能体现出他的精明能干。当然,要想使自己的心情得到舒缓,巧妙化解外界对自身的压力,可以穿休闲性服装,这样可以安逸、舒适地享受生活。个头矮小的男士切不能自怨自艾,巧妙着装,"扬己之长,避己之短",自己的独特气质就能得到很好地体现。

(四)穿着鞋袜讲学问

在整体着装中,鞋的重要地位也不可低估,它不仅能勾勒出服装的整体美,更重要的是它还能衬托人体本身的挺拔俊美。袜子的穿着也非常讲究。在公共场合,绝对不能做"赤脚大仙"。正式或半正式场合,男性应穿颜色素净的中长筒袜子,这样可避免坐下谈话时皮肤或腿毛外露。袜子要以单、深色为佳,可带一些条纹、方格图案,而且图案又不能太明显。但色调比裤子要深些,使得图案在裤子和鞋之间有一种过渡色。

总之,选择鞋袜要与整体装束相搭配,鞋袜的颜色要与着装的主色调相一致,这样着装的整体美才能体现出来。

五、西装着装规范

西装是一种国际性服装,如图 2-21 所示,穿起来给人一种彬彬有礼、潇洒大方的深刻印象,所以现在越来越多地被用于正式场合,也是必备的服饰之一。

(一)西装的款式

1.按西装的件数来划分

套装西装:两件套(上装和下装);三件套(上装、下装、西装背心);单件西装。

2.按西装的纽扣来划分

单排扣西装(一粒、二粒、三粒);双排扣西装(二粒、四粒、六粒)。

注:单排扣二粒和双排扣四粒最为正规,较多地用于隆重、正式的场合。

a)　　　　　b)

图2-21　西装

3．按适用场合不同来划分

正装西装；休闲西装。

（二）西装的衬衫

与西装配套的衬衫应为"正装衬衫"。一般来讲,正装衬衫具有以下特征:

1．面料

应为高织精纺的纯棉、纯毛面料,或以棉、毛为主要成分的混纺衬衫。条绒布、水洗布、化纤布、真丝、纯麻皆不宜选。

2．颜色

必须为单一色。白色为首选,蓝色、灰色、棕色、黑色亦可;杂色、过于艳丽的颜色(如红、粉、紫、绿、黄、橙等色)有失庄重,不宜选。

3．图案

以无图案为最佳,有较细竖条纹的衬衫有时候在社交交往中也可以选择。

4．领型

以方领为宜,扣领、立领、翼领、异色领不宜选。衬衫的质地有软质和硬质之分,穿西装要配硬质衬衫。尤其是衬衫的领头要硬实挺括,要干净,不能太软,或满是油迹斑斑,否则再好的西装也会被糟蹋。

5．衣袖

正装衬衫应为长袖衬衫。

6．穿法讲究

(1)衣扣:衬衫的第一粒纽扣,穿西装打领带时一定要系好,否则松松垮垮,给人极不正规的感觉。相反,不打领带时,一定要解开,否则给人感觉好象你忘记了打领带似的。再有,打领带时衬衫袖口的扣子一定要系好,而且绝对不能把袖口挽起来。

(2)袖长:衬衫的袖口一般以露出西装袖口以外1.5厘米为宜。这样既美观又干净,但要注意衬衫袖口不要露出太长,那样就是过犹不及了。

(3)下摆:衬衫的下摆不可过长,而且下摆要塞到裤子里。我们经常见到某些服务行业的女员工,穿着统一的制式衬衫,系着领结,衬衫的下摆却没有塞到裤裙中去,给人一种不伦不类,很不正规的感觉。

(4)不穿西装外套只穿衬衫打领带仅限室内,而且正式场合不允许。

（三）领带

领带是男士在正式场合的必备服装配件之一,它是男西装的重要装饰品,对西装起着画龙点睛的重要作用。所以,领带通常被称作"男子服饰的灵魂"。

1．面料

质地一般以真丝、纯毛为宜,档次稍低点就是尼龙的了。绝不能选择棉、麻、绒、皮革等质地的领带。

2．颜色

一般来说,服务人员尤其是酒店从业者应选用与自己制服颜色相称,光泽柔和,典雅朴素的领带为宜。不要选用那些过于显眼花俏的领带。所以,颜色一般选择单色(蓝、灰、棕、黑、紫色等较为理想),多色的则不应多于三种颜色,而且尽量不要选浅色、艳色。

3．图案

领带图案的选择则要坚持庄重、典雅、保守的基本原则,一般为单色无图案,宜选择蓝色、灰色、咖啡色或紫色。或者选择点子或条纹等几何图案。

4．款式

不能选择简易式领带(如"一拉得")。

5．质量

外形美观、平整、无挑丝、无疵点、无线头、衬里毛料不变形、悬垂挺括、较为厚重。

6．打法讲究

(1)注意场合:打领带意味着郑重其事。

(2)注意与之配套的服装:西装套装非打不可,夹克等则不能打。

(3)注意性别:为男性专用饰物,女性一般不用,除非制服和作装饰用。

(4)长度:领带的长度以自然下垂最下端(即大箭头)及皮带扣处为宜,过长过短都不合适。

领带系好后,一般是两端自然下垂,宽的一片应略长于窄的一片,绝不能相反,也不能长出太多,如穿西装背心,领带尖不要露出背心。

(5)领带夹:领带夹有各种型号款式,它们的用法虽然各异,功能却一致,无非是固定领带。

我们选择领带夹时,一定要用高质量的。质地粗劣的廉价品不但会损坏领带,而且会降低自己的身份。

正确地使用领带夹,要注意夹的部位。一般来讲,对于五粒扣的衬衫,将领带夹夹在第三粒与第四粒纽扣之间;六粒扣的衬衫,夹在第四粒与第五粒扣子之间。还有一条规则,就是系上西装上衣的第一粒纽扣尽量不要露出领带夹。

在西方,现在越来越多的白领人士不用领带夹,他们选择把窄的一片放到宽的一片背部的商标里。因为,无论多么高级的领带夹,使用不当,都有可能损坏领带。

(6)结法:挺括、端正、外观呈倒三角形。

(四)西裤

(1)因西装讲究线条美,所以西裤必须要有中折线。

(2)西裤长度以前面能盖住脚背,后边能遮住1厘米以上的鞋帮为宜。

(3)不能随意将西裤裤管挽起来。

(五)皮鞋和袜子

1．皮鞋

首先,穿整套西装一定要穿皮鞋,不能穿旅游鞋、便鞋、布鞋或凉鞋,否则是会令人发笑的,显得不伦不类。

其次,在正式场合穿西装,一般穿黑色或咖啡色皮鞋较为正规。但需要注意的是,黑色皮鞋可以配任何颜色的西装套装,而咖啡色皮鞋只能配咖啡色西装套装。白色、米黄色等其他颜色的皮鞋均为休闲皮鞋,只能在游乐、休闲的时候穿着。

2．袜子

穿整套西装一定要穿与西裤、皮鞋颜色相同或较深的袜子,一般为黑色、深蓝色或藏青色,绝对不能穿花袜子或白色袜子。在国际上,很多人把穿深色西装白袜子的男子戏称为"驴蹄子",认为是没有教养的男子的典型特征。

另外,男子袜子的质地一般以棉线为宜,长度要高及小腿部位,不然坐下后露出皮肉,非常不雅观。

(六)西装的扣子

单排扣的西装穿着时可以敞开,也可以扣上扣子。照规矩,西装上衣的扣子在站着的时候应该扣上,坐下时才可以敞开。单排扣西装的扣子并不是每一粒都要系好的:单排扣一粒的扣与不扣都无关紧要,但正式场合应当扣上;二粒的应扣上上面的一粒,底下的一粒为样扣,不用扣。三粒扣子的扣上中间一粒,上下各一粒不用扣。

双排扣的西装要把扣子全系上。双排扣西装最早出现于美国,曾经在意大利、德国、法国等欧洲国家很流行,不过现在已经不多见了。现在穿双排扣西装比较多的应当数日本了。

西装背心的扣子。西装背心有六粒扣与五粒扣之分。六粒扣最底下的那粒可以不扣,而五粒扣的则要全部都扣上。

(七)西装的口袋

西装讲求以直线为美。所以,西装上面有很多口袋为装饰袋,是不能够装东西的。我们知道,男性也有许多小东西,如果在穿西装时不注意,一个劲地往口袋里装,弄得鼓鼓囊囊,那么肯定会破坏西装直线的美感,这样既不美观又失礼仪。

上衣口袋。穿西装尤其强调平整、挺括的外观,这就是线条轮廓清楚,服帖合身。这就要求上衣口袋只作装饰,不可以用来装任何东西,但必要可装折好花式的手帕。

西装左胸内侧衣袋,可以装票夹(钱夹)、小日记本或笔。

右侧内侧衣袋,可以装名片、香烟、打火机等。

裤兜也与上衣袋一样,不能装物,以求裤型美观。但裤子后兜可以装手帕、零用钱等。

千万需要注意的是,西装的衣袋和裤袋里,不宜放太多的东西,搞得鼓鼓囊囊。而且,把两手随意插在西装衣袋和裤袋里,也是有失风度的。

如要携带一些必备物品,可以装在提袋或手提箱里,这样不但看起来干净利落,也能防止衣服变形。

(八)男子着西装"三个三"

正式社交场合,男士着西装应从以下三方面体现自身的身份和品位。

1. 三色原则

正式场合,着西装套装全身上下不超过三种颜色。

2. 三一定律

着西装正装,腰带、皮鞋、公文包应保持同一颜色:黑色。

3. 三大禁忌

西装左袖的商标没有拆;穿白色袜子、尼龙袜子出现在正式场合;领带的打法出现错误。

六、女士套裙

职场上的女性套装最初与男士西服套装样式相同,只是尺寸有变。后来演变出现更为流行的女式套裙。女士套裙是指女士西装上衣和与之同时穿着的裙子为成套设计制作而成的,如图 2-22 所示。

(一)套裙的选择

1. 面料

女子套裙面料选择的余地要比男子西装大得多,宜选纯天然质

图 2-22 女士套裙

地且质量上乘的面料。上衣、裙子、背心要求同一面料。

讲究均匀、平整、滑润、光洁、丰厚、柔软、悬垂、挺括,不仅要求弹性好、手感好,而且不起皱、不起毛、不起球。

可选纯毛面料(薄花呢、人字呢、女士呢、华达呢、凡尔丁、法兰绒)、府绸、丝绸、亚麻、麻纱、毛涤、化纤面料,绝对不可选皮质面料。

2. 颜色

以冷色调为主,以体现着装者典雅、端庄、稳重的气质,颜色要求清新、雅气而凝重,忌鲜艳色、流行色。

与男士西装不同,女子套裙不一定非要深色。各种加入了一定灰色的颜色都可选,如藏青、碳黑、烟灰、雪青、茶褐、土黄、紫红等。且不受单一色限制,可上浅下深、下浅上深。但需要注意的是,全身颜色不应超过三种。

3. 图案

讲究朴素简洁,以无图案最佳,或选格子、圆点、条纹等图案。

4. 点缀

不宜添加过多点缀,以免琐碎、杂乱、低俗、小气,有失稳重。有贴布、绣花、花边、金线、彩条、扣链、亮片、珍珠、皮革等点缀的不选。

5. 尺寸

包括长短和宽窄两方面。

传统观点认为:裙短则不雅,裙长则无神。欧美国家公司女职员:上衣不宜过长,下裙不宜过短。

目前,女子裙子一般有三种形式:及膝式、过膝式、超短式(白领女性超短裙裙长应不短于膝盖以上15厘米)。

四种基本形式:上长下长式、上长下短式、上短下长式、上短下短式。

从宽窄的角度讲,上衣可分为松身式、紧身式(倒梯形造型)两种,前者时髦,后者比较正统。

6. 造型

(1)"H"形。上衣宽松,裙子为筒式(让着装者显得优雅、含蓄,为身材肥胖者遮丑)。

(2)"X"形。上衣紧身,裙子为喇叭状(上宽下松突出腰部纤细)。

(3)"A"形。上身紧身,下裙宽松式(体现上半身的身材优势,又适当掩盖下半身身材劣势)。

(4)"Y"形。上身松身式,裙子紧身式(以筒式为主)(遮掩上半身短处,表现下半身长处)。

7. 款式

衣领多样,衣扣多样(无扣式、单排式、双排式、名扣式、暗扣式),裙子形式多样(西装裙、一步裙、围裹裙、筒式裙、百褶裙、旗袍裙、开衩裙、A字裙、喇叭裙)。

(二)套裙的穿法

1. 大小适度

上衣最短齐腰,裙子可达小腿中部,袖长刚好盖住手腕;整体不过于肥大、紧身。

2. 穿着到位

衣扣要全部扣好,不允许随便脱掉上衣。

3. 考虑场合

社交场合宜穿,宴会、休闲等场合不宜。

4. 协调妆饰

高层次的穿着打扮,讲究着装、化妆和佩饰风格的统一。

5. 兼顾举止

(三)套裙的搭配

1. 衬衫

面料应轻薄柔软(宜真丝、麻纱、府绸、罗布、涤棉),颜色应雅致端庄(宜白色,或单色不鲜艳者),无图案,款式保守。另须注意:衬衫下摆掖入裙内,纽扣系好,衬衫公共场合不能直接外穿。

2. 内衣、衬裙

不外露、不外透、颜色一致、外深内浅。

3. 鞋袜

黑色牛皮为首选,或与套裙颜色一致(但鲜红、明黄、艳绿、浅紫等不宜)。袜子应为单色,肉色为首选,还可选黑色、浅灰、浅棕。

注:鞋、裙颜色必须深于或等同于袜子颜色。鞋袜大小适宜,鞋袜完好无损,鞋袜不可当众脱下,袜子不可随意乱穿(如以健美裤、九分裤当袜子穿),袜口不可暴露于外。

(四)职业女性着裙装"五不准"

社交交往中,职业女性着裙装最容易出现的贻笑大方的错误:

(1)黑色皮裙不能穿;

(2)正式的高级的场合不光腿,尤其是隆重正式的庆典仪式;

(3)袜子不能出现残破;

(4)不准鞋袜不配套;

(5)不能出现"三截腿"。

七、职业装着装规范

(一)企业形象识别系统(CIS)

企业形象识别系统(Corporate Identity System,简称 CIS 或 CI),包括企业理念识别、行为识别和视觉识别三个子系统。它起源于 19 世纪欧洲,主要内涵是把企业文化、经营理念、管理行为融入到现代商业策划设计和企业管理活动中,使之系统化、规范化、标准化。企业形象识别系统对内规范企业行为、强化员工的凝聚力和向心力,形成自我认同,提高工作热情,降低经营成本;对外则是传播企业理念和树立品牌形象,使社会公众对企业确立牢固的认知与信赖,避免认同危机,提高沟通的效率和效果,以取得更大经济效与社会效益。

(二)职业装

职业装在 CIS 中扮演着举足轻重的角色因而显得极其重要。职业装是既能用于表明职业特征,又能用于工作的服装。职业装的穿着,是一个企业的企业形象识别系统中的重要组成部分,铁路制服也属于职业装的范畴。

1. 职业装的特点

(1)实用性

实用的职业装应视不同的工作环境,考虑材料的理论性能、生物性能、质感、加工性能等,使之结构合理、色彩适宜、经济耐用、物美价廉。

（2）艺术性

其目的在于美化衣着者的形态特征,弥补人体美的不足,表示出衣着者的个性和气质,传达出行业、企业的形象,它对个人和行业形象是同等重要的。

（3）标识性

标识性旨在突出社会角色与特定身份的标志及不同行业、岗位的区别,其作用在于:树立行业角色的特定形象,便于企业识别弘扬企业理念和精神,利于公众监督和内部管理,提高企业的竞争力,标识性可分为:等级、场合、性别、身份等。通过款式与色彩搭配,服饰配件和企业标志不同来实现。

（4）防护性

防护性指如何保护作业人员身体不受作业环境中有害因素的侵害,以保证准确、安全、高效完成任务,防护性的设计由面辅料、配件、附件、色彩组成。防护性设计合理,可最大限度地减少事故的发生及相关伤害。

（5）时代性

时代性指将政治、经济、流行文化、文艺思潮等因素通过服装的颜色、造型、饰物等折射出来,时代特征既从服饰传统中吸收精华加以改造,又从众多外来服饰汲取养分适应现代,体现时尚,具有鲜明的时代特征及历史烙印。

2. 职业装的着装原则

（1）要干净清爽。穿职业装必须努力使之保持干净清爽的状态。上班时穿的制服特别容易被弄脏,要定期或不定期进行换洗,一旦发现被弄脏,应尽快进行换洗。此外,与之配套的内衣、衬衫、鞋袜等也应定期进行换洗。

（2）要熨烫平整。穿着职业装,要整整齐齐,外观完好。由于职业装所采用的面料千差万别,并非所有的职业装都挺括悬垂,线条笔直,因此,在换洗职业装时必须将之熨烫平整。职业装如果皱皱巴巴,褶痕遍布,就会给人邋遢、消极、懒惰之感。

（3）要扣好纽扣。穿着职业装,要严守规矩。不可敞胸露怀,不系纽扣、领扣,给人散漫、自以为是的印象。

（4）不卷不挽袖口、裤腿。穿着职业装,要有整体造型。在工作中,要尽量避免一些不雅的动作,如:高卷袖筒、高挽起裤腿等。

（5）要慎穿毛衫。职业装内慎穿厚的毛衣,毛衣宜薄而暖和;同时毛衣的领口不可露在职业装的外面,应穿低 V 字领的毛衣。穿毛衣时,领带应置于毛衣和衬衫之间。

（6）要巧配内衣。职业装衬衣的搭配也相当重要。首先,衬衫颜色的搭配要与职业装相协调,一般白色最宜搭配;其次,衬衫的花色要暗,不可零乱,不可花哨;第三,穿着衬衫时要将下摆束入外裤内。

3. 职业装穿着的禁忌

（1）忌残破

职业装不能太旧,不能有污渍。太旧的职业装穿在员工的身上不精神,同时影响企业形象。

（2）忌杂乱

一方面,职业装的穿着要整齐,不能有的穿,有的不穿,给人杂乱和企业要求不严之感;另一方面,职业装一定要整套穿,且要注意鞋袜、衬衣的搭配。一般来说,穿职业装时不能出露趾露眼的凉鞋,鞋跟太厚、太细的皮鞋、不能穿颜色鲜艳的或花色衬衫。

（3）忌鲜艳

从制作的角度来讲,应该统一颜色,不能太鲜艳。一般要遵守三色原则,也就是说颜色不能超过三种。

（4）忌暴露

职业装在款式上要利于工作,时尚、新颖,但不能过于暴露。不能出露脐装、露背装、低胸装、露肩装。职业装要四不露:不露胸、不露肩、不露腰、不露背。

（5）忌透视

外衣的面料不能太薄,透出内衣会给人不雅的感觉。

（6）忌短小

职业装不能太短小,如果太短小既不方便工作,也不雅观。

（7）忌紧身

职业装太紧身则不利于工作,要大小合身,穿着得体。

4. 女士职业装的选择

如果你是一名职业女性,那么穿着上一定不能太随意,只能在规定范围内表现你自己。所以针对职业女性的身份,在选择职业装时,首先要考虑到自己的气质风格、肤色、年龄和职业要求,并且能与自己的工作环境互相配合,充分体现出个人的职业素养。

（1）色彩的选择

职业装色彩应该尽量选择中性色,可以从下列的色系中选择你的服装:海军蓝、中度灰色、暗红、骆驼色、红褐色、黑色、米色、棕色、深灰褐色、深栗色、奶油色、橄榄色系列等。尽量避免俗艳的颜色,不要选择俗丽的、引人注意的色彩。

（2）款式的选择

职业装款式应尽量选择款式平实、保守、简洁裁剪的款式。避免太紧的衣服,太亮的衣料、太薄、太透明的衣料,太累赘的服饰。慎着流行的服装,不要穿式样、剪裁或设计太新潮的衣服。最时尚的款式是对上班族最不划算的投资,应该考虑便于经常穿着,并能常穿常新的款式。坚持穿略微宽松的职业装,但要合身,不要穿过紧、过松、过长、过短的不合体的服装。

5. 铁路客运制服的特点

（1）铁路客运形象识别主要通过铁路客运服务规范和服务行为来实现,制服潜移默化地影响着铁路客运工作者的服务工作。

（2）铁路制服是功能性与审美性的和谐统一。从色彩搭配、材质选择、款式设计及配饰组合等诸多方面对铁路客运制服进行创新设计。

（3）不同的设计角度可以使铁路客运制服呈现出多样化的特性,并且能够使铁路客运制服在整体统一的前提下形成系列。

八、饰品礼仪

佩戴饰物要考虑人、环境、心情、服饰风格等诸多因素间的关系,力求整体搭配协调。遵守以少为佳、同质同色、符合身份的原则。男士只能佩戴戒指、领饰、项链等,注重少而精,以显阳刚之气。女性饰物种类繁多,选择范围比较广,饰物的佩戴要与体型、发型、脸型、肤色、服装和工作性质相协调。铁路客运服务岗位上,除可戴手表(大的装饰表除外),一般不宜戴其他饰物。

(一)饰品佩戴的原则

1.季节原则

饰品佩戴应考虑一年四季有别的原则。夏季以佩戴色彩鲜艳的工艺仿制品为好,可以体现夏日的浪漫;冬季则佩戴一些金、银、珍珠等饰品为好,可以显现庄重典雅。

2.场合原则

女士赴宴或参加舞会等,可以佩戴一些较大的胸针,以期达到富丽堂皇之效;而平日上班或在家休闲时,可以佩戴一些小巧精致、淡雅的胸针、项链、耳环等。

3.服饰协调原则

饰品佩戴应与服饰相配。一般领口较低的袒肩服饰必须配项链,而竖领上装可以不戴项链。项链色彩最好与衣服颜色相协调。穿运动服或工作服时可以不戴项链和耳环。带坠子的耳环忌与工作服相配。

4.体型相配原则

脖子粗短者,不宜戴多串式项链,而应戴长项链;相反,脖子较瘦细者,可以戴多串式项链,以缩短脖子长度。宽脸、圆脸形和戴眼镜的女士,少戴或不戴大耳环和圆形耳环。

5.年龄吻合原则

年轻女士可以戴一些夸张的无多大价值的工艺饰品;相反,年纪较大的女性应戴一些较贵重的比较精致的饰品,这样显得庄重、高雅。

6.色彩原则

戴饰品时,应力求同色,若同时佩戴两件或两件以上饰品,应使色彩一致或与主色调一致,千万不要打扮得色彩斑斓,像棵"圣诞树"。

7.简洁原则

戴饰品的一个最简单原则就是少而精,忌讳把全部家当全往身上戴,整个儿就像个饰品推销商,除了给人以俗气平庸的感觉外,没有任何美感。

因此,佩戴饰品时,应根据以上几个原则,选择出一件或两件最适合的饰品,以达到画龙点睛之效。

(二)女士饰品礼仪

女士饰品佩戴是服饰礼仪的重要组成部分。饰品不仅具有美化的功能,同时还能传播一定的信息,具有一定的象征意义。在社交场合,女士应了解饰品佩戴的一些特殊意义以及如何佩戴饰品的一些技巧。

1.项链

项链要与脸型相搭配。脸部清瘦且颈部细长的女性,戴单串短项链,脸部就不会显得太瘦,颈部也不会显得太长了。脸圆而颈部粗短的女性,最好戴细长的项链,如果项链中间有一个显眼的大型吊坠,效果会更好。椭圆形脸的女性最好戴中等长度的项链,这种项链在颈部形成椭圆形状,能够更好地烘托脸部的优美轮廓。颈部漂亮的女性可以戴一条有坠的短项链,突出颈部的美丽。

就项链的选择而言,价格并不是主要的因素,不管是什么样的款式,与年龄、肤色、服装的搭配协调才是主要的。一般来说,上了年纪的人以选择质地上乘、工艺精细的金、白金的项链为好;而青年人应选用质地颜色好、款式新的项链为佳,如骨制、珍珠制项链等。

2. 耳环

身材短小的人,戴蝴蝶形、椭圆形、心形、圆珠形的耳环,显得娇小可爱。方形脸适宜佩戴圆形或卷曲线条吊式耳环,可以缓和脸部的棱角。圆形脸戴上"之"字形、叶片形的垂吊式耳环,在视觉上可以造成修长感,显得秀气。心形脸宜选择三角形、大圆形等纽扣式样的耳环。三角形办最好戴上窄下宽的悬吊式耳环,使瘦尖的下颌显得丰满些。戴眼镜的女性不宜戴大型悬吊式耳环,贴耳式耳环会令她们更加文雅漂亮。耳环与肤色的配合不容忽视。肤色较白的人,可选用颜色鲜艳一些的耳环。若肤色为古铜色,则可选用颜色较淡的耳环。如果肤色较黑,选戴银色耳环效果最佳。若肤色较黄,以古铜色或银色的耳环为好。

3. 手镯与手链

手镯与手链是一种套在手腕上的环形装饰品,它在一定程度上,可以使女性纤细的手臂与手指显得更加美丽。

选戴手镯时应注意,如果只戴一个手镯,应戴在左手上;戴两个时可每只手戴一个,也可都戴在左手上,这时不宜戴手表;戴三个时应都戴在左手上,不可一手戴一个,另一手戴两个。手链一般只戴一条。

手镯与手链不是必要的装饰品,因此,职业女性在工作时无需佩戴,也最好不戴。出入写字楼,戴手镯,很有点不伦不类,容易被人取笑。

4. 皮包

皮包是每一位职业女性在各种场合中都不可缺少的饰物,它既有装饰价值,又有实用价值。肩挂式皮包轻盈、便捷,为更多的女性所选用。平拿式皮包豪华、时尚,使用这种皮包能够充分体现出女性的职业、身份、社会地位及审美情趣。平提式皮包普通休闲式的适合一般外出使用,比较考究的皮质皮包多为职业女性使用。注意皮包的款式、颜色要与服装相配。

5. 戒指

戒指应与指形相搭配。手指短小,应选用镶有单粒宝石的戒指。如橄榄形、梨形和椭圆形的戒指,指环不宜过宽,这样才能使手指看来较为修长。手指纤细,宜配宽阔的戒指,如长方形的单粒宝石,会使玉指显得更加纤细圆润。手指丰满且指甲较长,可选取用圆形、梨形及心形的宝石戒指,也可选用大胆创新的几何图形。

6. 胸针

胸针是不可或缺的配饰,无论是艳丽的花朵襟针或是细闪烁的彩石胸针,只要花点心思配上简洁服饰,就足以令人一见难忘。

粉红色花胸针,其形态或娇艳欲滴或清丽脱俗,代表着不同气质的妩媚。襟花扣在线条明朗的毛绒大衣或柔软的针织毛衣上,女性的温婉娇媚油然而生,令人心花怒放。镶彩石蝴蝶型胸针,闪亮的银白、娇俏的粉红及柔和的天蓝拼合成缤纷璀璨的光华,跃动于蝴蝶的一双翅膀上,充满活泼动感,配衬净色上衣,或为黑色连衣裙作点缀,倍显高贵大方。镶红色及透明钻石襟针,瑰丽浪漫的玫瑰红、晶莹剔透的透明构成典雅的贵族气质,其简约流丽的设计,衬托出清秀的脱俗气质。

(三)男士饰品礼仪

男士服饰的穿着固然重要,但配饰也不容忽视。下面介绍几种男士配饰的基本礼仪:

1. 皮带

皮带对男士的重要性是其他服饰配件无法取代的。但凡风度翩翩的男人,总会在腰间这一细节处刻意装饰。

穿着笔挺的西装时,腰带的花色应和皮鞋保持一致。皮带上不能携挂过多的物品,其长度应保持尾端介于第一和第二裤绊之间,宽窄应保持在3厘米左右。太窄,会失去男性阳刚之气;太宽,只适合于休闲、牛仔风格的装束。沉着、从容、含蓄的男士,可选用简洁、纯粹、坚韧的皮带。高贵的小牛皮带身与金银色亮光、哑光金属环扣不失为最佳选择。经典的黑色皮带与银白色的环扣的组合能显示出男人简练与明朗的本色。

2. 皮包

男士皮包一般来说可分为公文包和夹包。白领阶层的男士可用方方正正的牛皮公文包。这种包设计合理,各种物件的设置一应俱全,再琐屑的东西也能找到它的位置。拎着这样一只优质得体的公文包外出公干、会见客户,都会带给男士一份信心与可靠感。

除了公文包,男士们还需要一个方便的夹包,用来放置各种各样的卡、支票、现金等重要物品,以便于随身携带和使用。男士夹包也多选用牛皮,棕色或黑色的男士牛皮夹包让男士们显得高贵典雅而不奢侈浮华。

3. 手表

佩戴手表,通常意味着时间观念强、作风严谨。在正式的社交场合,男士的手表往往能表示出他的身份,而不戴手表的人,用手机看时间或是动辄向他人询问时间的人,则总会让人感到档次不高,缺少时间观念。手表首选厚重坚固的机械表,清脆的走时声、精美的表型和手工,无处不透着男性成熟与稳重的魅力。手表的厚重实际上是男人刚性的体现,这种吸引力是不可抗拒的。

4. 眼镜

眼镜可以恰到好处地衬托出一个人的气质。比如,一副质地上乘制作精良的眼镜,就能很好地显出你作为白领贵族的儒雅高贵气质;一副款式大方的眼镜足以让你给人留下知识渊博的印象。所以,那些使用时间过久,不适合你脸型,质地不佳的眼镜最好就别要使用了。

5. 领带夹

领带夹应在穿西装时使用,也就是说仅仅单穿长袖衬衫时没必要使用领带夹,更不要在穿夹克时使用领带夹。穿西装时使用领带夹,应将其别在特定的位置,即从上往下数,在衬衫的第四与第五粒纽扣之间,将领带夹别上,然后扣上西装上衣的扣子,从外面一般应当看不见领带夹。

总之,首饰之类究其不过是个点缀作用,佩戴得好了,可以提升自己的品味,不恰当了便显庸俗,这里讲究的是精妙典雅。

九、着装禁忌

(1)穿着方面应注意的事项。应保持清洁、整齐、挺直。衣服应熨平整,裤子熨出裤线。衣领袖口要干净,皮鞋上油擦亮,穿中山装要扣好领扣、领钩、裤扣。穿长袖衬衣要将前后摆塞在裤内,袖口不要卷起。穿短袖衫,下摆不要塞在裤内。长裤不要卷起。任何情况下不应穿短裤、紧身裤、长筒靴参加涉外活动。

(2)参加各种活动,进入室内场所均应脱帽、脱掉大衣、风雨衣等,并送存衣处。男士任何时候在室内不得戴帽子、手套。西方女性的纱手套、纱面罩、帽子、披肩、短外套等作为服装的一部分,允许在室内穿戴。

(3)在室内一般不要戴黑色眼镜,就是在室外遇有隆重仪式或迎送等礼节性场合,也不应戴黑色眼镜。有眼疾需戴黑眼镜时,应向客人或主人说明,或在握手、说话时将眼镜摘下,过后再戴上。

（4）在家中或旅馆房间内接待外国客人时，不得赤脚或只穿着内衣、睡衣、短裤。如来不及更衣，应请客人稍坐，立即换上服装，穿上鞋袜。

本章小结

本章主要介绍了仪容仪态仪表礼仪的基本常识与主要内容。在本章中，对站姿、坐姿、蹲姿、表情等仪态礼仪的基本要求进行了介绍，讲解了头发养护、发型选择、化妆、服饰搭配等的礼仪要求。

通过本章的学习，广大铁路客运职工可对仪容仪态仪表礼仪要求有细致的了解，对提升人的气质，拉近与旅客之间的距离有一定的帮助，同时，也可以对内融洽关系，对外树立企业形象，营造和谐的工作和生活环境。

复习思考题

1. 仪态礼仪的基本要求有哪些？
2. 化妆的一般程序是什么？
3. 着装的注意事项有哪些？
4. 职业装的特点是什么？
5. 饰品佩戴的原则是什么？

实践项目训练

一、实训名称

仪容仪态仪表实训

二、实训目的

1. 通过实训更好的掌握本章的理论知识。
2. 提高运用相关知识解决实际问题的能力。
3. 提高对仪容仪态仪表在社会交往中的重要度的认识。
4. 提升个人形象气质。

三、知识要点

1. 掌握社会交往中仪容仪态仪表礼仪的重要作用。
2. 掌握化妆的一般程序及技巧。
3. 掌握服饰搭配技巧，掌握仪态礼仪要领。
4. 培养良好的个人修养，形成良好的仪容仪态仪表礼仪。

四、课时

4 课时

五、实训考核办法

根据实训要求，采取学生和师生共同评分的办法，根据每次实训的成绩积分，得出最后成绩。该分数主要在综合实训结束时体现,记入最后学期考核中。

1. 实训考核共分为三部分综合评价:

（1）态度（20%）:参与的积极性、主动性等。

（2）知识的掌握（30%）:对各种仪容仪态仪表礼仪规范的掌握程度。

（3）知识的迁移（50%）:运用相关理论解决实际问题的能力。

2. 日常礼仪考核评分表见表2-1。

日常礼仪考核评分表 表2-1

内容	站姿	坐姿	蹲姿	表情	发型选择	化妆技巧	服饰搭配	总分
考核标准	10	10	10	10	10	25	25	100
态度（20%）								
知识的掌握（30%）								
知识的迁移（50%）								

六、实训内容

1. 分组进行走姿训练,模拟不同的场景展示客运服务人员的站姿、坐姿、蹲姿、表情等礼仪。

2. 分组根据自身特点设计不同场景进行发型选择、化妆、服饰搭配等技能技巧展示。

3. 出场后先由同学介绍剧情及设计思路。

七、实训要求

1. 通过练习,掌握仪态礼仪的基本要求。

2. 通过场景体验,掌握发型选择、化妆、服饰搭配等仪容仪表礼仪。

八、实训小结

个人畅谈实训体会,教师总结,评选处最佳设计处理方案等。

第三章　见面礼仪

【导读】

　　一位名叫比特·杜波尔的美国人曾经说过:"如果你能记住一个人的姓名,他就可能给你带来一百个新朋友。"在日常的社交活动中,与公众交往的第一步就是见面。见面时的礼节、礼仪是形成公众印象的原始材料,它关系到社交人员自身的形象,并在一定程度上影响到组织在公众心目中的形象。因此,掌握、遵循日常见面礼仪规范就显得尤为重要,它会给对方留下深刻而又美好的印象,直接体现出施礼者良好的修养,又可以获得他人的欢迎和尊重,而无礼的行为则可能使人与他无法和谐相处。

第一节　基本见面礼仪

【案例3-1】

　　在某一列即将出站的动车组列车上,刚刚毕业参加工作的小燕正耐心地引导旅客坐在自己的座位上,就在这时,一名老大爷上车了,他找不到自己的座位,小燕发现后主动地把这位老大爷带到属于他的座位上,并帮他把行礼搁置在行李架上。老大爷十分高兴,伸出一只手,想握手向小燕表示感谢,但是小燕害羞的拒绝了,说这是她应该做的。事后,小燕被列车长叫过去,列车长问她知不知道做错了什么,小燕很茫然"自己明明在很认真地为旅客服务啊,还帮助了一位老大爷,哪里错了呢?"你能帮她找到原因吗?

【知识目标】

1. 掌握打招呼的注意事项;

2. 掌握称呼的基本原则、称呼类型以及称呼的忌讳;

3. 掌握自我介绍、为他人介绍、他人介绍的相关礼节及注意事项;

4. 掌握握手的时机、方式以及忌讳;

5. 掌握名片的递交时机以及交换礼节;

6. 掌握问询与答询的相关礼节。

【能力目标】

1. 能够通过见面时的基本礼节,展现个人的教养、风度和魅力;

2. 能够做到处事合理、待人接物恰到好处;

3. 能够担任起铁路企业对外形象的"第一人"。

1. 具有良好的服务态度意识;
2. 具有良好的礼仪修养;
3. 具有较高的服务水准,善于与旅客沟通交流。

一、招呼

见面打招呼是常见的礼仪。同西方人打招呼,不要用中国人见面时习惯说的"你上哪儿去啊?""你去干嘛啊?"等问语。这会被他们认为是想探听别人隐私的失礼行为。也不要见面就问"你吃饭了吗?"这样往往会被误解成你要请他吃饭。

与外国人见面时,简单而又合适的打招呼是说"早上好""下午好""晚上好""您好"或者"早安""晚安"。同日本人打招呼,比较普遍的是说"拜托了""请多多关照"。泰国人会把双手合起来放在胸前、口前或额前中间的位置,微微点头并说"您好"。

见面打招呼,在西方国家是一种良好的礼节性习惯。无论对方是男还是女,是老还是少,是本国同胞还是异国他乡人,凡是双方相遇,哪怕是匆匆的过路人,只要目光对视,就会微笑着主动向对方打招呼,绝不会相看两无言地擦肩而过,因为视而不见会显得很不友善。打一声招呼,就像"破冰"一样,气氛自然就融洽了。不少西方人对我们同胞的这种"拘谨"十分疑惑,还以为中国人不友好呢。为此,我们要养成见面打招呼的良好习惯。

见面打招呼时应该注意些什么呢?

(一)尊重对方,勤于招呼

由于文化的差异,中国人与西方人不同,一般只习惯向自己所熟悉的人打招呼,对陌生人总会下意识地保持距离。倘若主动与不相识的人打招呼,反而会遭人误解。但随着国门的打开,我们与国际的交往越来越频繁,出国定居、旅游、学习交流的人也越来越多,如果我们还是死守自己的习惯,不能入乡随俗,则会遭到质疑,甚至影响中国人在外的形象。

(二)注重场合,善意问候

如果在公共场所遇见了久违的好朋友,不要过于激动。在街上,突然冲向对方,甚至冲撞了行人;在会场上,猛然从座位上跳起来并穿过整个大厅;在人群里,冷不丁高呼朋友的名字,让旁人吓一跳,并为之行侧目礼等,都是很失礼的行为。

(三)符合习惯,不卑不亢

有时会碰见相识者对你"熟视无睹"而感到不高兴,其实这大可不必。请不要把不经意的视而不见与故意的轻蔑混为一谈。这很可能是对方在沉思,或者眼睛近视,也可能因为你的外貌有了改变。总之不要苛求"熟视无睹"者。比如有一位学者,对自己所从事的专业很有研究和造诣,并成为行业中公认的专家。可是他常常对熟悉者"视而不见",为此,他的同事对他一直很有意见,认为他骄傲、不理人、摆架子。原来,他的"熟视无睹"只是因为他习惯在行走和空闲的时候,独自一人沉思。

(四)根据特点,有礼有序

称呼要视对方的年龄、性别、身份、职业等不同而不同。对年长者要体现谦恭、尊重的语气;对同辈要体现诚恳、友好的语气;对青年人要体现慈爱、谦和的语气。在单位尽量称呼对方的职务、职称,如果有多个职务或职称,尽量使用最高级的称呼。一个友好的称呼,不是为了满足自己,而是为了满足对方,使对方高兴、乐于接受。

如果你参加一个国际性的或者是跨省市、跨行业的会议，在一天内几次遇见同一个熟人，每次都说"您好"，似乎太单调了。你可以根据时间、场合，适地、适时地用不同方式打招呼。

与偶尔相遇的人打招呼怎么办？如果你有时因出差、开会、旅游等，在一个宾馆住好几天，经常会在同一个商店购物等，也应该同遇见的服务员或售货员打招呼。只要是经常同你打交道的人，不论身份高低、贫富不同，都要注意见面礼节。

【案例 3-2】 郁闷的老王

老王在长沙上班，家在岳阳，每到周末或者节假日，老王就坐高铁往返两地之间。这周，老王有事儿耽搁了一下，到车站后就直奔候车室，也没去总服务台领取矿泉水。在总服务台工作的小李由于经常和老王见面聊两句，两人已经很熟了，见他匆匆忙忙去往候车室，就大声叫唤了几下老王的名字，想打个招呼。老王听到后还以为有什么重要事情，就连忙跑过去，结果小李说只是打个招呼。等到老王再赶到候车室，他所乘坐的那趟列车已经停止检票了，老王很郁闷。

分析：打招呼是熟人相遇的一种常见的见面礼节，是一种有礼的表现，显示出友好和善意。但是在公共场合打招呼要注意，如果两个人近距离相遇，可以微笑地寒暄一下，问候一声"最近好吗？"如果离得很远，双方又都看得到彼此，打招呼就不要老远就喊别人的名字，这样其实很不礼貌，既影响他人，也会弄得对方很尴尬，反而失礼了。这种情况下，不如就隔着人群以微笑点头向对方示意，相信对方也一样可以感受到你的善意和礼貌，并同样回报以微笑。打招呼时，男士可欠身或点头致意，如果戴帽子则应该摘去。与人打招呼时，叼着香烟或将手插在口袋里都是极不礼貌的。

二、称呼

称呼，指的是人们在日常交往应酬之中，所采用的彼此之间的称谓语，也就是当面给对方打招呼时表明彼此间的关系的名称。在人际交往中，选择正确、适当的称呼，反映出一个人自身的教养、对对方尊敬的程度，甚至还能体现出双方关系发展所达到的程度和社会风尚。

（一）称呼的基本原则

称呼的格调有文雅和粗俗之分，不同的称呼内容可以使人产生不同的感受。交往开始时，只有使用高格调的称呼，才会使交往对象产生同你交往的欲望，若称呼的不妥当，则很容易让他人立即产生反感，甚至留在心底久久无法释怀。因此，在日常人际交往中必须使用恰当称呼礼节，其基本原则是：

（1）礼貌的原则

这是人际交往在称呼方面的基本原则之一。每个人都希望被他人尊重，而合乎礼节的称呼，正是表达了对他人的尊重和自己的礼貌修养。在交往称呼中，要记得使用尊称。常用的尊称敬语有："您"——您好，请您，您走好；"贵"——贵姓、贵方、贵校、贵体；"大"——尊姓大名、大作；"高"——高寿、高见、高明；"尊"——尊言、尊意等。

（2）尊崇的原则

汉族人历来就有从大、从老、从高的心态，如对同龄人，本应称呼对方为哥、姐，却还要夸张为大哥、大姐；对于年龄上可称爷也可称伯的长者，以称爷为宜，至少也得称呼大爷；对于职务方面的副职,称呼时也免副,一律以正职相称,习惯成自然了。

（3）适度的原则

适度的原则也是一种泛指称呼的相对准确原则。人们习惯性称呼不熟悉的人为"师傅",如:职业是理发师、厨师、工人、农民工等都是这样称呼。但老师、医生、军人、干部、商务工作者等以师傅相称就不合适了,此类统一称呼为"老师"也不合适。所以在公开场合要以亲疏远近关系来选择恰当的称呼,不能一概而论,也不能敷衍了事。

除了以上原则之外,称呼的礼仪方面还有一些应当注意的。比如打过交道的人,尽量记住对方的姓名,再次见面时能准确地叫出对方的名字,会使人感到惊喜,亲切自然的感觉随之油然产生,一见如故。同学朋友之间年龄相仿的,一般可直呼其名,三个字的姓名还可把姓氏免称,显得亲切。比较正规的称呼,则要将姓氏、职务、职称并称才合适,如"张老师""李处长""王教授"等。近期,社会上有称呼领导职务时的简化版本,将"长"字省略,变成"李处""刘局"等,在影视作品中也有体现,初看初听好像有一种亲切的感觉,但细品个中滋味,多少有庸俗和不规范的成分,是不应当提倡的。对熟悉的长辈,称呼时加上姓氏比较好,如:"孙爷爷""杨阿姨""赵叔叔"等。

（二）称呼语类型

现代社交场合中,称呼语一般有以下六种:

1. 一般性称呼

这是在社交场合最简单常用的称呼,特别是对陌生人可常用的一种称呼。这种称呼不区分听话人的职务、职业、年龄。

在一般场合下,对陌生人的称呼,男子不论婚否,可统称为"先生""同志"。女子则根据婚姻状况而定,对已婚的女子称"夫人""太太"或"女士",对未婚的女子称"小姐"。如不明其婚姻状况,以称"小姐""女士"为宜。在涉外场合对女性一般都要称呼为女士,这是对女性的一种尊重。对教育界、文艺界新相识的人都可敬称为"老师"。

同志的称呼在现在的社交场合用的远比先生要少,它只是在某些场合用于对政府领导、警察、军人和公务员等的称呼。特别注意的是,港、澳、台地区的朋友见面时一般不用此称呼。

2. 姓名性的称呼

在社交场合中,姓名性称呼是对异性年龄和职务相仿,好同学、好朋友、好同事、好伙伴等常用的称呼语。

朋友,熟人间的称呼,既要亲切友好,又要不失敬意,一般可通称为"你""您",或视年龄大小在姓氏前加"老""小"等前缀,如"老赵""小王"。

对有身份者或长者,可用"先生"相称,也可在"先生"前冠以姓氏。对德高望重的长者,可在其姓氏后加"老"或"公",如"邓老""赵公",以示尊敬。

对于同性之间,尤其是上司称呼下级、长辈称呼晚辈,通常可以只称其名,不呼其姓,如"王兴国"可称为"兴国"。

但要注意的一点是,按国际惯例,在正式的社交场合一般都要用全称。

3. 职务性的称呼

职务性称呼是一种以被称呼人所担当的职务来作为称呼语的称呼。以交往对象的职务相称,以示身份有别、敬意有加,这是一种最常见的称呼。

职务性称呼的叫法有三种情况:称呼职务、在职务前加上姓氏、在职务前加上姓名(适用于极其正式的场合），如"科长""方处长""陈峰经理"等。

4. 职称性、学衔性的称呼

对于具有职称者或高学历（博士以上）者，尤其是具有高级职称者，在工作中直接以其职称或学历相称。称职称或学历时，可以只称职称（或学历）、在职称（或学历）前加上姓氏、在职称（或学历）前加上姓名（适用于十分正式的场合）。如"教授""李教授""王博士"等。

5. 职业性的称呼

职业性称呼，是以被称呼人所从事的职业来作为称呼语的称呼。

在工作岗位，为表示庄重、尊敬，一般按职业相称，特别是从事某些特定行业的人，可直接称呼对方的职业，（如老师、医生、会计、律师等），也可以在职业前加上姓氏、姓名。如："李医生""张会计"。

6. 亲属性的称呼

亲属，是指与自己有着直接或间接血缘关系的人。对自己的亲属，一般应按约定俗成的称谓称呼，如妈妈的妈妈称"外祖母"，妈妈的祖母称"曾祖母"，姑妈之子称为"表哥"或"表弟"等等。但有时为了表示亲切，不必拘泥于称谓的标准。如对公公、婆婆、岳父、岳母都可称为"爸爸""妈妈"。这样称呼主要是为表示与对方亲密、不见外。

但在与外人交往时，称呼自己的亲属，要用谦称。称自己长辈和年龄大于自己的亲属，可在其称呼前加"家"字，如"家父""家母""家兄"等。称辈分低的或年龄小于自己的亲属，可在其称呼前加"舍"字，如"舍弟""舍妹""舍侄"等。至于称自己的子女，可称"小儿""小女"。

而称呼他人的亲属，则要用敬称。一般可在称呼前加"令"字，如"令尊""令堂""令郎""令爱"等。对其长辈，也可加"尊"字，如"尊叔""尊祖父"等。

另外，在非正式场合称呼邻居、至交或向陌生人询问时，为表示亲近，可以用亲属的称谓称呼对方，如"叔叔""阿姨""老伯伯""老奶奶""阿公""阿婆"等，有时还在称呼前加上姓氏，如"李阿婆"等。

（三）称呼的忌讳

称呼比较敏感，不能草率行事，为了使自己对他人的称呼不失敬意，要了解称呼方面的一些基本禁忌，以免无意间犯忌。通常称呼忌讳叫绰号或使用庸俗称呼，"哥们儿""姐们儿""伙计"等称呼以及随便给人起侮辱性绰号，这登不了大雅之堂不说，还会给对方造成伤害或引发不悦。称呼方面的忌讳还有避免使用不吉利的词语的要求。比如"死"字除了中国人历来十分忌讳外，恐怕世界各国文字语言中都会尽量逃避使用。在传统礼仪文化中，创造了许多间接曲折，有掩饰作用的词来替代不吉利的字眼。如：作古、走了、老了、不在了、去世、离世、过世、病故、仙逝、长眠、大驾西去、百年之后……都是对于"死"字和死的含义之委婉表达，能用上以上说法的任何一个，就比直接说"死"字为好，避讳了不雅字眼，还彰显文化底蕴。

三、介绍

现代人要生存、发展，就需要与他人进行必要的沟通，以寻求理解、帮助和支持。而介绍礼仪是礼仪中的基本、也是很重要的内容。它是人际交往中与人进行沟通、增进了解、建立联系的一种最基本、最常规的方式，是人与人进行相互沟通的出发点，是人与人之间相互认识交往的第一座桥梁。其最突出的作用，就是缩短人与人之间的距离。在社交或商务场合，如能正确地利用介绍礼仪,不仅可以扩大自己的交际圈,广交朋友,而且有助于进行自我展示、自我宣传,并且可以在人际交往中消除误会,减少麻烦。

介绍可分为三种情况:自我介绍、为他人作介绍和被人介绍。

(一)自我介绍的礼节

介绍是社会交往活动中的普遍礼节,是见面相识和发生联系的最初方式。在没有合适的中间人介绍的情况下,巧妙得体的自我介绍,可以为双方进一步交往奠定基础,也可以展示自我良好的交际风度。

1.自我介绍的时机

做自我介绍时,要掌握时机,初次见面和对方有兴趣时为最佳。对方有空闲,而且情绪较好,又有兴趣时,这时进行自我介绍就不会打扰对方。

在公共场合,如果你想结识某人,又没有适当的机会请别人介绍,可采取主动的自我介绍方式与对方交流,比如你先说:"您好,我是××学院的××,见到您很高兴",以引起对方的注意和呼应;也可以采用被动自我介绍的方式,先婉转询问:"您好!请问您怎么称呼?"等对方做完自我介绍可顺势介绍自己。无论怎样做自我介绍,原则都是诚实和坦率,使双方愿意相互结识。

应当何时进行自我介绍?这是最关键而往往被人忽视的问题。简单归纳,在下面场合,有必要进行适当的自我介绍:

应聘求职时;

应试求学时;

在社交场合,与不相识者相处时;

在社交场合,当不相识者表现出对自己感兴趣时;

在社交场合,当不相识者要求自己作自我介绍时;

在公共聚会上,与身边的陌生人组成的交际圈时;

在公共聚会上,打算介入陌生人组成的交际圈时;

交往对象因为健忘而记不清自己,或担心这种情况可能出现时;

有求于对方,而对方对自己不甚了解,或一无所知时;

拜访熟人遇到不相识者挡驾,或是对方不在,而需要请不相识者代为转告时;

前往陌生单位,进行业务联系时;

在出差、旅行途中,与他人不期而遇,并且有必要与之建立临时接触时;

因业务需要,在公共场合进行业务推广时;

初次利用大众传媒向社会公众进行自我推荐、自我宣传时。

2.自我介绍的具体形式

(1)应酬式

适用于某些公共场合和一般性的社交场合,这种自我介绍最为简洁,往往只包括姓名一项即可。"你好,我叫××。""你好,我是××。"

(2)工作式

适用于工作场合,它包括本人姓名、供职单位及其部门、职务或从事的具体工作等。如"你好,我叫××,是××公司的销售经理。""我叫××,在××学校读书。"

(3)交流式

适用于社交活动中,希望与交往对象进一步交流与沟通。它大体应包括介绍者的姓名、工作、籍贯、学历、兴趣及与交往对象的某些熟人的关系。如"你好,我叫××,在××工作。我是××的同学,我们都是××朋友……"

（4）礼仪式

适用于讲座、报告、演出、庆典、仪式等一些正规而隆重的场合。包括姓名、单位、职务等,同时还应加入一些适当的谦辞、敬辞。如"各位来宾,大家好!我叫××,是××学校的学生。我代表学校全体学生欢迎大家光临我校,希望大家……"

（5）问答式

适用于应试、应聘和公务交往。问答式的自我介绍,应该是有问必答,问什么就答什么。

自我介绍的方式除了上述最简单、最基本的以外,还可以更生动、丰富一些:比如从介绍自己姓名的含义入手;或从自己所属生肖入手;或从自己的职业特征入手;或从对事业的态度入手等。当然,这样的介绍,在私下介绍中会显得冗长,而在正式介绍的场合却是不错的。

3. 自我介绍的注意事项

（1）讲究态度

自我介绍时,不要用大拇指指向自己,显得粗俗狂妄。态度一定要谦恭、自然、友善、亲切、随和;应镇定自信、落落大方、彬彬有礼;既不能唯唯诺诺,又不能虚张声势,轻浮夸张;表示渴望认识对方的真诚情感。任何人都以被他人重视为荣幸,如果你态度热忱,对方也会热忱。语气要自然,语速要正常,语音要清晰。在自我介绍时镇定自若,潇洒大方,有助给人以好感;相反,如果你流露出畏怯和紧张,结结巴巴,目光不定,面红耳赤,手忙脚乱,则会为他人所轻视,彼此间的沟通便有了阻隔。

（2）注意时间

自我介绍时还要简洁,言简意赅,尽可能地节省时间,以半分钟左右为佳,不宜超过一分钟,而且愈短愈好。话说多了,不仅显得啰嗦,而且交往对象也未必记得住。为了节省时间,作自我介绍时,还可利用名片、介绍信加以辅助。

（3）注意场合

工作关系的自我介绍,侧重突出与工作有关的内容,不要喧宾夺主,刻意扩展,这样有卖弄之嫌,借公荐己。纯私人成分私下场合的自我介绍,尺度宽松一些,对方确有认识自己的愿望,则在自报姓名、学校、专业系科这些要素之外,简略介绍自己的籍贯、爱好、专长和担任什么职务。

（4）注意内容

自我介绍的内容要简繁适度,实事求是,过于谦虚自卑也是一种虚假行为,把自己拔高得过于完美,令对方陡生反感,甚至不欢而散,日后再无见面的契机。自我介绍的内容包括三项基本要素:本人的姓名、供职的单位以及具体部门、担任的职务和所从事的具体工作。这三项要素在自我介绍时,应一气呵成,这样既有助于给人以完整的印象,又可以节省时间,不说废话。语言方面,注意少用极端性词句,比如最、极、很、特别、绝对等。

（5）注意方法

自我介绍时还要注意方法,如果有介绍人在场,自我介绍则被视为不礼貌的。应善于用眼神表达自己的友善,表达关心以及沟通的渴望。如果你想认识某人,最好预先获得一些有关他的资料或情况,诸如性格、特长及兴趣爱好。这样在自我介绍后,便很容易融洽交谈。在获得对方的姓名之后,不妨口头加重语气重复一次,因为每个人最乐意听到自己的名字。

另外,当对方在进行自我介绍时应注意以下几个问题:

对方做自我介绍时应避免童话相问,打断对方,缺乏礼貌。如"你叫什么名字",而应尽量客气一点,用词更敬重些,"您贵姓""请问怎么称呼"等;

不要涉及一些敏感的地方,如"你多大了""你结婚了吗"等;

对方做自我介绍时要仔细聆听,记住对方的姓名、职业、喜好等。当对方自我介绍后,你也做相应的自我介绍,这才是礼貌的。

(二)为他人做介绍的礼节

为他人做介绍,是经第三者为彼此不相识的双方引见、介绍的一种介绍方式。这种方式通常是双向的,即将被介绍者双方各自均作一番介绍。

为他人做介绍,把一个人引见给其他人相识的过程,是居中介绍人的义务和作用。善于为他人做介绍,可以使你在朋友、同事和同学中享有更高的威信、公信力和影响力。在人群当中,自然充当介绍人的一般是其中地位、年龄最高者和被介绍双方共同认识的人。当今文明社会,即使是貌似轻松的居中介绍,也有许多固定的讲究。

首先,要抓住为他人做介绍的时机,遇到下列情况,就有必要为他人做介绍:与家人外出,路遇家人不相识的同事或朋友;本人的接待对象遇见了其不相识的人士,而对方又跟自己打了招呼;在家中或办公地点,接待彼此不相识的客人或来访者;打算推荐某人加入某一方面的交际圈;受到为他人作介绍的邀请;陪同上司、长者、来宾时,遇见了其不相识者,而对方又跟自己打了招呼。陪同亲友前去拜访亲友不相识者。

其次,特别受尊重者有了解对方的优先权原则,也就是说介绍有先后顺序。在社交场合,介绍的一般原则是:

(1)必须遵守"尊者居先"的规则。即在介绍两个人互相认识时,总的要求是把被介绍人介绍给你所尊敬的人,同时在语言表达上,要先称呼受尊敬的一方,再将介绍者介绍出来,这是国际公认的介绍顺序,若混淆该顺序,会产生令人不愉快的后果。

(2)把年轻者介绍给年长者,不论男女都是按顺序作介绍,但一定要区分好双方的年龄。

(3)把职务低者介绍给职务高者。它适用于正式场合,并特别适用于职业相同的人之间。

(4)如果双方年龄、职务相当,则把男士介绍给女士。在现今的社交场合,女士优先是普遍被接受的,因此一般情况下,应将男士介绍给女士。

(5)把家人介绍给同事、朋友。

(6)把未婚者介绍给已婚者。

(7)将个人介绍给团体。一般按一定的次序,像顺时针、反时针、从左到右或从右到左等依次进行均行,不能跳跃式介绍,若有显赫的贵宾可破例。

(8)把后来者介绍给先到者。

做居中介绍人也不能太随便,举动与神态还是有一定的规矩的,在做介绍时,介绍人应起立,站在被介绍的双方之间一侧,呈三角站立,手的正确姿势是抬起前臂,五指并拢伸直,手掌向上倾斜,指向被介绍者,切忌用食指或中指指向被介绍的任何一方,也不能用手拍打被介绍人的肩部、胳膊和背部。介绍人的介绍用语应简明扼要,分寸恰当,一般不要介绍被介绍人私人信息方面的情况,如家庭住址,本人通信信息等。在介绍过场中要一视同仁,公平客观,不要过分赞扬其中的一方,给人留下厚此薄彼的印象,但可以在介绍时有意识选择双方的共同点,如相似的经历、共同的爱好、相关的学业等,以便双方结识之后,很快找到共同的话题,能尽快地熟悉起来。

最后,介绍时应注意以下事项:

(1)介绍者为被介绍者介绍之前,一定要征求一下被介绍双方的意见,切勿上去开口即讲,显得很唐突,让被介绍者感到措手不及。

(2)被介绍者在介绍者询问自己是否有意认识某人时,一般不应拒绝,而应欣然应允。实在不愿意时,则应说明理由。

(3)介绍人和被介绍人都应起立,以示尊重和礼貌;待介绍人介绍完毕后,被介绍双方应微笑点头示意或握手致意。

(4)在宴会、会议桌、谈判桌上,视情况介绍人和被介绍人可不必起立,被介绍双方可点头微笑致意;如果被介绍双方相隔较远,中间又有障碍物,可举起右手致意,并点头微笑致意。

(5)介绍完毕后,被介绍者双方应依照合乎礼仪的顺序握手,并且彼此问候对方。问候语有"你好、很高兴认识你、久仰大名、幸会幸会",必要时还可以进一步做自我介绍。

【案例3-3】 "王"和"郭"的尴尬

王某参加一个同学的生日聚会,同学把她安排在一张桌前,为她和一个邻座的男子作介绍:"这是王某,我中学同学;这是郭某,我的同事。"而后,他就忙着招呼其他客人去了。

距离开饭时间尚早,他们只好有一搭没一搭地聊天。郭某说:"我在外地开会,今天特意赶回来参加这个 party,现在的铁路服务人员素质特别低,列车上的英语广播简直听不懂,服务也特差……"

当然,他这么一说王某就不好搭腔了,脸色也肯定不会很好看,本来的礼貌性微笑也全部消失殆尽。其实,这都是她的同学介绍不当惹的祸。王某和邻座是完全不相识的两个人,却要在一起坐着聊天,显然她的同学做的介绍太精简了,他没有介绍一下,王某曾是一名动车组乘务员,现在是一名礼仪培训师,所以,导致王某陷入尴尬,只能听她的邻座喋喋不休地抱怨着铁路部门和客运服务人员。最后,郭某终于想起来询问王某的职业,当听到"我曾是一名高姐,现在是一名礼仪培训师"时,他囧得满脸通红。

(三)被人介绍的礼节

被人介绍,是指在社交场合有他人将你介绍给别人认识。自己处在当事人的位置,由第三者介绍,因此,作为被介绍者,应当表现出结识对方的热情。要被介绍时,正面面对对方,介绍时除了女士和长者外,一般都应该站起来,但若是在会谈进行中或宴会等场合,就不必起身,只微微欠身致意就可以了。被介绍时,双目应该注视对方,切不可东张西望,心不在焉或是羞羞答答,不敢抬头。待介绍完毕,应该主动与对方握手问好,说声"认识你很高兴"等,也可以递上自己的名片,并请对方多多指教、关照等,若对方有兴趣与你交谈,应表示高兴,若对方让你稍等,你应说"没关系"并耐心等待。

四、握手

据考证,握手最早发生在人类"刀耕火种"的年代。那时,在狩猎和战争时,人们手上经常拿着石块或棍棒等武器。当遇见陌生人时,如果大家都无恶意,就要放下手中的东西,并伸开手掌,让对方抚摸手掌心,表示手中没有藏东西。后来,这个动作被武士们学到了,他们为了表示友谊,不再互相争斗,就互相摸一下对方的手掌,表示手中没有武器。随着时代的变迁,握手形成一种礼节,至少从我国的汉代开始。《后汉书·李通传》:"(光武)往答之,及相见,共语移日,握手极欢。"这种习惯逐渐演变成现今人们见面时一种通常的礼节。

现代的握手礼,是人们在日常的社会交往中常见的礼节;是沟通思想、交流感情、增进友谊的重要方式;是现代交际和应酬的礼仪之一,又可称之为人类相同的"次语言"。深情、文雅而得体的握手,往往蕴含着令人愉悦、信任、接受的契机。两人见面,若是熟人,不用言语,两手紧紧一握,各自的许多热情感就互相传导过去了;若是生人,则一握之际,就成为人们由陌生变熟的开端。因此,它已成为世界上通行的,人们在日常交际活动常用的见面礼节。

(一)握手的时机

何时宜行握手礼,这是一个十分复杂而微妙的问题,它通常取决于交往双方的关系,现场的气氛以及当事人个人的心情等多种因素,所以不好一概而论。不过一个人若是希望在人际交往中令自己显得彬彬有礼,那么就一定要把握好以下时机:

(1)遇到较长时间未曾谋面的熟人,应与其握手,以示为久别重逢而万分欣喜。

(2)在比较正式的场合同相识之人道别,应与之握手,以示自己的惜别之意和希望对方珍重之心。

(3)在家中、办公室里以及其他一切以本人作为东道主的社交场合,迎接或送别来访者之时,应与对方握手,以示欢迎或欢送。

(4)拜访他人之后,在辞行之时,应与对方握手,以示"再会"。

(5)被介绍给不相识者时,应与之握手,以示自己乐于结识对方,并为此深感荣幸。

(6)在社交性场合,偶然遇上了同事、同学、朋友、邻居、长辈或上司时,应与之握手,以示高兴与问候。

(7)他人给予了自己一定的支持、鼓励或帮助时,应与之握手,以示衷心感激。

(8)向他人表示恭喜、祝贺之时,如祝贺结婚、生子、晋升、升学、乔迁、事业成功或获得荣誉、嘉奖时,应与之握手,以示贺喜之诚意。

(9)他人向自己表示恭喜、祝贺之时,应与之握手,以示谢意。

(10)对他人表示理解、支持、肯定时,应与之握手,以示真心实意,全心全意。

(11)应邀参与社交活动,如宴会、舞会等之后,应与主人握手,以示谢意。

(12)在重要的社交活动,如宴会、舞会、沙龙等开始前与结束时,主人应与来宾握手,以示欢迎与道别。

(13)得悉他人患病、失恋、失业、降职、遭受其他挫折或家人过世时,应与之握手,以示慰问。

(14)他人向自己赠送礼品或颁发奖品时,应与之握手,以示感谢。

(15)向他人赠送礼品或颁发奖品时,应与之握手,以示郑重其事。

但要注意,当出现对方手部有伤;对方手里拿着较重的东西;对方忙着别的事,如打电话、用餐、主持会议、与他人交谈等;对方与自己距离较远等情况时不宜握手,否则容易产生负面效果。

(二)握手的次序

在比较正式的场合,行握手礼时最为重要的礼仪问题,是握手的双方应当由谁先伸出手来"发起"握手。倘若对此一无所知,在与他人握手时,轻率地抢先伸出手去而得不到对方的回应,那种场景一定是令人非常尴尬的。握手的先后次序要符合礼仪规范:握手时伸手的先后次序,遵循"尊者决定"原则;在公务场合,握手时伸手的先后次序主要取决于职位、身份;而在社交、休闲场合,它则主要取决于年纪、性别、婚否。

1. "尊者决定"原则

根据礼仪规范,握手时双方伸手的先后次序,应当在遵守"尊者决定"原则的前提下,具体情况具体对待。

所谓"尊者决定",即在两人握手时,各自首先应确定握手双方彼此身份的尊卑,然后以此而决定伸手的先后。先由位居尊者首先伸出手来,即尊者先行。位卑者只能在此后予以响应,而决不可贸然抢先伸手,因为握手往往意味着进一步交往的开始,如果位居尊者不想与位居卑者深交,他是大可不必伸手与之相握的。换言之,如果位居尊者主动伸手与位居卑者相握,则表明前者对后者印象不坏,而且有与之深交之意。

所以"尊者决定"的原则,恰到好处地体现对位居尊者的尊重,也是维护在握手之后的寒暄应酬中位居尊者的自尊。

2. 握手时双方伸手的先后次序

具体而言,握手时双方伸手的先后次序大体包括如下几种情况:

年长者与年幼者握手,应由年长者首先伸出手来。

长辈与晚辈握手,应由长辈首先伸出手来。

老师与学生握手,应由老师首先伸出手来。

女士与男士握手,应由女士首先伸出手来。

已婚者与未婚者握手,应由已婚者首先伸出手来。

社交场合的先至者与后来者握手,应由先至者首先伸出手来。

上级与下级握手,应由上级首先伸出手来。

职位、身份高者与职位、身份低者握手,应由职位、身份高者首先伸出手来。

3. 握手时常遇的三种情况

(1)与女性握手应注意的礼仪

握手时,应微笑致意,不可目光看别处,或另与第三者谈话。握手后,不要当对方的面擦手。

在握手之前,男方必须先脱下手套,而女子握手,则不必脱手套,也不必站起。按国际惯例,身穿军装的男子可以戴着手套与妇女握手,握手时先行举手礼,然后再握手,这是一种惯例。与女性握手,最应掌握的是时间和力度。一般来说,握手要轻一些,要短一些,也不应握着对方的手用劲摇晃。但是,如果用力过小,也会使对方感到你拘谨或虚伪敷衍。因此,握手必须因时间、地点和对象不同对待。

(2)与老人、长辈或贵宾握手的礼仪

与老人、长辈或贵宾握手,不仅是为了问候和致意,还是一种尊敬表示、除双方注视、面带微笑,还应注意以下几点:

在一般情况下,平辈、朋友或熟人先伸手为有礼,而对老人、长辈女贵宾时则应等对方先伸手,自己才可伸手去接握。否则,便会视为不礼貌的表现。

握手时,不能昂首挺胸,身体可稍微前倾,以示尊重,但也不能因对方是贵宾时就显得胆小拘谨,只把手指轻轻接触对方的手掌就算了事,也不能因感到"荣幸"而久握对方的手不放。

当老人或贵宾向你伸手时,应快步上前,用双手握住对方的手,也是尊敬对方的表示。并应根据场合,边握手边打招呼问候,如说:"您好""欢迎您""见到您很荣幸"等热情致意的话。

遇到若干人在一起时,握手、致意的顺序是:先贵宾、老人,后外宾,先女后男。还必须注意,不要几个人竞相交叉握手,或在跨甚至隔着门槛时握手,这些做法也是失礼的行为。

在社交中,除注意个人仪容整洁大方外,还应注意双手的卫生,干净或者湿的手与人握手,是不礼貌的。如果老人、贵宾来到你面前,并主动伸出手来,而你此时正在洗东西、擦油污之物等,你可先致意,同时亮出双手,简单说明一下情况并表示歉意,以取得对方理解,同时赶紧洗好手,热情予以招待。

社交场合,遇见身份高的领导人,应有礼貌地点头致意或表示欢迎,但不要主动上前握手问候,只有在对方主动伸手时,才可向前问候。

（3）对上级或下级之间的握手礼仪

在与上级或下级握手时,除应遵守一般握手的礼节外,还应注意以下几方面:

为了表示对下级的友好、问候,可先伸出手,下级则应等对方有所表示后再伸手去接握,否则,将被视作不得体或无礼。

到几位都是你的上级时,握手时应尽可能按其职位高低的但也可由他们中的一位进行介绍后,由你与对方一一握手致意。如同来的上级职位相当,握手的顺序应是先长者(或女性)然后再是其他人。如果长者中有自己比较熟者,握手时应同时说些如"近来身体可好"之类表示问候的话。

与下级握手,一般也应以其职位高低为序,遇有自己熟悉的下级,握手时同时也应说些问候、鼓励和关心的话。

无论是与上级还是下级握手,都应做到热情大方,遵守交往礼节。

下级与上级握手时,身体可以微欠,或快步趋前用双手握住对方的手,以示尊敬,但切不可久握不放,表示过分的热情。

上级与上级握手同样要热情诚恳,应面带笑容,注视对方的眼睛,切忌用指尖相握,或敷衍一握了事。也不可在握手时,东张西望或漫不经心,使对方感到你冷漠无情。在众多的下级面前,也不要厚此薄彼,只与其中一两个人握手,而冷落其他人;更不能在与下级握手后,急忙用手帕擦手。这些表现都会被人认为是轻慢与无礼的行为。

图 3-1　握手的神态

（三）握手的方式

握手的标准方式是行礼时行至距离握手对象约 1 米处,双腿立正,上身略向前倾,伸出右手(通常是右握式,特殊情况也用左握式),四指并拢,拇指张开与对方相握。握手时用力要适度,上下稍许晃动三四次,随后松开手来。

具体来说,握手时应加以注意的问题有:

1. 神态

与人握手时,理当神态专注,热情、友好、自然。在通常情况下,与人握手时,精神要集中,双目注视对方,微笑致意,握手时不要看着第三者,更不能东张西望,这都是不尊重对方的表现(图 3-1)。军人戴军帽与对方握手时,应先行举手礼,然后再握手。

在握手时,切勿显得自己三心二意,敷衍了事,漫不经心,傲慢冷淡。如果在此时迟迟不握他人早已伸出的手,或是一边握手,一边东张西望,目中无人,甚至忙于跟其他人打招呼,都是极不应该的。

2. 姿势

向他人行握手礼时,只要有可能,就应起身站立,以示对对方的尊重。除非是长辈或女士,否则坐着与人握手是不合适的。握手时,双方彼此之间的最佳距离为 1 米左右。距离过大,显得是一方冷落一方;距离过小,手臂难以伸直,也不太雅观。最好的做法是双方站立,将要相握的手各向侧下方伸出,伸直相握后形成一个直角。

3. 样式

握手的具体样式是千差万别的。了解一些握手的典型样式,既有助于我们通过握手了解交际对方的性格、情感状况、待人接物的基本态度等;也有助于我们在人际交往中根据不同的场合、不同的对象去自觉地应用各种具体的样式。

(1)对等式握手

这是标准的握手样式。握手时两人伸出的手心都不约而同地向着对方,或者说是到了最后都不得不将手心向着对方。这样的握手多见于双方社会地位都不相上下时,由于双方都"试图"处于支配地位,通过"竞争"最后双方的手心在握住时不碍不都向着对方;也可能是一种单纯的、礼节性的表达友好的方式,见图3-2。

(2)双握式握手

美国人称政客式握手。据说在历届美国竞选总统时,几乎所有的竞选人都要以这种样式对上至亿万富翁,下至西部牛仔握手。其具体样式是:在用右手紧握对方右手的同时,再用左手加握对方的手背、前臂、上臂或肩部。使用这种握手样式的人是在表达一种热情真挚,诚实可靠,显示自己对对方的信赖和友谊,见图3-3。从手背开始,对对方的加握部位越高,其热情友好的程度显得也就越高。

图 3-2 对等式握手

图 3-3 双握式握手

(3)支配式握手

支配式握手也称"控制"式握手,用掌心向下或向左下的姿势握住对方的手。以这种样式握手的人想表达自己的优势、主动、傲慢或支配地位。这种人一般来说说话干净利落、办事果断、高度自信,凡事一经自己决定,就很难改变观点,作风不大民主,在交际双方社会地位差距较大时,社会地位较高的一方易采用这种方式与对方握手。

(4)谦恭式握手

谦恭式握手也叫"乞讨式"握手,顺从型握手。与支配式握手相对,用掌心向上或向左上的手势与对方握手。用这种样式握手的人往往性格软弱,处于被动、劣势地位,这种人可能处世比较民主、谦和、平易近人,对对方比较尊重、敬仰,甚至有几分畏惧。这种人往往易改变自己的看法,不固执,愿意受对方支配。

（5）抠手心式握手

两手相握之后,不是很快松开,而是双手掌相互缓缓滑离,让手指在对方手心适当停留。握手本来就是身体感觉最敏感的部位相互接触,彼此都能通过握手获得一种快感。如果再让手指在手心轻轻滑过,无疑更会使对方热血沸腾、情绪高涨。因此,抠手心式握手一般只见于恋人、情人之间或心有灵犀的好朋友之间。

（6）拉臂式握手

将对方的手拉到自己的身边相握,且往往相握时间较长。这常常是社会地位较低者,特别是那些有较强自卑感的人在与社会地位较高者握手时采用的形式。这种人往往过分谦恭,在他人面前唯唯诺诺,轻视自我,缺乏主见与敢作敢为的精神。

（7）捏手指式握手

捏手指式握手不是两手的虎口相触对握,而是有意或无意地只捏住对方的几个手指或手指尖部。女性与男性握手时,为了表示自己的矜持与稳重,常采取这种样式,见图3-4。如果是同性别的人之间这样握手,就显得有几分冷淡与生疏。据说,英国女王与人握手时,为了不让对方完全握住她的手,她总是不把手完全伸出来,并把拇指明显地曲向下方。有不少官僚显贵人物,与人见面时,也总是伸出两三个指头一握了之,以显示他们地位的"尊贵"。

图3-4 捏手指式握手

（8）"死鱼"式握手

"死鱼"式握手握手时伸出一只无任何力度、质感,不显示任何信息的手。给人的感觉就好像是握住一条三伏天腐烂的死鱼。这种人的特点如不是生性懦弱,就是对人冷漠无情,待人接物消极傲慢。假如你握到这样一双手,那你就一般不要指望手的主人会热情地为你办事。

4.力度

握手时为了表示热情友好,应当稍许用力,但以不握痛对方的手为限度。在一般情况下,握一下即可,与亲朋故旧握手时,所用的力量可以稍为大一些;男子与女子握手不能握得太紧,西方人往往只握一下妇女的手指部分,但老朋友可以例外。

总之,在与人握手时,不可以毫不用力,不然就会使对方感到缺乏热忱与朝气。但也不宜矫枉过正,要是在握手时拼命用力,不将对方整得龇牙咧嘴不肯罢休,则难免有示威挑衅之嫌。

5.时间

握手时间的长短可根据握手双方亲密程度灵活掌握。初次见面者,一般应控制在3秒钟以内,切忌握住异性的手久久不松开。即使握同性的手,时间也不宜过长,以免对方欲罢不能。但时间过短,会被人认为傲慢冷淡,敷衍了事。

握手时两手稍触即分,时间过短,好似在走过场,又像是对对方怀有戒意,而与他人握手时间过久,尤其是拉住异性或初次见面者的手长久不放,则显得有些虚情假意,甚至全被怀疑为"想占便宜"。

（四）握手的忌讳

（1）不要用左手与他人握手。除非右手有不适之处，否则，绝不能用左手与他人握手。尤其是对外国朋友，这一点特别得注意。尤其是在与阿拉伯人、印度人打交道时要牢记此点，因为在他们看来，左手是不洁的。西方人也不喜欢用左手跟人握手。

（2）不要在握手时争先恐后，而应当遵守秩序，依次而行。如在家里接待客人，客人来时，主人要先伸出手来，以示热情欢迎；客人告辞时，主人却应在客人后面伸手，否则，就有"逐客"之嫌疑。特别要记住，与基督教信徒交往时，要避免两人握手时与另外两人相握的手形成交叉状，这种形状类似十字架，在基督教信徒中是很不吉利的。总体来说，就是上级、长辈、女士优先，下级、晚辈、男士在后响应，切不可抢先。

（3）不要在握手时戴着手套。有人习惯于戴手套，但在握手时，必须把手套摘下来，只有女士在社交场合戴着薄纱手套与人握手才是被允许的。

（4）不要在握手时戴着墨镜，只有患有眼疾或眼部有缺陷者方可例外。

（5）不要在握手时将另外一只手插在衣袋里。

（6）不要在握手时另外一只手依旧拿着东西而不肯放下，例如仍然拿着香烟、报刊、公文包、行李等。

（7）不要在握手时面无表情，不吐一词，好像根本无视对方的存在，而纯粹是为了应付。

（8）不要在握手时长篇大论，点头哈腰，滥用热情，显得过分客套。过分客套不会令对方受宠若惊，而只会让对方不自在，不舒服。尤其是对异性，更不能握着人家的手长时间不放。

（9）不要在握手时仅仅握住对方的手指尖，好像有意与对方保持距离。正确的做法是要握住整个手掌，即使对异性也要这么做。

（10）不要在握手时只递给对方一截冷冰冰的手指尖，像是迫于无奈似的。这种握手方式在国外叫做"死鱼式"握手，被公认是失礼的做法。

（11）不要在握手时把对方的手拉过来、推过去，或者上下左右抖个没完。

（12）不要以肮脏不洁或患有传染性疾病的手与他人相握。

（13）不要在与人握手之后，立即揩拭自己的手掌，好像与对方握一下手就会使自己受到"污染"似的。

（14）不要拒绝与他人握手。在任何情况下，都不能这么做。

（15）不要随处滥用双握式握手。有人为了表示自己的热情、友好，常常是像做"三明治"一样，双手紧夹着他人的手不放。这种做法也是不妥当的。当然，并不是说这种方式一概不能用，故友重逢，或对他人进行慰问时，可以用双手握，但不能夹得太紧，像捉鱼一样便不合适了。

（16）不要交叉握手。有些场合，需要握手的人可能较多。碰到这种情形，可按由近及远的顺序，依次与人握手。切不可交叉握手，尤其是和西方人打交道，理应避免（即两个人相握时，别外两人相握的手不能与之交叉），因为交叉会形成十字架图案，西方人认为这是最不吉利的事。

【案例3-4】 驾驶员的"热情"

某个铁路局的一个领导到下属车站视察工作，车站派一个专职驾驶员和客运车间的一位女主任两人开车去接王教授，来到车站，见该领导已经到了，驾驶员停了车，两人一起来到领导面前，不管是从职务高低，还是从尊重妇女来讲，这个领导都应该与女同志先握手的，但是那个男驾驶员一个手也伸了过来,而且他的手伸在那个女同志前面,这位领导只好两个手同时伸出去,一手握一个。

分析:实际上,驾驶员不应该先伸手的,比如我是儿子,爸爸在,我爸伸了手我再伸;我是副总经理,董事长在,董事长握完了,我再握,不着急。所以这个要注意,握手除了要由尊而卑之外,第二个顺序是由近而远,还有第三个顺序,是在社交场合尤其是宴会桌上实行的,叫顺时针方向前进。

五、名片

名片的使用是人际交往的一种重要手段。名片,是一个人身份地位的象征,是一个人尊严价值的彰显,也是使用者要求社会认同、获得社会理解与尊重的一种方式。名片上一般印有使用者的姓名、单位、职务和联系方式等信息,有人把它称作社交中的另一种身份证,可用于自我介绍、结交朋友、维持联系、介绍业务、通知变更、拜会他人、简短留言等。

(一)名片的类型

名片的产生主要是为了交往,过去由于经济与交通均不发达,人们交往面不太广,对名片的需求量不大。随着改革开放,人口流动加快,人与人之间的交往增多,使用名片开始增多。特别是近几年经济发展,信息开始发达,用于商业活动的名片成为市场的主流。人们的交往方式有两种,一种是朋友间交往、一种是工作间交往,工作间交往一种是商业性的,一种是非商业性的。

1. 商业名片

商业名片是指为公司或企业进行业务活动中使用的名片,名片使用大多以营利为目的。商业名片除印姓名、地址、邮编、电话、单位、职称、社会兼职外,在名片的背面还要印上单位业务范围、经营项目等。名片的正面可以使用企业或公司的标志、注册商标,大公司有统一的名片印刷格式,使用较高档纸张,主要用于商业活动。

2. 公用名片

公用商业名片是指为政府或社会团体在对外交往中所使用的名片,名片的使用不是以营利为目的,主要用于对外交往与服务。公用名片除姓名、地址、邮编、电话、单位外,名片常使用标志、部分印有对外服务范围,没有统一的名片印刷格式,名片印刷力求简单适用,注重个人头衔和职称。

3. 个人名片

个人名片是指朋友间交流感情,结识新朋友所使用的名片。个人名片除有自己的姓名、地址、邮编、电话外,名片设计可以个性化,自由发挥。常印有个人照片、爱好、头衔和职业,使用名片纸张据个人喜好,主要用于朋友交往。

(二)名片的规格

国内最通用的名片规格为9厘米×5.5厘米,境外人士使用的名片为10厘米×6厘米,女士专用名片为8厘米×4.5厘米。

名片的印刷以横排为佳。名片的质地应是柔软耐磨的白板纸、布纹纸;名片的色彩切记鲜艳、花哨,讲究淡雅端庄,以白色、乳白色、淡黄色、浅蓝色为宜。我国的习惯是把职务用较小号字体印在名片左上角,姓名印在中间;外国人的习惯姓名印在中间,职务用较小号字体印在姓名下面。如果同时印中外文时,通常一面印中文,另一面印外文;外文要按国际惯例,且要准确无误。

但要注意的是,名片不能随便进行涂改,且不宜提供私宅电话号码或家庭信息,不要印两个以上的头衔。名片上印刷的身份、头衔必须实事求是,譬如公司"董事"或"董事长"头衔,不能胡乱自称,作为正当交际和商务所用的名片应当避免夸张做假,切忌把自己的一切头衔和辉煌成就都在名片上表现出来,这样有时会使人反感。在社交活动中,一般选自己比较重要的或准备几种头衔的系列名片比较好。

特别注意作为交际所用的名片,往往是用以纪念,因而这种名片在设计上应讲究创意,追求情调化、文化内蕴,只写联系电话和住址,尽可能地轻松悦目,甚或来一点幽默和调侃类字句,或者加印一幅漫画意味的头像。这类名片除了讲究情调,还可以用香味纸或自洒点香水,以给人愉悦感,印制上也应愈精美愈好;而商务名片固然也应尽可能地讲究为好,但以增加业务合作、贸易往来的功用为主,不必过分情调化。

(三)递交名片的合理时机

精美的名片使人印象深刻,但发送名片的时机与场合可是一门学问。名片通常在三种情况下使用:

一是在社交的礼节性拜访中。

二是在常有商业性质的横向联系与交往中。

三是在某些表达感情或表达祝贺的场合中。

具体而言,在遇到以下情况时,需要将自己的名片递交他人,或与他人交换名片:

(1)希望认识对方。

(2)被介绍给对方。

(3)对方向自己索要名片。

(4)对方提议交换名片。

(5)打算获得对方的名片。

(6)初次登门拜访对方。

当然,也不要把自己的名片随意发给陌生人,以防被有些人进行不正当。一般遇到以下几种情况,不需要把自己的名片递给对方,或与对方交换名片。

(1)对方是陌生人而且不需要以后交往。

(2)不想认识或深交对方。

(3)对方对自己并无兴趣。

(4)经常与对方见面。

(5)对方之间地位、身份、年龄差别悬殊。

(四)名片交换的方式

1.递送名片的礼节

(1)递名片时最好是站着递给对方,如果自己坐着,待对方走过来时,应站起来,问候对方后再递交名片。一般的做法是把印有最重要的文字那个部分面对着别人。具体有两个办法:方法之一,双手拿着名片的两个上角,递送给对方(图3-5);方法二,右手拿着它的上角,递送给对方。但一般不要用左手递给别人,尤其是对外交往的时候。左手递东西给别人,在很多国家是不能被

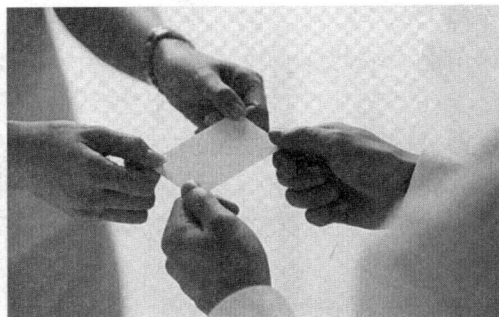

图3-5 递接名片

接受的。

（2）将名片递给他人时，稍事寒暄，譬如"多多关照""常联系"等语话，或是先作一下自我介绍。

（3）与多人交换名片时，应讲究先后次序。或由近而远，或尊者为先原则进行：往往是男士先递给女士，晚辈先递给长辈，下级先递给上级，主人先递给客人。在面对多人时，一般有以下几条操作规则：按照职务高低前进：循序渐进、由近而远；顺时针方向行进。

另外，在发送名片时要注意：

（1）除非对方要求，否则不要在年长者面前先出示名片。

（2）对于陌生人或巧遇的人，不要在谈话中过早发送名片。因为这种热情一方面会打扰别人，另一方面有推销自己之嫌。

（3）不要在一群陌生人中到处传发自己的名片，这会让人误以为你想推销什么物品，反而不受重视。在商业社交活动中尤其要有选择性地提供名片，才不致使人以为你在替公司搞宣传、拉业务。

（4）处在一群彼此不认识的人当中，最好让别人先发送名片。名片的发送可在刚见面或告别时，但如果自己即将发表意见，则在说话之前发名片给周围的人，可帮助他们认识你。

（5）出席重大的社交活动，一定要记住带名片，而且要足量携带。比如，我今天参加一个酒会，这个酒会据我所知会有 120 个人参加，而且这 120 个人都是重量级的人物，我想跟他们建立联系，那我所带的名片就得多于 120 张。若名片用完，可用干净的纸代替，在上面写下个人资料。

（6）无论参加私人或商业餐宴，名片皆不可于用餐时发送，因为此时只宜从事社交而非商业性的活动。与其发送一张破损或脏污的名片，不如不送。

名片应整齐地放在名片夹、盒或口袋中。一般情况下，男同志穿西装的话，还可以放在上衣口袋里，女孩子最好是放在手袋里面，以免名片毁损，破旧名片应尽早丢弃。在我们的办公桌上或者抽屉里面，应该也备有足量的名片。

2.接受名片

（1）他人递名片给自己时，应起身站立，面含微笑，目视对方。名片上印的是对方的名字，你对对方名片重不重视，实际上就是对名片的主人是不是重视。

（2）接受名片时，双手捧接，或以右手接过，不要只用左手接过。

（3）接过名片后，要从头至尾把名片认识默读一遍，意在表示重视对方，同时也可以了解对方的确切身份。

（4）最后，接受他人名片时，应使用谦词敬语，口头上要向对方马上道谢。如："请多关照。"

（5）当你拿到对方的名片之后，一定要把自己的名片及时地回赠对方。

（6）把对方的名片拿过来之后，马上放到自己的名片包里，或者放在上衣口袋里，或者放在办公室的抽屉里，要给别人一个非常被重视的感觉。

此外，收了对方的名片后，若是站着讲话，应该将名片拿在齐胸的高处；若是坐着，就放在视线所及之处：在交谈时，不可折皱、玩弄对方的名片；与对方分别时不可将对方名片任意丢弃在桌上。

（五）名片的保存与管理

在社交活动中，收下对方名片后应放好，或放进上衣的口袋，或放人名片盒。回家后或回到办公室,则应将接受的名片分类收进专用名片簿。

收到的名片较多时,可按下列三种方法分类收藏,以便日后查找和使用。

1. 按字母顺序分类

外国友人名片可以按英文字母顺序或其他外国文字字母顺序排列,中国同胞的名片可以按汉语拼音字母顺序或汉字笔画分类排列。

2. 按行业分类

例如,可以把文化界同行的名片放在一起,把企业界朋友的名片放在一起。

3. 按国别或地区分类

每一张名片犹如一张记事卡,可在名片背面记录收到名片的时间与地点等,但不要在名片上乱涂乱画。

六、问询与答询

在人们的日常交往中,向人问询或者回答别人的询问是常有的事情。看似平常的一句话,听起来只是一段普通的回话,其实却反映了一个人的文明水平和素养。

(一)问询

当你需要向人问路或者其他问询时,需要做到以下几点:

(1)要注意自己的脸部表情,微笑地向人询问,对方也会报以热情的回答。

(2)要选择合适、礼貌的称呼语,如“小姐”“先生”“师傅”等;不应该不加称呼,也不合适直接用“喂”作代替,更不能使用不礼貌称呼,如“戴帽子的”“老头儿”“老太婆”等。

(3)要用请求语,如“请问”“劳驾”“麻烦您”等。当你向人问路时,可以用“请问,某某地方怎么走”;当有政策法规不懂,或者有疑问需要对方解答时,最好说“我想请教某某问题”;当需要有劳对方时,可以说“麻烦您”“劳驾您”等。

(4)当对方回答你的问询时,应该神情专注,不能眼神四处游动、心不在焉。

(5)问询完毕,应向对方表示感谢。语气要诚恳,态度应真诚。

(二)答询

只要身处社会的大环境,就一定会遇到有别人需要向你询问的事,怎样回答对方的询问,也能折射出一个人的礼貌和修养。

(1)要树立我为人人,人人为我的互助友爱观念,认真聆听别人的问话,热情回答别人的询问。当你正在行走,遇到有人向你询问时,正确的做法应该是停下脚步,认真听取对方的问题后进行回答。有时候,你正在办公室工作,来了一位陌生人向你询问,不管这时你有多忙,也应该暂时搁下手中的活儿,热情回答对方的询问,千万不要不耐烦,因为你代表的不仅仅是个人,更重要的是单位、企业的形象。

(2)回答别人的询问时,应该真诚、耐心、详尽。当遇到别人向你问路时,你应该仔细地把路线表达清楚,免得别人走冤枉路;如果对方是外地人,就应该用普通话回答,直到对方听懂为止。如果对方询问公务上的事,你应做到尽可能准确、详细,不要敷衍了事、模棱两可。

(3)当你对询问者的询问内容并不了解,你可以礼貌的表示“对不起,我不了解”“很抱歉,我回答不了你的问题”等,同时,可以向对方推荐其他人,以帮助解答;如果你正好有紧急的事务需要处理,无充裕的时间解答,也应向对方表示歉意,并说明原因。总之,回答时切忌态度生硬或信口开河。

【案例3-5】 换座

列车上，一位母亲抱着孩子找到了列车长，说自己抱着孩子，坐在靠窗的位置太窄了，想换到走道边的座位上去，结果那名小伙子不搭理自己，便来找列车长评评理。

列车长跟着这位母亲来到她所在的车厢，找到那名小伙子，先微笑地打了个招呼，问到："这位先生，您好。能否麻烦您帮忙换个座位，这名旅客带着小孩儿确实不方便，进出也会打扰您休息，你换个座位坐到里面还可以欣赏沿途的风景，现在春暖花开，沿线很漂亮的。可以吗？"这名小伙子点点头，瞟了一眼那名妇女，对她说到："你早这么说，不就给换了，一来就说让我跟你换座，连个请都不说，一点礼貌都没有。"那名母亲抱着孩子，脸都红了，却没有再争辩。列车长忙说："谢谢您的配合，出门在外，大家都相互体谅，多多照顾一下。我来帮您收拾一下。"

第二节　重点见面礼仪

【案例3-6】

2006年11月9日，在瑞士日内瓦，陈冯富珍当选为世界卫生组织新任总干事。在宣布当选结果之后，陈冯富珍女士以中国人传统作揖的方式向在场的人表示感谢。事后接受记者采访时，陈冯富珍女士解释，之所以选择作揖的方式，"因为我是中国人，作揖又是中国的传统礼仪"。在那样一个场合，她认为用作揖这种方式比较恰当。而另一方面，确实也无法与全场所有的人一一握手表示感谢。这是中国首次提名竞选并成功当选联合国专门机构的最高领导职位。这一天对中国人来说，有特别的意义，而传统礼仪的出现，无疑从心理上强化了这种特别意义。

【知识目标】

1. 掌握鞠躬礼的行礼规范与实施准则；

2. 了解拥抱礼的行礼规范及注意事项；

3. 了解亲吻礼的起源及行礼规范；

4. 了解脱帽礼的行礼规范；

5. 了解拱手礼的行礼规范；

6. 了解合十礼的行礼规范。

【能力目标】

1. 能够在特殊场合下，实施重点见面礼仪，展现个人的教养、风度和魅力；

2. 能够做到处事合理、待人接物恰到好处；

3. 能够担任起铁路企业对外形象的"第一人"。

【学习要求】

1. 具有良好的服务态度意识；

2. 具有良好的礼仪修养；

3. 具有较高的服务水准，善于与旅客沟通交流。

一、鞠躬礼

鞠躬礼是一种较为常见的致意礼节,它往往用来表示人们对他人的恭敬。这既适用于庄严肃穆、喜庆欢乐的仪式,也适合于一般的社会场合。两人相见,弯腰曲身待之,即为鞠躬礼(图3-6～图3-8)。它源于中国先秦时代,在深受汉文化影响的日本和朝鲜等国也很盛行,在西方也有这个礼节。

图3-6　鞠躬礼(一)

图3-7　鞠躬礼(二)

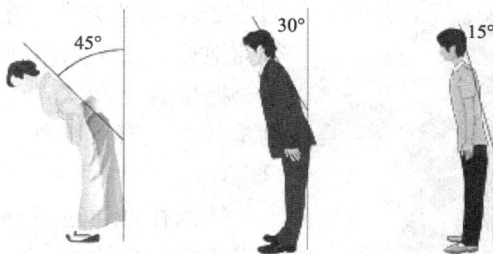

图3-8　鞠躬礼(三)

(一)常见的鞠躬礼

在当今社交场合中,鞠躬礼是一种比较常见的礼仪。一般来说,在朋友之间、熟人之间、主人客人之间、上级下级之间、晚辈长辈之间,为了表达对对方的尊重,都可以行鞠躬礼。另外,在一些场合,鞠躬礼有其不可替代的作用。如,在演讲会上,报告人在讲演前和讲演毕,都应向听众行鞠躬礼,表示对听众的敬意;在颁奖场合,受奖人也要向授奖者和全体与会者鞠躬,深表谢意;演员谢幕时,也要向观众行鞠躬礼;在喜庆的婚礼中,还保存着新郎新娘三鞠躬的礼俗;在肃穆的追悼会上,人们也要向死者行三鞠躬礼。

常见的鞠躬礼分为一鞠躬礼和三鞠躬礼两种。一鞠躬礼可运用于所有场合,行礼时身体向前倾约15°～45°,随即恢复原状;三鞠躬礼比较正规,行礼前应脱帽,身体立正,目光平视,上身向前下弯约45°～90°,然后恢复原状,这样连续三次以示庄重。

(二)鞠躬礼的行礼规范

行鞠躬礼的基本要求是:行礼者和受礼者互相注目,不得斜视和环顾;行礼时不可戴帽,如需脱帽,要注意向左边的人行礼时应用右手脱帽,向右边的人行礼时应用左手脱帽;行礼者在距受礼者两米左右行礼;行礼时,身体上部向前倾约15°～90°,具体的前倾幅度视行礼者对受礼者的尊重程度而定;双手应在上体前倾时自然下垂,男士应将双手贴放于身体两侧裤线处,女士的双手则应下垂搭放在腹前,尔后恢复立正姿势。通常,受礼者应以与行礼者的上体前倾幅度大致相同的鞠躬还礼,但是,上级或长者还礼时,可以欠身、点头或微笑致意答之,不必以鞠躬还礼。

行过鞠躬礼后若欲与对方说话,则脱下的帽子不要戴上,等说完话再戴。

(三)行鞠躬礼的三项准则

(1)当你受到他人向自己行鞠躬礼时,应该立即还以鞠躬礼。鞠躬礼在一些国家(如日本、朝鲜、韩国等)较为盛行。如果去日本访问、旅游,经常会被告诫"记得擦亮你的鞋,因为别人鞠躬时常常会看着你的鞋。"

(2)地位较对方低的人要先鞠躬。当你的对方是你的长辈、领导、师长时,应该先鞠躬,当你以主人身份欢迎客人时,也要先鞠躬,表示欢迎或尊敬。

(3)地位较低的人鞠躬要相对深些。这也是行鞠躬礼需要讲究的。如在日本,尤其是商界,了解你所接触的人的地位很重要,就连对方公司的地位级别同样重要。例如,一家有实力大公司的中层经理,比一家实力较小的小公司部门经理地位要高。行鞠躬礼时,地位较低的人不仅要首先鞠躬,而且要相对深一些。面对你的人地位越高,你的鞠躬就要越深。

二、拥抱礼

在西方,特别是欧美国家,拥抱礼是十分常见的见面礼与道别礼。熟人之间、生人之间、同性之间、异性之间、新知故友间的见面,都可以行拥抱礼。彼此间热烈地抱一抱,或轻轻地搂一搂。拥抱礼不仅是人们日常交际的重要礼节,也是各国政府首脑外交场合中常见的见面礼节(图3-9)。

图3-9　拥抱礼

拥抱礼是通过身体的某一部分的接触与亲热来传递彼此情感。可以说,拥抱礼是一种近距离的握手礼。人们在一搂一抱的同时,可以感受到对方全身心的力量。

正式场合行拥抱礼的具体做法是两人相对站立,张开双臂,彼此都右臂偏上、左臂偏下、右手扶着对方的左后肩、左手扶着对方的右后腰,各自都按自己的方位,两人头部及上身都向左相互拥抱,然后再各向对方右侧拥抱,最后再各自向对方左侧拥抱,一共拥抱三次才算礼毕。在一般场合行拥抱礼,可以不必如此讲究,次数也不必要求如此严格。应注意,作为礼节的拥抱,双方身体并不贴得很紧,拥抱的时间也很短,更不能用嘴去亲对方脸颊。

在涉外交往中,我们还应注意交往对象的民族习惯。有的国家或民族的人情感比较外露、奔放,常用拥抱礼来表达自己的情感。对于他们来说,拥抱与握手是同样重要的、常用的见面礼节,如,在美国及大部分拉美国家,拥抱礼是十分常见的。而在有些国家,如印度,人们之间不仅不喜欢拥抱,男女之间连握手也不行。此外,在日本、英国以及东南亚等许多国家,人们见面时都不大喜欢用拥抱来表达感情。同样,我们中国人也不大喜欢在社交场合拥抱。只是近些年来,随着经济、文化全球化的发展,国外许多礼仪传入国内,并被国人所接受、效仿。同时,中国人也正大量地走出国门,与外国友人、外商交往。铁路部门每天运输大量的旅客,里面不乏许多国际友人,于是学习和了解拥抱礼就显得十分重要了。

三、亲吻礼

这是西方国家社交中流行的一种见面礼。由于对外开放,经济贸易的全球化,来我国旅游或者因公出差的外宾很多,使得我们客运服务人员与外宾的接触也变得日趋频繁,因而,为了更好地交流,为旅客提供优质的服务,不失礼于人,客运服务人员必须了解和掌握这一礼仪(图3-10~图3-12)。

行吻礼时,往往伴有一定程度的拥抱,不同关系、不同身份的人,相互亲吻的部位不尽相同。在公共场合和社交场合,关系亲近的女

图3-10 亲吻礼(亲脸颊)

子之间可以吻脸颊,男子之间是拥肩相抱,男女之间一般是贴面颊;父母及长辈对子女、晚辈一般吻额头;男子对尊贵的女宾可以吻手指或手背。在许多国家的迎宾场合,宾主往往以握手、拥抱、左右吻脸、贴面颊的连续动作,表示最真诚的热情和敬意。

图3-11 亲吻礼(亲额头)

图3-12 亲吻礼(亲手背)

【案例3-7】 对吻手礼的误解

西方有习惯对高贵的女宾行吻手礼。1896年,俄国皇帝尼古拉二世举行加冕典礼,直隶总督兼北洋通商大臣李鸿章作为清政府代表,应邀前往出席。典礼结束时,俄国女皇按照当时欧洲流行的吻手礼的规矩,主动向李鸿章伸出手来。李鸿章一时惊慌失措,认为女皇在伸手向他索要礼物,便急忙将手上慈禧太后送给他的一枚钻石戒指摘下来,放在女皇手中。女皇被李鸿章的行动弄得莫名其妙,又不便开口询问,只得将戒指拿起来套在手指上,又将手伸给李鸿章。李鸿章见状,心中暗暗骂道:"这女皇怎么这么贪心,真不像话。"

行吻礼时,动作要轻快,勿过重过长或出声;要注意口腔清洁无异味,不要把唾沫弄在对方脸上、额上或手背上;如果不是特殊关系和特殊场合,年轻、地位低者,不要急于抢先施吻礼。

在涉外交往中,为了尊重对方的习俗,可适当行此礼。但是,女青年一般不宜和男外宾,尤其是年轻男外宾行吻礼,可主动热情地伸出右手,和对方施握手礼。然而,对国外宾客(含

外籍华人)中的长者,出于对我们客运服务人员工作的尊重而吻手背等时,应落落大方以礼相待之。

四、脱帽礼

在国际交往中,每逢正式场合以及社交场合,人们往往会向自己的交往对象行脱帽礼。在东西方国家里,它都较为流行。所谓脱帽礼,是指以摘下本人所戴帽子的方式,来向交往对象致意(图 3-13)。

1.脱帽礼的动作

行脱帽礼,通常是戴着礼帽或其他有檐帽的男士,遇到友人特别是女士时,微微欠身,用离对方较远的那只手摘下帽子,并将其置于与肩膀平行的位置,同时与对方交换目光,待离开对方时或对方离开后,再将帽子"复位"。

2.脱帽礼的要求

行脱帽礼时,如果要停下来与对方交谈,则一定要将帽子摘下来,拿在手上,待说完话再戴上;如果因头疼等原因不能摘帽,则应向对方说明情况,并致以歉意;如果在室外行走中与友人迎面相遇,只需用手将帽子轻掀一下即可。男士向女士行脱帽礼,女士应礼貌地以其他方式向对方答礼,但女士不必行脱帽礼。

五、拱手礼

拱手礼,是我国民间传统的见面礼。在中国古代,中国人创造了自己独特的见面打招呼的方式,即拱手礼(图 3-14)。

图 3-13　脱帽礼

图 3-14　拱手礼

行拱手礼的具体做法是起身站立,上身挺直,两臂前伸,双手在胸前高举抱拳(右手半握拳后,用左手在胸前扶住右手),在双目注视对方的同时,双手自上而下,或自内而外,有节奏地晃动两三下。为了表示对对方的尊敬,可将双手向上抬到与额同高。

客运服务人员作为铁路的"窗口",个人的礼仪素养往往会影响到旅客对铁路这整个行业的印象,因此,学会并掌握在特殊场合采用合适的礼仪向旅客行礼显得十分重要。拱手礼的主要有以下几个使用场合:

(1)凡遇重大节日,如春节等,亲朋好友、街坊邻居、同事之间见面时,人们常常喜欢拱手为礼,以表祝愿;在为欢庆节日召开的团拜会上,大家欢聚一堂,互相祝愿,也常用拱手礼以表敬意。

（2）凡遇婚礼、生日、庆功等喜庆场合,来宾也可以向新郎、新娘及其父母,向寿星以及当事人等行拱手礼表示祝贺和祝福。

（3）当双方告别、互道珍重时,向对方表示歉意时等,也可用拱手礼表示。拱手致意时,常常与寒暄语同时进行,如你可以说"恭喜恭喜""节日快乐""久仰久仰""请多多指教""后会有期"等。

六、合十礼

合十礼,亦称合掌礼,即双手十指相合为礼。它在东南亚等信奉佛教的国家以及我国傣族聚居区最为通用(图3-15)。在当地,人们见面时往往以合十表示敬意。我们的客运服务人员,在为这些旅客服务的时候,如能准确掌握相应的行礼规范,会给旅客一种宾至如归的感觉,提升客运服务人员的形象。

图3-15 泰国人行合十礼

合十礼有一定的行礼规范。它的具体做法是面带微笑,双目注视对方,然后双手十指在胸前约20厘米处叠合,手指并拢向上,手掌向外侧倾斜,双腿立直站立,上身前倾约30°~45°,叠合的双手也微微上举,使手指尖部与额同高。一般来说,行合十礼时,合十的双手举得越高,越体现出对对方的尊重,但原则上不可高于额头。

在国际交往中,当对方用这种礼节致礼时,我们也应以合十还礼。应注意行礼双方的关系不同,姿势上也有所差异。如,佛教教徒拜佛或拜高僧,以跪拜为尊,并以合十的手掌尖举到眉尖汇合处为限;学生拜会师长,要蹲式,合十的掌尖也应齐眉;政府各部门的公务人员拜长官,是站着行礼,合十的掌尖以举到口部为准;平等官级或是平民百姓相拜,同样是站着行礼,但合十的掌尖只需举至胸部即可。

本章小结

本章主要介绍了基本的见面礼仪以及重点场合见面礼仪。在本章中,对基本见面礼仪(招呼、称呼、介绍、握手、名片、问询与答询)和重点见面礼仪(鞠躬、拥抱、亲吻、脱帽、拱手、合十)进行了详细的阐述,包括各项见面礼仪的行礼规范、相关原则以及忌讳等。

通过本章的学习,广大铁路客运职工可以对基本以及重点见面礼仪的实施有更加深刻的了解,有利于我们在日常的社交生活、工作中合理地施展。在交往中,行一个标准的、符合场景的见面礼,会给对方留下深刻而又美好的印象。对提升施礼者个人的礼仪修养,赢得他们的欢迎与尊重至关重要。同时,掌握好见面礼仪的相关技巧有助于我们铁路职工对内融洽关系,对外树立企业形象,营造和谐的工作和生活环境。

复习思考题

1. 见面打招呼应注意什么？
2. 称呼的基本原则是什么？有哪些注意事项？
3. 自我介绍的注意事项有哪些？为他人作介绍的基本原则是什么？
4. 握手的先后顺序如何决定？主要有哪些握手方式？握手的忌讳是什么？
5. 名片交换时的注意事项有哪些？
6. 行鞠躬礼有哪三项礼仪准则？
7. 亲吻礼的行礼规范及注意事项有哪些？
8. 拱手礼的主要使用的场合有哪些？

实践项目训练

一、实训名称

见面礼仪实训。

二、实训目的

1. 通过实训更好地掌握本章的理论知识。
2. 提高运用相关知识解决实际问题的能力。
3. 提高对见面礼仪在社会交往中的重要度的认识。
4. 提升个人礼仪素养。

三、知识要点

1. 掌握社会生活中见面礼仪实施的重要作用。
2. 掌握基本见面礼仪(招呼、称呼、介绍、握手、名片、问询与答询)的礼仪规范、实施的原则以及注意事项。
3. 掌握重点见面礼仪(鞠躬、拥抱、亲吻、脱帽、拱手、合十)的礼仪规范、实施的原则以及注意事项。
4. 培养良好的礼仪素养,提升个人素质与形象。

四、课时

8 课时

五、实训考核办法

根据实训要求,采取学生和师生共同评分的办法,根据每次实训的成绩积分,得出最后成绩。该分数主要在综合实训结束时体现,记入最后学期考核中。

1. 实训考核共分为三部分综合评价:
(1)态度(20%):参与的积极性、主动性等。
(2)知识的掌握(30%):对各种见面礼仪的礼仪规范的掌握程度。
(3)知识的迁移(50%):运用相关理论解决实际问题的能力。

2. 见面礼仪考核评分表见表3-1。

见面礼仪考核评分表　　　　　　　　表3-1

内容	招呼	介绍	名片	问询与答询	……	总分
考核标准	10	10	10	10	……	100
态度(20%)						
知识的掌握(30%)						
知识的迁移(50%)						

六、实训内容

1. 分组进行握手、鞠躬、拥抱、亲吻、拱手、合十等见面礼仪行礼规范的训练。

2. 分组设计不同场景进行招呼、称呼、介绍、名片、问询与答询等技能技巧展示。

3. 出场后先由同学介绍剧情及设计思路;实际演练过程中,老师可以临场发挥,如:增设模拟角色或任务;演练结束后,老师可以与全体同学一起对小组的演练情况进行评论。

七、实训要求

1. 通过练习,掌握各项见面礼仪(基本见面礼仪、重点见面礼仪)实施的基本礼仪规范。

2. 通过场景体验,掌握招呼、介绍、名片、问询与答询、握手、拥抱、亲吻等见面礼仪的具体实施原则及注意事项。

八、实训小结

个人畅谈实训体会,教师总结,评选处最佳设计处理方案等。

第四章　日常行为礼仪

【导读】

　　我国是礼仪之邦,在日常生活中注重礼仪,能够表现出一个人的修养,给人留下良好的印象。古人曰:"见微而知著"。生活小事,不可不慎。在日常生活中,人们的所作所为往往能更客观更准确地反映出每个人的品德与修养。日常生活礼仪对人的要求和约束可谓入幽探微,要引起我们的高度重视;如果人人在日常生活中都注重礼仪,那我们的生活将处处充满温馨和愉悦。

　　我们从事铁路客运服务工作,经常与人打交道,因此,日常行为礼仪就显得特别重要,服务人员的日常行为礼仪,不仅展示着服务者的素养和职业规范,更重要的是,得体的举止体现了服务者良好的工作态度。日常行为不雅就是对旅客的不尊重。如果基本的日常行为礼仪礼节都不懂,就不是一个合格的从业人员。所以,日常行为礼仪训练十分重要。

第一节　行走礼仪

【案例 4-1】

　　一天,一位旅客乘坐车站垂直电梯准备下到一楼候车室。当电梯行至车站行政办公楼层时,走进两位着铁路制服,正准备去参加每月生日会的员工。两位员工边聊边随手按了一下电梯按钮。但员工随即发现错按了五楼,而员工生日会通常在三楼或二楼举办。于是员工改按了三楼的按钮。当到达三楼,电梯门打开后,员工发现三楼好像没有来参加生日会的人,那生日会应该是在二楼举办,于是员工又按了二楼。员工的行为引起一同乘坐电梯的客人不快,当电梯到达一楼候车室后,旅客向客服中心投诉,认为铁路员工不应该乘坐客用电梯,且员工乱按电梯完全不考虑旅客的感受。

【知识目标】

1. 了解行走的基本要求及行走路线;
2. 了解进出电梯及进出房间礼仪的基本要求。

【能力目标】

1. 能够在客运服务工作中正确的行走;
2. 能够在客运服务工作中正确进出电梯及进出房间。

【学习要求】

1. 具有良好的服务态度意识;
2. 具有良好的行走习惯;

82

3.具有较高的服务水准。

一、行走的基本要求与行走路线

(一)行走的基本要求

行走是铁路客运服务的基本活动方式之一,体现铁路客运服务人员的基本形象。在工作过程中行走,应遵循一定的礼仪,体现出自尊自爱和以礼待人。行走时不但要注意步态优雅,在不同的工作场合和不同条件下,还要讲究行走礼仪得体恰当。

1.保持优雅的仪态

正确的行姿应步伐轻盈、身体端正、精神饱满,要改正一些不雅的行走姿势。走路时不可弯腰驼背,弓着背走路,那是精神状态处于低潮或有自我防卫的心理等的表现。不可大摇大摆或左右摇晃,那是轻佻、浮夸、缺少教养的表现。双手反背在身后,那是傲慢、呆板的表现。脚拖在地面上等不良习惯都要纠正,走路时也不能把双手插在裤袋内。

2.遵守社会公德

在工作过程中行走,要遵守社会公德。如不违反交通规则,不乱扔垃圾,不随地吐痰等。行走时不要吃食物。不要在路上久驻攀谈或是围观看热闹,更不能成群结队在街上喧哗打闹,并且让出盲道,切忌图快捷翻越绿化带、隔离栏。

3.保持合适的距离

在行走中,应根据人与人之间不同的关系保持恰当的距离。一是私人距离,即相距0.5米以内,仅适于关系密切的人,如亲人、恋人。要注意保持私人距离,不能表现得过分亲热,旁若无人,使别人难堪。二是社交距离,即相距0.5~1米,适于一般人之间交往。三是公众距离,相距3米左右,适于不相识的人之间相处。

行走体现着企业的形象和精神,所以要学会正确的行走姿势。正确的走姿是:上身挺直不动,两肩相平不摇,两臂摆动自然,两腿直而不僵,步幅适中均匀,两脚落地一线,如图4-1所示。男客运员要行如劲风,两脚跟交替前进在一线上(二条直线),两脚尖稍外展。女客运员要行如和风。两脚行走线迹应是正对前方成直线,而不是两平行线,也就是通常所说的"一字步"(一条直线)。因为踩两条平行线,臀部就会失去摆动,腰部会显得僵硬,失去步态的优美。

图 4-1　正确的走姿

此外还要注意正确的迈步姿势,正确的步姿要求是"行如风",是说人行走时,如风行水上,有一种轻快自然的美。尤其是女性,有着健康而优美的曲线,迷人的体态和风姿,步态轻盈,袅袅婷婷,更是人们欣赏的焦点。

（二）行走路线

1. 行走路线要固定

在工作中行走时,行走的路线应尽量成为直线。如果不是寻找失物,就不要在行进中左顾右盼,东张西望。

2. 靠右行走

在工作中行走时应自觉走在右侧,不要图方便逆向行走,妨碍别人。在路上多人并排行走时,位置排列也有一定要求,一般以右、以内为尊。行走分前后几排时,一般以前为尊。

3. 并行

两人并行的时候,右者为尊;两人前后行的时候,前者为尊;三人并行,中者为尊,右边次之,左边更次之;三人前后行的时候,前者就是最为尊贵的。如果道路狭窄又有他人迎面走来时,则应该退至道边,请对方先走。

4. 走廊行走要求

走廊一般较窄,行走时应单排行走,并靠走廊右侧。并排行走,挡住通道会显得失礼。在走两行时要注意放轻脚步和音量,以避免产生噪声,干扰别人。

5. 引领客人的要求

在客运服务中,客运服务人员引领旅客到某处时,一般成行走在客人的右侧前方 1 米处,以不遮挡客人视线为宜。行走时,速度不要过快或过慢。遇转弯或上下台阶时,要礼貌提醒旅客。

（三）走姿的训练方法

1. 行走辅助训练

（1）摆臂。人直立,保持基本站姿。在距离小腹两拳处确定一个点,两手呈半握拳状,斜前方均向此点摆动,由大臂带动小臂。

（2）展膝。保持基本站姿,左脚跟起踵,脚尖不离地面,左脚跟落下时,右脚跟同时起踵,两脚交替进行,脚跟提起的腿屈膝,另一条腿膝部内侧用力绷直。做此动作时,两膝靠拢,内侧摩擦运动。

（3）平衡。行走时,在头上放个小垫子或书本,用左右手轮流扶住,在能够掌握平衡之后,再放下手进行练习,注意保持物品不掉下来。通过训练,使背脊、脖子竖直,上半身不随便摇晃。

2. 迈步分解动作练习

（1）保持基本站姿,双手叉腰,左腿擦地前点地,与右脚相距一个脚长,右腿直腿蹬地,髋关节迅速前移重心,成右后点地,然后换方向练习。

（2）保持基本站姿,两臂体侧自然下垂。左腿前点地时,右臂移至小腹前的指定点位置,左臂向后斜摆,右腿蹬地,重心前移成右后点地时,手臂位置不变,然后换方向练习。

3. 行走连续动作训练

（1）左腿屈膝,向上抬起,提腿向正前方迈出,脚跟先落地,经脚心、前脚掌至全脚落地,同时右脚后跟向上慢慢垫起,身体重心移向左腿。

（2）换右腿屈膝,经过与左腿膝盖内侧摩擦向上抬起,勾脚迈出,脚跟先着地,落在左脚前方,两脚间相隔一脚距离。

（3）迈左腿时,右臂在前;迈右腿时,左臂在前。

（4）将以上动作连贯运用,反复练习。

二、进出电梯、出入房间

(一)进出电梯

电梯是大多数人生活中密不可分的交通工具,但懂得电梯礼仪和乘坐电梯注意电梯礼仪的人并不多,电梯礼仪让你在乘坐电梯时既安全又得体。

1. 搭乘电梯的一般礼仪

(1)电梯门口处,如有很多人在等候,此时请勿挤在一起或挡住电梯门口,以免妨碍电梯内的人出来,而且应先让电梯内的人出来之后方可进入,不可争先恐后,出入、等待电梯位置标识如图4-2所示。遇到老幼病残孕者,应让他们先行。如果电梯里人很多,不妨静候下一趟电梯。

a)

b)

图 4-2　出入、等待电梯位置标识

(2)为了您和他人的方便,切忌为了等人,让电梯长时间停在某一楼层,这样会引起其余乘客的不满。但也不要不等就在电梯门口的人,一上电梯就关门。

(3)靠电梯最近的人先上电梯,然后为后面进来的人按住"开门"按钮,当出去的时候,靠电梯最近的人先走。男士、晚辈或下属应站在电梯开关处提供服务,并让女士、长辈或上司先行入电梯,自己再随后进入。

(4)在电梯里,尽量站成"凹"字形,挪出空间,以便让后进入者有地方可站,进入电梯后,正面应朝电梯口,以免造成面对面的尴尬。在前面的人应站到边上,如果必要应先出去,以便让别人出去。人多的话,最好面向内侧,或别人侧身相向。下电梯前,应该提前换到电梯门口。

2. 与旅客共乘电梯

(1)伴随旅客或尊长来到电梯厅门前时:先按电梯呼梯按钮。轿厢到达厅门打开时,若旅客不止1人,可先行进入电梯,一手按"开门"按钮,另一手按住电梯侧门,礼貌地说"请进",请旅客们或尊长们进入电梯轿厢。

(2)进入电梯后:按下旅客或尊长要去的楼层按钮。若电梯行进间有其他人员进入,可主动询问要去几楼,帮忙按下。电梯内可视状况是否寒暄,例如没有其他人员时可略做寒暄,有外人或其他同事在时,可斟酌是否必要寒暄。电梯内尽量侧身面对旅客。

(3)到达目的楼层:一手按住"开门"按钮,另一手并做出请出的动作,可说:"到了,您先请!"旅客走出电梯后,自己立刻步出电梯,并热诚地引导行进的方向。

3. 出电梯要注意的问题

(1)要注意安全。

当电梯关门时,不要扒门,或是强行挤入。在电梯人数超载时,不要心存侥幸,非进去不

85

可。当电梯在升降途中因故暂停时,要耐心等候,不要冒险攀援而行。

（2）要注意出入顺序。

与不相识者同乘电梯,进入时要讲先来后到,出来时则应由外而里依次而出,不可争先恐后。如果别人挡住梯门,应礼貌地说:"对不起,请让一下。"切忌语言粗鲁,埋怨对方。与熟人同乘电梯,尤其是与尊长、女士、客人同乘电梯时,则应视电梯类别而定:进入有人管理的电梯,应主动后进后出。进入无人管理的电梯时,则应当先进去,后出来;先进去是为了控制电梯,后出来也是为了控制电梯。

（二）出入房间

（1）进房前敲门。进房时不论房门是否开着,都要先敲门或按门铃,得到同意后,才可进入房门。贸然出入或者一声不吭,都显得冒冒失失。敲门要用食指和中指的指节,不要大力拍门或用其他物件敲门。

（2）以手开关。出入房门,务必要用手来开门或关门。用肘部顶、用膝盖拱、用臀部撞、用脚尖踢、用脚跟蹬等方式关门都是不好的做法。进房后可将门轻轻关上,不要任由房门自由开关。如是进入旅客房间服务,进门后应半闭房门。

（3）注意进出时朝向。进出房间要注意始终面向房内的人,最好是反手关门、反手开门,尽量避免以背示人,这是一种尊敬对方的表现。

（4）注意进出房间顺序。无论进房间还是出房间,都应该主动打开房门,然后退在一侧,请尊长、女士和旅客先进先出,出入房间时,如遇他人与自己方向相反,一般的顺序是房内之人先出,房外之人后入。如果对方是尊者、女士、旅客,无论谁出谁入,均应优先对方。

第二节 乘坐轿车的礼仪

【案例4-2】

某车站的王先生年轻肯干,点子又多,很快引起了站长的注意并拟提拔为售票车间主任。为了慎重起见,决定再进行一次考查,恰巧站长要去北京参加一个会,需要带两名助手,站长一是选择了客运车间杜主任,一是选择了王先生。王先生自然同样看重这次机会,也想寻机好好表现一下。

出发前,由于驾驶员小王乘火车先行到北京安排一些事务,尚未回来,所以,他们临时改为搭乘局长驾驶的轿车一同前往。上车时,王先生很麻利地打开了前车门,坐在驾车的局长旁边的位置上,局长看了他一眼,但王先生并没有在意。

车上路后,局长驾车很少说话,站长好像也没有兴致,似在闭目养神。为活跃气氛,王先生寻一个话题:"局长驾车的技术不错,有机会也教教我们,如果都自己会开车,办事效率肯定会更高。"局长专注地开车,不置可否,其他人均无应和,王先生感到没趣,便也不再说话。一路上,除局长向站长询问了几件事,站长简单地作回答后,车内再也无人说话。到达北京后,王先生悄悄问杜主任:局长和站长好像都有点不太高兴? 杜主任告诉他原委,他才恍然大悟,"噢,原来如此。"

会后从北京返回,车子改由驾驶员小王驾驶,杜主任由于还有些事要处理,需在北京多住一天,同车返回的还是四人。这次不能再犯类似的错误了,王先生想。于是,他打开前车门,请站长上车,站长坚持要与局长一起坐在后排,王先生诚恳地说:"站长您如果不坐前面,就是不肯原谅来的时候我的失礼之处。"并坚持让站长坐在前排才肯上车。

回到车站,同事们知道王先生这次是同局长、站长一道出差,猜测着肯定提拔他,都纷纷向他祝贺,然而,提拔之事却一直没有人提及。

【知识目标】

1. 了解乘坐轿车的座次、上下车顺序礼仪规范;
2. 了解乘坐轿车举止得体的注意事项。

【能力目标】

1. 能够按正确的座次乘坐轿车;
2. 能够按正确的上下车顺序乘坐轿车;
3. 能够在乘坐轿车时举止得当。

【学习要求】

1. 具有良好的服务态度意识;
2. 具有良好的乘坐轿车习惯;
3. 具有较高的服务水准,善于与旅客进行沟通。

日常生活工作中,经常需要乘车代步,在正式场合,轿车是常用的交通工具。因此,我们有必要了解乘坐轿车的礼仪规范。这样,不仅有利于保持风度,也是以礼待人的需要。乘坐轿车,应注意座次、上下车顺序和举止三个方面。

一、座次

在比较正规的场合,乘坐轿车时一定要分清座次的主次,而在非正式场合,则不必过分拘礼。轿车上的座次,在礼仪上来讲,主要取决于四个因素。

1. 轿车的驾驶者

主要适用于双排座、三排位轿车,由主人亲自驾驶轿车时,一般前排座为上,后排座为下;以右为上,以左为下。乘坐主人驾驶的轿车时,最重要的是不能令前排座空着,一定要有一个人坐在那里,以示相伴,如图4-3所示。由专职驾驶员驾驶轿车时,通常仍讲究右尊左低,但座次同时变化为后排为上,前排为下,如图4-4所示。

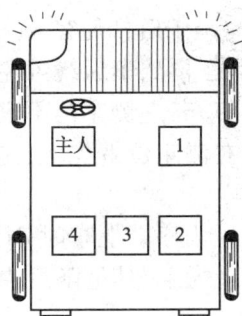

图4-3 主人驾驶轿车时的座次　　　　　　　　图4-4 专职驾驶员驾驶轿车时的座次

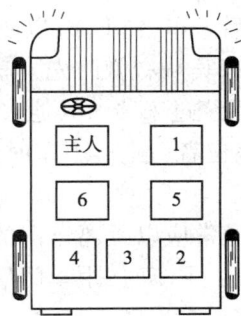

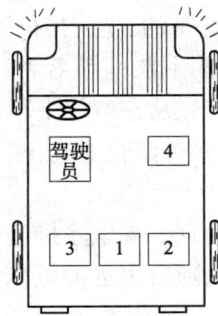

2. 轿车的类型

吉普车大都是四座车。不管由谁驾驶,吉普车上座次由尊而卑依次是:副驾驶座,后排右座,后排左座,如图4-5所示。四排以及四排以上座次的大中型轿车,不论由何人驾驶,均以前排为上,以后排为下,以右为尊,以左为卑,并以距离前门的远近,来排定其具体座次的尊低,如图4-6所示。

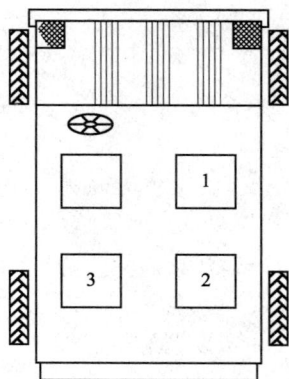

图4-5 吉普车的座次　　　　图4-6 大中型轿车的座次

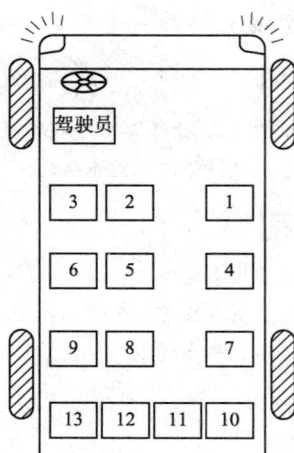

3. 轿车上座次的安全系数

乘坐轿车要考虑安全问题。在轿车上,后排座比前排座要安全得多。最不安全的座位,当数前排右座。最安全的座位,则当推后排左座(驾驶座之后),或是后排中座。

4. 轿车上嘉宾的本人意愿

在正式场合乘坐轿车时,应请尊长、女士、来宾就座于上座,这是给予对方的一种礼遇。当然,不要忘了尊重嘉宾本人的意愿和选择,并要将这一条放在最重要的位置。嘉宾坐在哪里,即应认定哪里是上座。即便嘉宾不明白座次,坐错了地方,轻易也不要对其指出或纠正。

上面的这四条因素往往相互交错,在具体运用时,可根据实际情况而定。

二、上下车顺序

上下轿车有一定礼仪要求。一般来说,应请尊长、女士、来宾先上车、后下车。具体应注意下面几个方面:

(1)由主人亲自驾车的,主人应该后上车,先下车,以便照顾客人上下车。

(2)由专职驾驶员驾车的,坐前排位的人应后上车,先下车,以便照顾坐于后排的客人。

(3)主人与客人同坐后排,应请尊者、女士、来宾从右侧门先上车,自己再从车后绕到左车门后上车。下车时,应先从左侧门下车,从车后绕过来照顾其他人下车。若左侧车门不宜开启,于右门上车时,要左侧座位者先上,右侧座位者后上。下车时,要右侧座位者先下,左侧座位者后下。

总之,以方便易行为宜。乘坐多排座轿车,通常应以距离车门的远近为序。上车时,距车门最远者先上,其他人随后由远而近依次而上。下车时,距车门最近者先下,其他随后由近而远依次而下。

三、举止得当

乘车应遵守公共秩序,应排队等候,井然有序,切不可插队、推推搡搡或争先恐后。乘坐轿车要做到举止得体,还要注意以下三点:

88

1. 动作要雅

在轿车上切勿东倒西歪。穿短裙的女士上下车最好采用背入式或正出式,背入式即上车时双腿并拢,背对车门坐下后,再收入双腿,如图 4-7 所示;正出式即下车时正面面对车门,双脚着地后,再移身车外。

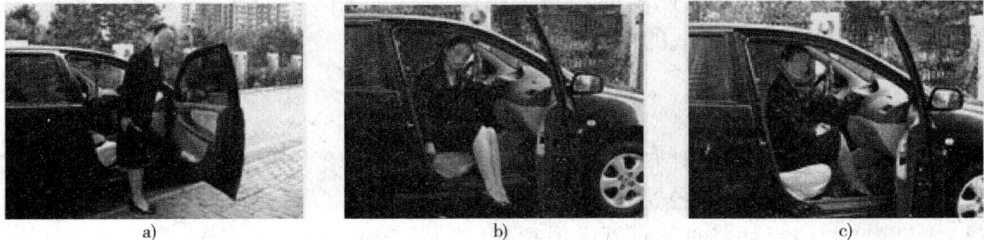

图 4-7　背入式上车

2. 要讲卫生

不要在车上吸烟,或是连吃带喝,随手乱扔。不要往车外丢东西、吐痰或擤鼻涕。不要在车上脱鞋、脱袜、换衣服,或是用脚蹬踩座位;更不要将手或腿、脚伸出车窗之外。

3. 要顾安全

不要与驾驶员长谈,以防其走神。不要让驾驶员听移动电话。协助尊长、女士、来宾上车时,可为之开门、关门、封顶。在开、关车门时,不要弄出大的声响,夹伤人。在封顶时,应一手拉开车门,一手挡住车门门框上端,以防止其碰人。当自己上下车、开关门时,要先看后行,不要疏忽大意,出手伤人。

此外,客人在进车之前先拉开车门,以手掌扶住车门框,以防客人进车时撞到头,等所有客人进完之后,轻关车门,不要大力的摔上。

第三节　使用电话的礼仪

【案例 4-3】

一位旅客在旅途中有不愉快的经历,她给有关铁路部门打电话投诉。电话响了很长时间才有人接,刚说两句,对方就打断说:"小姐,这事不归我们管,你找别的部门试试。""你还没听我说完,怎么就知道不归你们管呀?""我说的肯定没错,你再给其他部门打打试试。""你们这也不管,那也不管,都管些什么呀?"旅客非常生气,并向其上级部门投诉。

【知识目标】

1. 了解接听电话的基本要求;
2. 了解拨打电话的基本要求;
3. 掌握电话礼仪注意事项。

【能力目标】

1. 能够正确地接听客运服务工作中的电话;
2. 能够在客运服务工作中正确地拨打电话。

【学习要求】

1. 培养具有良好的服务态度意识;

2.培养良好使用电话的习惯；

3.具有较高的服务水准,善于与旅客进行沟通。

电话联系的主要技巧就是对交谈的各个阶段进行认真细致的准备。一般来说,你主动拨出的电话容易掌握,准备起来也方便些。但电话是双向交流的通信工具,对方何时打来电话,电话内容是什么,你是无法控制的。为了稳操电话交流的主动权,你还必须掌握好接听电话的艺术,随时做好接听电话的准备。

一、接听电话礼仪

在接电话过程中,主要视对方的通话内容、情绪、兴致、语言等,因势利导,按照以前的准备灵活应对,并没有什么一定之规。但是,其中也有一些最起码的要求,是必须遵守的。

(1)电话铃响,应尽快接听,不要拖拖拉拉,造成延误。力争在铃响三次之前就拿起话筒,如果铃响超过三声,拿起电话首先应该致歉,说:"对不起,让您久等了。"

(2)拿起电话后,应主动问好,要自报家门,包括公司名称、部门,有时还要报上自己的姓名。然后再表示愿意为对方效劳或询问对方找谁。涉外单位,应同时用英语问好和报店名。如:"您好,天津站(Tianjin Station)"。

(3)认真倾听并做出相应回答。接电话时,一定要认真倾听,不要随便打断对方讲话,要搞清楚对方来电的目的,尽可能迅速地做出相应的回答。当然,认真倾听,并不是完全不出声,还要注意呼应对方,比如:用"嗯""好的""知道了"等短语作为呼应,让对方感觉到你确实在认真地听。

(4)复述来电的重要内容。通话完毕之前,对对方所讲的重要内容可作必要的重复,比方说重要的时间、地点、电话等重要内容重新核实一下,防止自己记录或理解出现差错。

(5)认真做好电话记录。自己的电话,也许因为事务繁忙而把电话的事情给忘了;也许因为时间的关系电话内容记不准确了……因此,认真做好电话记录是必要的。

如果是自己同事的电话,应热忱、迅速地帮对方找同事来接电话。如果对方要找的同事不在,不能只一声说"他不在","啪"就把电话挂了。如果对方愿意,可代为转达电话内容,也要认真准确地做好记录。代接代转电话时,要注意及时传达、尊重隐私。永远不要对打来的电话说:我不知道!

(6)如正在处理紧急事情,听到电话铃响也应该立即接听,问好后,向对方解释:"对不起,请稍等。"或请对方少等候再打来。

(7)转接电话时,若需对方等候,应及时向对方说明并告知进展情况,若果电话是转接给上级的,应先问清对方的单位和通话人姓名,并且要等双方通上话时再放下电话。

(8)对方来电时,如果需要费时查资料,最好先挂断电话,稍后再打,有些人认为让对方等几分钟,并没有什么大不了的,可这并不是时间长短的问题。让对方在电话中苦等,毕竟是失礼而欠妥的。因此,需要暂时放下听筒时,不如在征得对方同意后先挂掉电话,等事情办妥再挂过去,这也是一种电话应对的基本礼貌。

(9)真诚地致谢。最后的道谢也是基本的礼仪。来者是客,以客为尊,电话交谈完毕时,应尽量让对方结束通话,向他们道谢和祝福,等对方放下话筒后,再轻轻地放下电话,以示尊重。

二、拨打电话礼仪

打电话前后要注意的礼节有很多,总起来说有几点:

（1）选择恰当的通话时间。打电话给别人，以下三个时间是不恰当的：一是早上7:00之前，节假日最好9:00以后；二是三餐时间；三是晚上10:30以后，另外，还要注意各个国家之间的时差及生活习惯。不得打扰了别人，应该在通话开始时向对方致歉。

（2）做好打电话前的准备。打电话前应有思想准备，有高度的责任感和耐心认真的态度。并且需保证精神饱满，使声音富有影响力。其次要考虑好通话的大致内容，如怕遗漏，那么应该事先记下几点以备忘。再次要在电话机旁备有常用电话号码表和作电话记录的笔和纸。

（3）电话拨号后，如铃响而没有人接听，应待铃响六七次后再挂断，以免对方匆匆赶来接听时，电话已经挂断。

（4）电话拨通后，应先说一声"您好！"然后问一声，"这是×××单位吗?"得到明确答复后，再自报家门，"我是××单位×××"，然后报出自己要找的人的姓名。

（5）如对方帮你去找人，此时，打电话的人应手握话筒等在一边，不能放下话筒干别的事。

（6）如对方告知"××不在"时，你切不可"喀嚓"一下就挂断电话，而应说"谢谢，我过会再打来"或"如方便，麻烦您转告××"，或"请告诉她回来后给我来个电话，我的电话号码是×××××××"等。

（7）如果电话号码拨错了，应同对方表示歉意，说声"对不起，我拨错号了。"切不可无礼地挂断电话。

（8）如要求对方对你的电话有所记录，应有耐心，别催问"好了吗?""怎么这么慢！"

（9）打电话时，要口对话筒，说话声音不要太大也不要太小，说话要富于节奏，表达要清楚，简明扼要，吐字清晰，声音自然，切忌说话矫揉造作。

（10）终止电话。打电话结束时，以"再见"结束通话。地位高者先挂，不宜"越位"抢先。不可只管自己讲完就挂断电话，那是一种非常没有教养的表现。

三、电话礼仪注意事项

1. 对方的话尚未说完前，忌随便插嘴

一旦工作久了，许多事情都会变成自然反应，就像条件反射一般。可如果反应太快，有时反而显得失礼，会给自己和对方带来不必要的麻烦。

例如，当你接到老客户的电话时，对方一说出姓名，还来不及表明要找谁，你就叽哩呱啦谈了起来，可有时客户想找的是其他部门的负责人，这下你就出丑了。又如，若不等对方把事情说完就任意回话，万一答非所问，牛头不对马嘴时，面子上可就挂不住了。

这些不等对方说完话就随便插嘴的行为，不仅对他人失礼，也浪费了宝贵的时间。为了避免发生这种错误，一定要耐心地听对方把话说完。

2. 切莫一挂上电话就批评对方

在电话礼仪中，切忌一挂断电话，就开始向同事谈论对方。不管什么场合，议论他人时往往以批评的成分居多，很少有真诚的赞美。这类批评很容易在同事间传来传去，万一传到当事人耳中，就不只是个人行为的失礼了，也会直接影响单位的声誉。此外，同事间互道他人长短时，精神容易松懈，不但缺乏办公的气氛，一旦有电话来时也会影响电话交谈的态度。因此，就是挂断了电话，也不可在背地里议论对方。

3.当对方要找的人不在时,请不要随便传话

某站的新职员接到客户来电时回答:"对不起,刘先生刚才去亚华公司了。"但他没想到这句无意的话,却引起了极大的骚动。打电话来的人是个重要的老客户,而亚华公司却恰恰是他的冤家对头。于是,那位客户非常生气地责问:"亚华公司和我,到底那一个重要?"结果,还是劳驾部门负责人亲自打电话去道歉,才没弄到不可收拾的地步。

这是新职员不了解公司情况,胡乱答对的结果。新职员不知事情轻重,随便对人说出不在者的行踪时,很容易就会造成误会,或引发不必要的纠纷,这往往是始料不及的。即使那位老客户以前就知道他们和亚华公司有来往,但让他亲耳听到这家公司的名字时,仍会相当不快。

遇到这种状况时,只要表示:"刘先生出去了,如果有什么事,我请他回来后马上跟您联系,好吗?"这就可以了。千万不要因为自己不了解某些事情,误了公司的大事。

4.忌在单位打私人电话

单位的电话是由单位付钱的,所以,工作以外的事情都应该避免使用。任意以私人理由使用单位电话,容易遭人非议。使用单位电话谈论私事,不仅阻碍了电话的畅通,更会耽误工作,给周围的人带来很大的干扰。

打来单位的电话,不仅和工作有关,也不乏亲朋好友打来的私人电话。此类私人电话万一不可避免,就应妥善地加以处理。

遇到这种私人电话时,要有尽可能简短结束的打算。如果因这种和工作无关的私事,使单位电话频频占线,说不定会误了正经事,造成单位的损失。如果工作正忙时遇到私人电话,就该主动地表示"我再打给你",或"下班后,我再和你联络好吗?"一旦对方同意,便尽快地挂断电话。

如果不知约束,如在自己家里一般,和友人打开话匣子聊天的话,是相当令人不悦的行为。所以,对打来单位的私人电话,一定要有自我约束的念头。而对那些频频打电话来公司的友人,也可以给予委婉的提醒。

5.在电话里,忌"是,是"地说个不停

电话中的应对表面看来简单,其实却是困难重重。问题之一,就是不知如何配合别人的谈话。有时,为了表示自己认真在听对方说话,我们常会"是,是""好,好"地说个不停,这确实有它的用处,但若不能把握得恰到好处,有时反会收到反效果。

所以,想用这种方法来表示自己尊重别人时,应该适可而止,不要一直"是,是"地说个没完,这反而会妨碍彼此的沟通。

6.说出"请等一下"以后,忌让对方等得太久

接到打给别人的电话时,常会说"请等一下,我去叫他。"有时则会说:"我正在接电话,请您等一下好吗?"若是此人正在进行某项重要的工作,我们也可能会说:"他正在找资料,请您等一下。"

所谓"请等一下"中的"一下",最好不要超过一分钟。如果超过一分钟,就应向对方说明理由,并请对方待会儿再打,这是十分重要的礼节。

7.和同事聊天时,忌立刻拿起听筒

中午休息时间,同事间愉快地开侃时,如果电话铃突然响起,你可能会为如何马上中止谈话、收敛心情去接听而感到犹豫。这时,如何处理才最妥当呢?

对这种情形,最糟糕的应对就是在和同事聊的同时拿起听筒。一面聊天一面听电话,很容易就把闲聊声传到对方耳中。即使没有如此,用和朋友谈话的轻松语调来与客户谈话,也非常失礼。

　　和朋友闲聊时,接听电话后所发出的第一声,容易给人懒散的感觉。刚大声辩论完,电话中的声调也自然会变得怒不可遏。以如此的心情去接电话,很容易就会给对方带来不快,或让对方留下不好的印象。尤其是边谈笑边接电话,在电话应对中,是十分失礼的。

　　所以,和同事谈天说地时,电话铃一响就要终止谈话,然后作个深呼吸,把心情调适过来后再去接听。

　　8. 电话没有挂断前,忌大声和他人谈笑

　　这是一则有关电话的趣谈:一个作家常被催稿,有一天,出版社又打电话来催稿。当太太告诉他来电话时,这位作家大声喊着:"告诉他,我不在!"没想到对方在话筒中听到了,立刻气愤地回答:"告诉这位不在的人,以后不用再来出版社了。"

　　电话是可以把周围的声音传到对方耳中的,尤其是近年来,电话的受话效果愈来愈好,数米内的声音都能听得十分清楚。所以,严禁在讲话人身边高声谈笑,是有道理的。

　　另外,很多人喜欢用手盖住听筒后和旁人说话,甚至批评对方,这是非常不好的习惯。据实验,即使掩住听筒,邻座的说话声仍然依稀可闻。如果电话附有暂停键装置,在请对方稍等时,一定要按下暂停键,以免铸成大错。

第四节　拜访的礼仪

【案例 4-4】

　　某铁路局办事处新建的办公大楼需要添置一系列的办公家具,价值数百万元。项目负责人已做了决定,向 A 公司购买这批办公用具。

　　这天,A 公司的销售部负责人打电话来,要上门拜访这位项目负责人。项目负责人打算,等对方来了,就在订单上盖章,定下这笔生意。

　　不料对方比预定的时间提前了两个小时,原来对方听说这个办事处的员工宿舍也要在近期内落成,希望员工宿舍需要的家具也能向 A 公司购买。为了谈这件事,销售负责人还带来了一大堆的资料,摆满了台面。项目负责人没料到对方会提前到访,刚好手边又有事,便请秘书让对方等一会。这位销售员等了不到半小时,就开始不耐烦了,一边收拾起资料一边说:"我还是改天再来拜访吧。"

　　这时,项目负责人发现对方在收拾资料准备离开时,将自己刚才递上的名片不小心掉在了地上,对方却并没发觉,走时还无意从名片上踩了过去。但这个不小心的失误,却令项目负责人改变了初衷,A 公司不仅没有机会与对方商谈员工宿舍的设备购买,连几乎到手的数百万元办公用具的生意也告吹了。

【知识目标】

　　1. 了解登门拜访的礼仪规范;
　　2. 熟悉拜访有约在先,掌握好时间的基本要求。

【能力目标】

　　1. 能在登门拜访时熟练应用礼仪规范;
　　2. 能在拜访时掌握好时间。

一、有约在先

现代社会生活节奏紧张,人们惜时如金。拜访别人时,应事先联系,待对方同意后按时赴约。未经约定地冒昧造访,可能打扰对方的计划,造成不便。拜访的时间一般在上午十时或下午四时左右,尽量避免在午间或吃饭时间进行,以免打扰对方的日常生活。

预约好时间后,应遵时守信。迟到固然不好,太早到也会影响主人的准备工作和原定计划。对一般约会来说,按国外习惯是准时或略迟两三分钟到达,国内习惯时准时或提前三五分钟到达。如果因故迟到或临时失约,要向对方详细说明原因,并郑重致歉。

二、登门有礼

无论是公事还是私事,无论是大事还是小事,无论是有事还是无事,人际之间、社会组织之间、组织与个人之间总少不了相互拜访。没有拜访的公共关系是残缺不全的,没有拜访的人际关系是不幸的。登门拜访他人在时间选择、衣貌修饰、言谈举止等各个方面都应该注意礼仪规范。

(1)到达主人家,要先按门铃或先敲门,待主人同意后方可进入。见面时,要主动问好或施以恰当的见面礼,如握手礼。倘若主人一方不止一人之时,则对对方的问候与行礼,必须在先后顺序上合乎礼仪惯例。标准的做法有二:其一,是先尊后卑。其二,是由近而远。进门后,要将外套、帽子或随身带来的雨具放在门进或者挂衣架上,女士可以不脱帽。

(2)就座时,要与主人同时入座,不要一马当先,抢先入座。如果主人家里另有家人和其他客人,应先向长者和其他客人打招呼,等主人安排座位后再就座。

(3)主人端茶点烟时,应起身致谢。喝茶时,即使很渴也不要一饮而尽;即使不想喝,也应该品尝几口,这是对主人的尊重。吸烟时,如果有女士在场,应先征得女士的同意。

(4)拜访中,不应该随意翻动主人的物品。交谈中,应选择恰当的谈话内容,可以对对方的情况表示关心,但不能打听对方隐私,如工资收入等。

在拜访外国友人之前,就随身携带一些备用的物品。主要是纸巾、擦鞋器、袜子与爽口液等,简称为"涉外拜访四必备"。入室后的"四除去"是指帽子、墨镜、手套和外套。切忌不拘小节,失礼失仪。

三、掌握好时间

在拜访他人时,一定要注意在对方的办公室或私人居所里停留的时间长度。从总体上讲,应当具有良好的时间观念。不要因为自己停留的时间过长,从而打乱对方既定的其他日程。事先未有约定的,谈话时间不宜过长。

在一般情况下,礼节性的拜访,尤其是初次登门拜访,应控制在一刻钟至半小时之内。最长的拜访,通常也不宜超过两个小时。有些重要的拜访,往往需由宾主双方提前议定拜访的时间和长度。在这种情况下,务必要严守约定,绝不单方面延长拜访时间。

自己提出告辞时,虽主人表示挽留,仍须执意离去,但要向对方道谢,并请主人留步,不必远送。在拜访期间,若遇到其他重要的客人来访,或主人一方表现出厌客之意,应当机立断,知趣地告退。离开时,应有礼貌地向主人表示感谢。

第五节 赠送礼品

【案例 4-5】

　　王女士和文先生在同一个车站工作,两人是好朋友。王女士邀请文先生参加自己的婚礼,为了表达心意,文先生考虑要送给王女士一份特别的礼物。思来想去,文先生觉得送鲜花既时尚又浪漫,最合适,而且要送红玫瑰,以表示对新婚夫妇甜蜜爱情的祝福。这天,文先生捧了一大束红玫瑰参加婚礼,可当他将花束送给王女士时,王女士面部表情发生了急剧的变化,迟疑地不肯去接鲜花,王女士的新婚丈夫则脸色难看,令文先生十分难堪。这件事引起了王女士丈夫的误解,破坏了他们新婚甜蜜的气氛,王女士做了多番的解释,才消除了丈夫的误会。

【知识目标】

　　1. 熟悉赠送、接受礼品基本要求;

　　2. 了解送花礼仪基本要求。

【能力目标】

　　1. 能够正确赠送礼品;

　　2. 能够正确接受礼品;

　　3. 能够正确送花。

【学习要求】

　　1. 培养具有良好的服务态度意识;

　　2. 培养具有良好的赠送礼品习惯;

　　3. 具有较高的服务水准,善于与旅客进行沟通。

一、赠送、接受礼品

(一)赠送礼品

　　馈赠即赠送礼品,它是人际交往之中一种表达友情、敬重和感激的形式。正当的馈赠是心甘情愿的,并且应当给他人带来欢乐。如果把它当作一种负担,一种炫耀自己富有的方式,甚至是为了能够得到更多的回礼,都是极其庸俗的。

　　馈赠的目的在于沟通感情和保持联系,所以它不仅是一种形式,更为重要的是馈赠者的人品和诚心诚意。要恰如其分地做到这一点,必须注意礼品的选择、馈赠的时间和方式。还有人向他人馈赠礼品只是为了说明自己是懂得礼貌的。事到临头了,这种人才急忙跑去买来一件礼品,应付了事。要是这样的话,真还不如什么也不送。

　　一般而言,所有礼品都可分为以下两种。其一,可以长期保存的礼品,如工艺品、书画、照片、像册等。其二,保存时间较短的礼品,如挂历、电影票和一次性消费品等等。前者礼重意深,后者经济实用,馈赠可根据自己的实际情况加以选择。馈赠的要诀是:实用、恰当。

1. 礼品的选择

（1）根据馈赠目的选择礼品

送礼在本质上应被视为向他人表示友好、尊重与亲切之意的途径或方式。只有本着这一目的，才能正确地选择适当礼品，才能准确表达自己的情意，才能使所赠礼品发挥正常功效。

（2）根据馈赠对象选择礼品

①考虑彼此的关系现状。在选择礼品时，必须考虑到自己与受赠对象之间的关系现状，不同的关系应当选择不同的礼品。应根据与馈赠对象的亲缘关系、地缘关系、业缘关系、性别关系、友谊关系、文化习惯关系、偶发性关系等在选择礼品时都要有所不同，区别对待。

例如，玫瑰是爱情的象征，是送给女友或夫人的佳礼。但若把它随便送给一位普通关系的异性朋友，就可能引起不必要的误会。

②了解受赠对象的爱好和需求。根据受赠对象的爱好和实际需求来选择礼品，往往可以增加礼品的实效性，增强对送礼者的好感和信任。因为在受赠对象看来，只有了解和关心他的人，才会明白他的需求。正如鲜花赠予美人，宝刀赋予烈士，可以使礼品获得增值效应。例如老师在学生取得佳绩时可以赠给有益的书籍，给书法爱好者赠送文房四宝，给音乐爱好者赠送乐器等。

③尊重对方的个人禁忌。在礼品的选择过程中，应细致了解受赠对象的个人禁忌，以免所选礼品猜忌而导致适得其反的作用。

一般而言，选择礼品不应忽视的禁忌有四类：第一，个人禁忌。送情侣表给一位刚刚守寡的妇女，送一条三五烟给一位从不吸烟的长者，都会触犯对方的私人禁忌。第二，民俗禁忌。如俄罗斯人最忌讳送钱给别人，因为这意味着施舍和侮辱，汉族人忌送钟、伞，因为这意味着不吉利。第三，宗教禁忌。如对伊斯兰教徒不能送人形礼物，也不能送酒、雕塑和女人的画片，因为他们认为酒是一切万恶之源。第四，伦理禁忌。如各国均规定不得将现金和有价证券送给并无私交的公务人员。

2. 礼品的包装

正式的礼品都应精心包装。良好的包装将使礼品显得更加精致、郑重、典雅，给受赠者留下美好的印象。在赠送礼品给外国友人时，尤其应当注意这点。

礼品包装时应注意包装的材料、容器、图案造型、商标、文字、色彩的选择和使用符合相关政策法规和习俗惯例，不要触及或违反受赠方的宗教和民族禁忌。

像有的国家数字上的禁忌也是礼品包装所要注意的问题。如日本忌讳"4"和"9"这两个数字，因此，出口日本的产品，就不能以"4"为包装单位，像4个杯子一套，4瓶酒一箱这类包装，在日本都将不受欢迎；欧美人忌讳"13"。

礼品包装时，应根据世界各国的生活习俗，选择适宜的色彩。日本忌绿色喜红色，美国人喜欢鲜明的色彩，忌用紫色；伊斯兰教徒特别讨厌黄色，因为它象征死亡，喜欢绿色，认为它能驱病除邪。

3. 赠送的时机

赠送礼品必须选择恰当的时机。时机上应注意把握三点：

（1）选择具体时间。一般来说，客人应在见面之初向主人送上礼品；主人应当在客人离去之时把礼品送给对方。另外，送礼还应考虑在对方方便之时，或选取某个特定时间给对方惊喜。

（2）控制好送礼时限。送礼时间应以简短为宜，只要向对方说明送礼的意图及相应的礼品解释后即可，不必过分渲染。

（3）注意时间忌讳。不必每逢良机便送礼，致使礼多成灾。尽量不要选择对方不方便的时候送礼，比如对方刚刚做完手术尚未痊愈之时就不宜立即送礼。

（4）赠送的地点。

送礼时应注意区分公务场合与私务场合。在公务交往中，一般应选择工作场所或交往地点赠送礼品；而在私人交往中，则宜于私下赠送，受赠对象的家中通常是最佳地点。

4. 赠送的方法

（1）说明意图。应在适当的时机和场合赠送礼品，送礼前应先向对方致意问候，简要委婉说明送礼的意图，如："祝你工作顺利""真是感谢你上次的帮助"等。

（2）介绍礼品。赠送礼品时，送礼者应对礼品寓意、礼品使用方法、礼品特色等适当明确解释。邮寄赠送或托人赠送时，应附上一份礼笺，用规范、礼貌的语句解释送礼缘由。在当面赠送礼品时，则应亲自道明送礼原因和礼品寓意，并附带说一些尊重、礼貌的吉言敬语。

（3）仪态大方。在面交礼品时，送礼者应着装规范，起身站立，面带微笑，目视对方，双手递交。将礼品交与对方后，与对方热情握手。

5. 礼物轻度得当

在选择礼品时，应视双方的关系、身份和送礼的场合，选送适当的礼物。礼品较薄固然不好，但礼物过重，也会引起别人不必要的猜想，有行贿之嫌。礼物是否贵重要根据送礼者的经济情况和双方感情深度决定，如双方经济困难，就不要硬逞强，经济状况好，礼品可以适当重一点，但要适度。社会上一般的朋友交往送的礼品都是礼节性的，非同那些患难之交送的礼品。比如：逢年过节，朋友之间走动，可以带些小礼物就可以了，社会上平时朋友之间也可以相互送些礼品，一般都是以什么事为理由。比如：朋友家人过生日、孩子升学、参军、外出参加工作等等，这时都送些小纪念品。再比如：朋友有什么喜事，还可送去鲜花，表示祝贺，东西虽然少一些，可是在场面上却很受欢迎，能提高交际档次。

（二）接受礼物的礼仪

（1）欣然接受及时致谢，别人赠送礼品时，一般应大大方方、高高兴兴地接受下来。不必推来推去，过分客套。接受礼品时，应起身站立，双手接过礼品，并且郑重向对方道谢。

（2）可以打开礼物，表示欣赏。中国人收礼后一般要等客人走后才打开。根据国际惯例，接受礼物后，通常还可以在征得对方同意后，细心地拆开包装，对礼品加以鉴赏，表示高兴和喜欢。即使收到的礼品不合心意，也应当象接受自己所喜欢的礼品一样，说上几句感激对方和赞美礼品的话。注意开启礼物时要避免动作粗鲁，打开礼物后不要表现出不屑一顾的神色。

（3）对不便收受的礼物应婉言谢绝或说清缘由。不可语言失礼，态度傲慢。假如准备退还礼品，应在24小时内付诸行动。同时要感激馈赠者，并说明为什么不能接受礼品。在商业活动中，拒收礼品时，可以附上专门的信件。对此处置要适当，不能使用讥讽、挖苦、侮辱性的辞句。最好说明一下拒收礼品是本人的决定，还是因为它违反了有关的政策或规定，给馈赠者要留一个余地。

（4）当收到许多支票或现金作为礼物时，比如在结婚招待会或大型结婚周年庆祝会上，不必当场打开礼封。在小型聚会上，或在收到的礼物不多的时候，受礼人可以当场打开礼封，并向送礼人致谢，但不要在众人面前说出礼品的钱数。对于不愿意赠送现金和支票的人来说,赠送礼品券也是个好办法。有一对夫妇,他们从邻居将要迁往的城镇的一家大百货公司搞了一个礼品券,在送别聚会上将该礼品券赠给了乔迁的邻居。他们想得非常周到,因为礼品券显得比支票更为热情,更加有个人感情色彩。

二、送花礼仪

鲜花,是一种高雅的礼品,赠花是一门浪漫的艺术。以花为礼,可以联系情感,增进友谊,极易表达微妙的感情和心愿,造成一种特殊的意境。

(一)了解花的用途

花卉的用途很多,既具有实用价值,又具有审美价值。养花,可以净化空气、美化环境、陶冶性情、增加收入;送花,可以传递情感,增进友谊,花还可以代表地域,作为一个国家或城市的象征。

(二)了解花的寓意

各种花卉被赋予一定的寓意,用以传递感情,抒发胸臆。送花首先要了解花的寓意(花语)。

花语具有吉祥性、象征性、传统性、诗意性等特性。花语的基本内容就是祝愿福、禄、寿、喜,象征富贵、昌盛、健康、长寿、纯洁、无邪、喜庆、思念,长期延习,具有诗情画意。常用的花语有:

含羞草——知廉耻;银杏——古老文明;紫荆——兄弟和睦;红豆——相思;玫瑰——爱情;勿忘我——永恒的爱;杨柳——依依不舍;并蒂莲——夫妻恩爱;百合——百年好合;马蹄莲——永结同心;文竹——永恒;菊花、竹、兰花——高洁;山茶——质朴;蔷薇花——美德;牡丹——华贵;向日葵——仰慕;腊梅——坚贞不屈;木棉花——英雄之花。

(三)送花的形式

日常社交生活中赠送鲜花,可根据对象、场合等不同情况,分别送花束、花篮、盆花、插花、头花、胸花、花环、花圈等。

送花的形式一般以本人亲送最能表达送花者的热情和真诚。当送花人遇到特殊情况或有难言之事时,也可选择他人转送。当前,网络、邮政、物流快递鲜花配送因其便捷、浪漫和时尚,有时甚至可以给受赠方带来惊喜,越来越受生活忙碌的都市年轻人青睐。

送花以鲜艳欲滴的鲜花为最佳,也可以送绢花,干花、纸花、塑料花则不宜,更不可送将要枯萎的花。

(四)送花的禁忌

1. 忌不解花语

在选择鲜花作为礼物时,至少要在其品种、色彩和数目等三个方面加以注意。

(1)鲜花品种禁忌。如在我国,牡丹表示富贵吉祥,百合寓意百年好合。在西方,玫瑰象征爱情,康乃馨则表示伤感或拒绝,单独送人时必须慎之又慎。菊、莲和杜鹃,在国内口碑甚佳,在涉外交往中却不宜用作礼品。菊花在西方系"葬礼之花",用于送人便有诅咒之意。莲花在佛教中有特殊的地位,杜鹃则被视为"贫贱之花",用于送人也难免发生误会。

(2)鲜花色彩禁忌。在我国,红色的鲜花是最受欢迎的喜庆之花,白色的鲜花则常用于丧礼。中国人颇为欣赏的黄色鲜花,是不宜送给西方人的,因为他们认为黄色暗含断交之意。巴西人认定紫色是死亡的征兆,故对紫色鲜花比较忌讳。

(3)鲜花数目禁忌。中国人讲究送花时数目越多越好,双数吉利。对西方人却不宜如此,他们认为只要意思到了,一支鲜花亦可胜过一束。只不过男士送鲜花给关系普通的女士时,数目宜单,否则便是指望与人家"成双成对"了。

2.忌不顾场合

主要应考虑到赠花的形式应与场合相适应。比如祝贺庆典活动不宜送花束、花环等;探望病人,不能送气味浓郁、色彩鲜艳的花,这些花给人强烈的嗅觉、视觉刺激,以免影响病人的病情和医院的环境,应送较为淡雅的花;看望亲朋好友个人则不宜送篮花、盆花等。

3.忌不懂习俗

在社交活动中,馈赠鲜花还要注意对方的民俗习惯和宗教禁忌,尤其是在涉外交往中,更应如此。在西方国家,除非表示绝交之意,不会选用同色的鲜花送人;而在探病时,红白相间的花是不能送给病人的,因为这被看做是不吉利;向外国友人送花时,还要注意花的数目,若是给欧美客人送花,最好是奇数,但不能送 13 枝花,因为"13"这个数字被认为会带来厄运。给法国人送花的时候不能送菊花、杜鹃花及黄色的花;切记送百合花给英国人,因为这意味着死亡。

(五)献花的礼仪

给受尊重的人或宾客送花一般称为献花。给宾客献花需用献花,不要选用菊花、杜鹃花、石竹花、黄色花和大丽花送给客人。例如,接待副总理以上的外宾来访,通常会安排少先队员或女青年向主宾夫妇献花,在所有参与迎送的主要领导人与主宾夫妇握完手后,两名儿童同时走向主宾夫妇,立正,敬礼,双手献上花束,再行礼,问好。有的国家由女主人向女宾送花。

本章小结

本章主要介绍了日常行为礼仪的基本常识与主要内容。在本章中,对行走的基本要求与行走路线进行了介绍,讲解了乘坐轿车、使用电话、拜访客人、赠送礼品等的礼仪要求。

通过本章的学习,广大铁路客运职工可以对日常行为礼仪要求有细致的了解,对提升人的涵养,增进了解沟通有一定的帮助,同时,也可以对内融洽关系,对外树立企业形象,营造和谐的工作和生活环境。

复习思考题

1.行走的基本要求有哪些?
2.搭乘电梯的一般礼仪是什么?
3.轿车上的座次主要取决于哪四个因素?
4.登门拜访他人应该注意哪些礼仪规范?

实践项目训练

一、实训名称

日常行为礼仪实训

二、实训目的

1.通过实训更好地掌握本章的理论知识。
2.提高运用相关知识解决实际问题的能力。

3.提高对日常行为礼仪在解决实际问题中的重要度的认识。

4.提升个人形象气质。

三、知识要点

1.掌握实际生活和工作中日常行为礼仪的重要作用。

2.培养良好的个人修养,形成良好的日常行为习惯和得体交流沟通能力。

四、课时

2 课时

五、实训考核办法

根据实训要求,采取学生和师生共同评分的办法,根据每次实训的成绩积分,得出最后成绩。该分数主要在综合实训结束时体现,最后学期考核中。

1.实训考核共分为三部分综合评价:

(1)态度(20%):参与的积极性、主动性等。

(2)知识的掌握(30%):对各种实际服务程序、标准的掌握程度。

(3)知识的迁移(50%):运用相关理论解决实际问题的能力。

2.日常礼仪考核评分表见表4-1。

日常礼仪考核评分表   表4-1

内容	走姿	进出电梯	出入房间	乘坐轿车	使用电话	拜访客人	赠送礼品	总分
考核标准	10	15	15	15	15	15	15	100
态度(20%)								
知识的掌握(30%)								
知识的迁移(50%)								

六、实训内容

1.分组进行走姿训练,模拟不同的场景展示客运服务人员的行走、进出电梯、出入房间等礼仪。

2.模拟场景及设计对白,内容包括乘坐轿车、使用电话、拜访客人、赠送礼品等礼仪。

3.出场后先由同学介绍剧情及人物角色。

七、实训要求

1.通过练习,掌握行走礼仪的基本要求。

2.通过场景体验,掌握进出电梯、出入房间、乘坐轿车、使用电话、拜访客人、赠送礼品等礼仪。

八、实训小结

个人畅谈实训体会,教师总结,评选出最佳处理方案等。

第五章　车站服务礼仪

【导读】

铁路客运站是铁路网的重要组成部分,是铁路与城市的结合点,以往,它主要是办理旅客乘降等客运业务和旅客列车到发整备等技术作业的场所,而今已发展成为城市和区域的综合交通枢纽和现代化客运中心,在城市发展中的地位、作用和影响发生了根本性的变化。伴随着动车组的开行,现代铁路客运站既要突出铁路功能,满足旅客的方便、快捷、舒适乘车的要求,又要满足城市发展需求和综合交通协调发展的要求。

第一节　车站客运服务礼仪概述

【案例 5-1】

琳琳大专毕业后被招聘到铁路某站做一名客运员,可是她报到后没有让她上岗工作,而是让她参加仪容仪表培训,从服务人员待人接物、言谈举止、礼仪形象等方面进行学习,琳琳很不理解,我只要做好本职工作就行了,有必要进行培训吗,又不是到饭店、旅店当服务员。

【知识目标】

1. 了解车站客运服务礼仪的主要内容;
2. 熟悉车站客运服务礼仪的基本要求。

【能力目标】

1. 能够根据岗位需要正确着装;
2. 能够在服务中正确使用服务用语,做到服务态度诚恳、热心,行为举止得体。

【学习要求】

1. 具有良好的服务态度意识;
2. 具有良好的行为举止习惯。

一、车站客运服务礼仪的内容

铁路车站客运人员是指车站在售票窗口、候车室、进站通道、旅客站台等处为旅客提供服务、保障安全的工作人员,其主要工作职责是指客运人员对车站旅客购票、乘降、出站的安全、服务所承担的责任。因此,车站服务礼仪对于提升服务质量,展示铁路形象,满足旅客需求具有重要意义,这就要求铁路客运服务人员在为旅客服务时要有良好的态度,要不卑不

六、礼貌热忱,微笑发自内心。牢记自己代表的是铁路的形象,绝不能抱着无所谓的态度。车站服务礼仪包括售票处服务礼仪、候车厅服务礼仪、贵宾室服务礼仪、站台服务礼仪、出站口服务礼仪等。

二、车站客运服务礼仪的特点

(1)良好的仪容仪表是车站服务形象的表现。车站服务工作的特点是直接面向旅客为其提供服务,来自四面八方的旅客对为其服务的工作人员会留下直接而深刻的印象。良好的仪容仪表会产生积极的宣传效果,在一定程度上,车站服务人员的仪容仪表反映了一个组织或团体的服务形象和管理水平。

(2)良好的仪容仪表是优质服务的表现。服务人员的仪容仪表能满足旅客视觉美方面的需要,同时又使他们感受到优质的服务,自己的身份地位得到应有的承认,求尊重的心理也会得到满足。

(3)良好的仪表仪容是车站管理水平的表现。服务人员的仪容仪表不仅反映了铁路经营管理者的管理理念和管理水平,而且也通过个人形象的直接展现,体现出铁路工作者的自尊自爱。

三、车站客运服务礼仪的基本要求

1. 仪容仪表

车站服务人员必须注重个人的仪容仪表和风度,这是由其工作性质决定的。要求工作时精神饱满、仪容整洁、举止大方、表情自然。

根据铁路《旅客运输服务质量标准》要求,车站服务人员有以下着装要求:

着装上要做到统一规范,整洁大方,佩戴职务标志:胸章(长方形职务标志)佩戴在上衣左胸口袋上方正中,上衣左胸无口袋时,佩戴在相应位置;臂章(菱形职务标志)佩戴在上衣作袖臂下四指处,车站女工作人员可淡妆上岗。

目前各铁路车站都非常重视仪容仪表训练,如图5-1所示。

a) b)

图5-1 铁路车站的仪容仪表训练

2. 服务用语

铁路客运服务中,我们要用礼貌用语。礼貌用语是服务性行业的从业人员在接待贵宾时使用的礼貌语言。它具有体现礼貌和提供服务的双重特性,是服务人员用来与宾客进行信息沟通的重要交际工具,是优质服务的一种体现形式。

在服务用语上,客运车站服务人员要谈吐文雅、语言轻柔,语调亲切甜润,音量适中,讲究语言艺术。

服务语言要求使用普通话,服务语言表达规范、准确、口齿清晰。运用"请、您好、谢谢、对不起、再见"等文明用语。对旅客称呼得体。统一称呼时为"各位旅客",个别称呼时为"同志""小朋友""先生""女士"等。

3. 服务态度

在服务态度上,客运车站服务人员要诚恳、热情、和蔼、耐心。

微笑,可以和有声的语言及行动相互配合,起到"互补"作用,充分表达尊重、亲切、友善、快乐的情绪。微笑服务更是优质服务中不可缺少的内容。

在铁路旅客运输服务过程中,微笑必须贯彻全程。与旅客交流时首先就应露出微笑,而且绝不会因为旅客的反应而被动地改变微笑的面孔。

4. 行为举止

在行为举止上,客运车站服务人员要表现得动作优雅,彬彬有礼。

在车站客运服务中,服务工作人员要以礼待人。在职业道德修养、文化知识修养、心里素质修养和行为习惯修养方面,提高自己的水平,提高自己的自我控制能力,勤学苦练,自觉调整,养成良好的行为习惯。

第二节 车站客运员服务礼仪程序及标准

【案例 5-2】

小李是一名客运员,负责站台作业,今天他感冒了,但是仍然坚持上班。当他看到有列车进站后就会快速跑到站台上按分工在车门处立岗,维持秩序,等到开车铃响后就迅速撤离站台回到室内休息,等待下一次的任务。尽管如此,却受到了领导的批评,说他没有按车站客运员服务程序及标准工作,要他好好学习"车站客运员服务程序及标准"。

【知识目标】

1. 熟悉车站客运作业的基本程序;
2. 熟悉车站客运作业各环节客运值班员与客运员的基本职责。

【能力目标】

1. 熟悉客运值班员班前、班中、班后的工作职责;
2. 熟悉客运员班前、班中、班后的工作职责。

【学习要求】

1. 熟悉车站客运服务各岗位的服务程序及标准;
2. 掌握交接班的重点及注意事项;
3. 培养良好的团队协作意识和爱岗敬业精神;
4. 加强交流沟通能力训练,提高语言表达能力。

一、班前准备工作

(一)客运值班员

(1)参加点名会,接受命令指示,了解列车运行情况及重点工作。做到命令清楚,当日工作全面掌握。

(2)按各岗位分工布置本班组的工作任务,提出具体要求。做到分工合理、任务明确。

(3)检查仪容仪表,组织班组列队上岗。做到着装整齐、精神饱满。

(4)组织对岗交接,检查服务区域人员上岗、保洁质量、服务设施、定置管理等情况。发现设备故障等情况,及时报告。做到交接清楚、卫生达标、备品齐全。

(二)客运员

(1)参加点名会,接受命令指示,了解列车运行情况及重点工作。做到命令清楚、全面掌握情况。

(2)接受客运值班员布置的具体工作和要求,做到任务明确。

(3)整理仪容仪表,列队上岗。做到着装整齐、精神饱满。

(4)进行对岗交接,检查负责区域保洁质量、服务设施等情况。做到卫生达标、设备良好、备品定位。

二、候车作业

(一)客运值班员

(1)定时在候车室巡视,掌握旅客候车动态及重点旅客休息。做到巡视认真、信息掌握准确。

(2)检查客运员作业执行情况,指导按标准作业,处理客运相关业务及旅客投诉。做到按章办理、及时处理。

(3)按规定时间(列车在折返站停留时间为20分钟:下客5分钟,保洁5分钟,具体检票时间由各站确定)组织客运员按时上岗,进行检票作业。做到准时上岗,不误剪、不漏剪。

(二)客运员

(1)在候车室(区域)入口处引导旅客候车。做到态度亲切、有序引导。

(2)服务在旅客周围,掌握旅客候车动态。做好重点旅客细微服务。

(3)执行作业标准,解答旅客询问,受理旅客投诉。做到首问负责,耐心解答问询。

(4)按广播预告,及时上岗进行检票作业,提醒旅客列车停靠站台。按规定时间停止检票。做到上岗准时,检票认真,不漏剪、不误剪。图5-2为工作人员检票时的工作照。

(5)妥善处理候车室(区域)内突发情况,及时上报。做到沉着果断,措施得当。

(6)遇到列车晚点时,做好宣传、解释工作,主动帮助旅客解决困难,稳定旅客情绪。做到耐心解释,妥善处理。

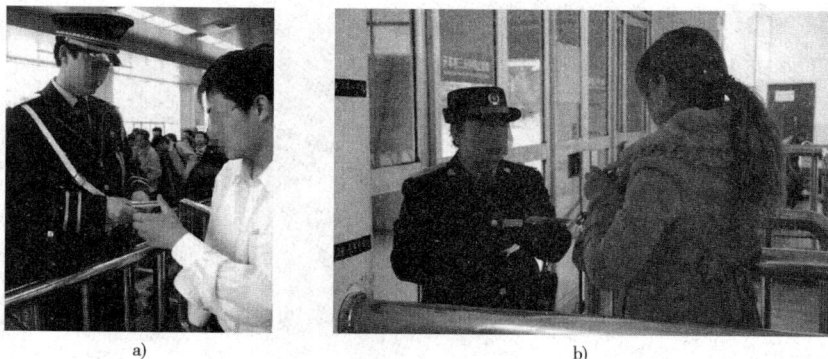

a)   b)

图5-2 工作人员检票时的工作照

三、站台作业

(一)客运值班员

(1)组织客运员列队上岗,清理站台,检查立岗情况,做好乘降组织,解答旅客问询。做到分工明确,组织有序。

(2)与列车长办理重点旅客及客运业务交接。做到交接清楚,手续齐全。

(3)及时妥善处理突发情况。做到快速反应,密切配合。

(4)组织客运员列队撤岗,行动一致。

(二)客运员

(1)列车停靠站台前5分钟列队上岗,清理站台,做好接车准备。做到按时上岗、站台无障碍物及闲杂人员。

(2)列车进站后,按分工在上车车门处立岗,面向旅客进站方向,查验车票,揭示登车安全,协助重点旅客上车,劝告送客人员不要上车,组织旅客有序上车。做到分工明确,安全有序,图5-3为客运员在站台上协助旅客的工作照。

(3)开车铃响,组织站台上的人员退到安全线以内;列车启动后,防止随车奔跑。做到确保安全。

(4)听从客运值班员指挥,列队撤岗,行动一致。

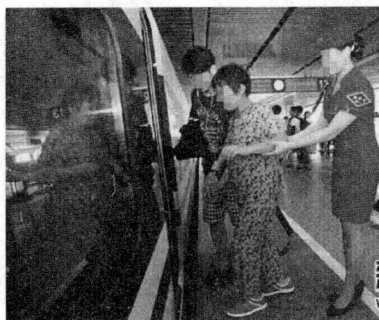 

a)   b)

图5-3　客运员在站台上协助旅客

四、出站

有序组织旅客出站,做好出站验票工作,方便旅客快捷、迅速通行。

五、班后交接

(一)客运值班员

(1)交班前,检查服务区域设备备品、卫生保洁质量、物品定位摆放等情况,核实重点旅客信息。及时审阅处理旅客留言簿,对设备故障灯情况及时报告并办理交接。

(2)做到重点旅客信息详实,重点事项交接清楚。

(3)召开班后总结会,填写值班日志。

(二)客运员

交班前,检查服务区域设备备品、卫生保洁质量、物品定位摆放等情况,核实重点旅客信息。

第三节　候车厅服务礼仪

【案例 5-3】

小李是嘉禾火车站的一名客运员,主要职责是负责进站口验票工作,今天他在工作中遇到一位这样的旅客:

小李:您好,这位旅客,请您出示您的车票。

旅客:我没有车票,准备上车补票。

小李:对不起,这位先生,这趟车是对号入座的,您必须凭票上车。

旅客:我都说了,我没来得及买票,我上车补票不行吗?

小李:对不起,您没有车票不能上车。

旅客:那我送站总可以吧,我把亲属送上车,就出来。

小李:对不起,送站要出示站台票,否则不能进站。

这位旅客最终也没能进站,旅客生气了找车站领导投诉,说因为小李的阻拦耽误了他的行程,请车站赔偿他的损失,请问小李做的对吗? 为什么?

【知识目标】

1. 熟悉候车厅各岗位的工作职责;
2. 熟悉候车厅各岗位对的服务礼仪规范的要求。

【能力目标】

1. 能够胜任候车厅各岗位的工作;
2. 能够正确着装、使用礼貌用语、热情服务;
3. 能够心平气和地处理候车厅服务工作中的各种突发情况。

【学习要求】

1. 掌握候车厅服务工作的内容及重点;
2. 掌握候车厅服务各岗位在着装、举止等方面的礼仪规范要求;
3. 熟悉候车厅服务礼仪中"引导礼仪"的要求。

一、安全检查礼仪

(一)着装统一

穿着规定制服,帽徽和职务标志佩戴一致,服装干净,衣扣、领带、领结整齐,符合《铁路旅客运输服务质量标准》的要求。

(二)举止彬彬有礼

检查前,应主动说声:"谢谢您的合作",并主动伸手去帮旅客把包放到检测仪上或抬到桌子上。检查过后应向旅客表示感谢:"给您添麻烦了,祝您旅行愉快,再见。"

如果旅客比较多,应协助旅客进行检查,并婉转地提示旅客加快速度,并提醒后一位做好准备,避免出现拥挤忙乱的现象。

与旅客面对面宣传时,应做到声音温柔平和,态度和蔼亲切,并多使用"请""对不起""谢谢"等谦词;不能蛮横粗野,更不能大喊大叫。

(三)为旅客着想

安检时,如发现违禁品,应向旅客详细指出哪些物品属于违禁品,严禁带进站、带上车。最好不要当着其他旅客的面检查包内的违禁品,应把包拿到一旁。因为一旦查出来会让旅客感到难堪,触犯他的自尊,有时会引起旅客的逆反心理。

(四)学会使用"对不起"

由于你的工作给旅客带来麻烦,尽管有些工作你是按照铁路规章进行的,也应主动道歉,并对旅客的配合表示谢意。

二、问询引导礼仪

自然流畅、文雅规范、不卑不亢地礼仪引导,无疑会给我们的客运服务工作增添无限的魅力。

(一)符合岗位规范

(1)上岗前,做好仪容仪表的自我检查,做到仪表整洁、仪容端庄,符合《铁路旅客运输服务质量标准》的要求。

(2)工作中保持站立服务,站姿端正,精神饱满,面带微笑,思想集中,如图5-4所示。

(二)态度热情

(1)热情接待每一位中外宾客的问询,做到有问必答,用词准确、简洁明了。

(2)学会察言观色,善于利用肢体语言表达情感,以便更好地与服务对象交流。

(3)不得与旅客争辩,不得使用粗俗的言语、鲁莽的举止。

(三)正确引导

(1)使用正确的引导手势。正确的引导手势为手掌伸平,五指自然收拢,掌心向上,小臂稍向去前伸,指向你要去的方向。切忌伸出一个手指头,指指点点,如图5-5所示。

(2)使用正确的用语,使对方有一种受人尊重的感觉。在当前的客运引导服务中,一方面应逐步推广使用先进的电子引导装置,来自动完成客运服务过程,体现一种"无声服务"的氛围,营造一个温馨、安静的车站服务环境。另一方面,我们更应增强服务人员的自身素质,努力掌握礼仪规范,不断提高服务档次,提高综合服务水平,以体现我们礼仪引导的魅力。

图5-4 工作中的状态

图5-5 正确引导手势

三、候车大厅服务礼仪

候车大厅人多嘈杂,旅客身份较复杂,文化层次相差大,客流量大,要做好文明服务礼仪,体现现代铁路客运服务的新面貌,候车大厅服务是关键而艰难的一个场所。

（一）候车大厅服务礼仪规范

（1）着统一服装，做到仪表整洁、仪容端庄，符合《铁路旅客服务质量标准》的要求。

（2）热情回答旅客的提问。在大厅遇到有人问询时，应停下脚步主动关切地问他："先生（女士），您有什么事需要我帮忙吗？"显示出你的诚恳和亲切。

（3）随时解决候车大厅中旅客遇到的困难，做到耐心细致。

（4）应始终服务在旅客的身边，不要等到旅客去找你。

（二）售货服务礼仪规范

为广大旅客提供质优价廉、具有浓郁地方特色的旅行商品，不仅能满足广大旅客旅行购物的基本需求，也是体现候车环境文明和谐的一个方面。如果候车大厅文明礼貌、服务有序，收货处井井有条、服务到位可以充分体现铁路服务的"人文关怀"。

（1）着统一服装，做到仪表整洁、仪容端庄，符合《铁路旅客运输服务质量标准》的要求。

（2）讲究个人卫生，上岗前不食带有腥味的食品，养成尊重顾客的良好的习惯。

（3）在岗位上，要坚持站立服务，站姿端正，行姿文雅，精神饱满。

（4）要热情服务，耐心为顾客解答疑问和展示商品，做到百问不厌、百挑不嫌，并帮助旅客当好"参谋"。

（5）在营业期间要坚守自己的岗位，不得三五成群、扎堆聊天或东张西望、东游西逛。

（6）在顾客面前切不可打喷嚏、掏耳朵、挖鼻孔、剔牙齿或随地吐痰，注意养成举止文明的行为习惯。

四、客运值班室服务礼仪

（一）客运值班服务礼仪

车站的客运值班室，可以说是一个比较重要的服务岗位。它既是"问讯处"，又是"消防队"，更是指挥所，每天都有接待不完的旅客和处理不完的事务。

在值班室，我们不但要解决旅客的投诉、接待重点旅客的来访、处理特殊旅客的困难，还要兼顾站车交接等一些问题，特别要做好"补救服务"。

因此，值班室的工作人员应该是素质高、经验丰富的客运工作骨干，必须要有高度的责任心，时刻从车站和铁路的大局考虑，从为旅客服务的观点出发，尽量满足不同层次旅客的需求。

如发现异常情况，要立即向上级汇报，千万不能一推了之。

（二）客运值班室服务礼仪规范

（1）着统一服装，做到仪表整洁、仪容端庄，符合《铁路旅客运输服务质量标准》的要求。

（2）接待旅客时，保持精神饱满，面带微笑，思想集中，注意讲究自己的形象，坐姿、站姿、和行姿都要自然得体。客运值班员要成为车站使用礼貌用语的表率，出言谨慎、口气婉转、态度诚恳、谦逊有礼。

（3）对旅客的问询，要尽力给予全面详细准确的答复，使对方感到可信、放心、满意。对自己能答复的问题，决不借口推托给其他部门解答。

（4）在接待旅客投诉时，首先要做到热情接待、耐心听取、冷静分析，即使对方怒气冲冲、情绪激动，甚至蛮不讲理，也不能受其影响而冲动。相反，要心平气和、善解人意、逐步引导，充分尊重投诉者的心情，尽力帮助旅客处好事务。

（5）在处理突发事件时，要沉着、冷静、果断，及时与有关方面通报信息，尽快求得指示和协助，在礼貌服务中体现出优质、高效。

五、验票服务礼仪

验票是车站服务工作中重要的环节，这其中蕴含着服务艺术。验票时对旅客的尊重和礼貌，能反映出车站的文明水平。在验票服务岗位上，也应该注重自己的言行和举止，自觉地树立良好的形象。

验票服务礼仪规范：

（1）着统一服装，做到仪表整洁、仪容端庄，符合《铁路旅客运输服务质量标准》的要求。

（2）验票中微笑着面对旅客，说话的语气平和、吐字清楚、态度和蔼。

（3）如遇想上车补票而手上没票的旅客，要态度严肃、语气坚定地说："对不起，这位先生（女士），请问您的车票呢？"或者说："对不起，先生（女士），这趟车是对号入座，您必须凭票上车。"还可以说："先生（女士），您能先补张车票后，再进站吗？"

（4）如果因车站工作的失误给旅客造成麻烦，或者是旅客对车站某些工作不满时，要从车站和全局的角度考虑问题，要主动向旅客道歉，并想方设法为旅客解决困难。

验票秩序如何使车站文明程度的标志，尤其是在客流量大而列车停站时间短时，更能反映出车站的服务水准。

第四节　其他岗位服务礼仪

【案例 5-4】

张丽是一名大专毕业生，被分配到某车站做一名售票员，可是上班第一天就被部门领导批评了，原因是服务态度不好，可是张丽回忆自己每次售票的过程也没觉得自己哪里做的不对啊，下面是她的回忆：

旅客：你好，我买一张到北京的卧铺票，都有哪几趟车能到啊？

张丽：屏幕显示着呢，你自己看吧。

旅客：×××车到北京大约几点啊？

张丽：这个我刚上班不清楚，你得去查列车时刻表。

旅客：那好吧，给我一张×××次列车的下铺。

张丽：给我你的身份证啊！

张丽将打好的车票连同身份证、零钱一起从小窗口飞出，旅客正好顺利的接到。

张丽：下一位！

请分析张丽工作中是否存在服务态度不好的问题，应该怎样做才合适呢？

【知识目标】

1. 熟悉车站售票室的工作内容及礼仪规范；
2. 熟悉车站贵宾室的工作职责及礼仪规范；
3. 熟悉车站站台工作的职责及礼仪规范；
4. 熟悉车站出站口的工作职责及礼仪规范；
5. 了解车站其他部门对服务礼仪的要求。

1. 能够熟练掌握车站售票处、贵宾室、车站站台、车站出站口的工作内容；
2. 能够正确着装、使用礼貌用语；
3. 能够做到周到、热情服务。

1. 注意培养在着装、服务态度、行为举止方面的良好习惯；
2. 培养周到服务、礼貌待人的良好习惯；
3. 培养团队合作、沟通交流、语言表达能力。

一、售票处服务礼仪

售票窗口虽小，却是车站服务的前沿阵地。曾经有过统计，旅客对于售票窗口的评价90%在于售票员的态度。伴随着电脑售票的应用，对售票窗口的服务提出了新的要求。售票员必须不断学习，提高自身技能，才能更好地为广大旅客提供服务。虽然售票时售票员与旅客只有几句简单的问答和几个简单的动作，但也要讲究售票艺术和礼仪规范。

售票员服务礼仪规范：

（1）着规定的制服。工作服要经常清洗、熨烫，保持清洁整齐。必须佩戴职务标志或工号牌，做到仪表整洁、仪容端庄。

（2）工作时，精神饱满、思想集中，不与同事闲聊。

（3）旅客购票时，要主动热情，态度和蔼，面带笑容。

（4）售票时，做到准确无误；对旅客表达不清楚的地方，要仔细问清楚以免出错。

（5）业务熟练，工作有序，讲求效率。

有些车站根据售票窗口操作流程，可以形成"三语两声"的语言规范，即"讲好开头语，坚持标准语，用好结束语，做到服务开头有问候声，服务结束有道别声。"我们每个车站都可以从中总结规律和经验，让车票又快又好地到达旅客手中。图 5-6 为售票窗口客运工作人员的工作照。

a)　　　　　　　　　　　　　　　　　　b)

图 5-6　售票窗口客运工作人员的工作照

二、贵宾室服务礼仪

如果说车站是铁路运输服务的"窗口"，那么贵宾室就是"窗口"中的亮点。

贵宾室是车站服务中的一个重要岗位。说它重要，不仅体现在这里是迎接领导和贵宾的场所，更重要的是它可以引导客运服务的方向与潮流，服务质量的好坏、服务水平的高低，从一定程度上影响到我们铁路的整体形象。

作为一名贵宾室的服务人员,更要注重礼仪修养,提高服务技能,尽情地展现铁路服务的风采与魅力。

(一)贵宾室礼仪规范

(1)着装要求。贵宾室的服装有特殊要求,车站一般有统一的制服,靓丽而端庄。不要浓妆艳抹,要体现自然美,体现你清纯、高雅的品质。

(2)仪容仪表。发型梳理整齐,保持清洁。蓬头垢面为客人服务,会给人以懒散、萎靡不振的感觉。

(二)谈吐文雅、彬彬有礼。

(1)热情地招呼:"您好!"或"您好,欢迎光临指导。"

(2)常用礼貌语言,多用"您""先生""小姐""首长"等,还应多用雅语,比如用"贵姓"来代替"你姓什么",用"洗手间"代替"厕所"等,体现出个人的文化素质和品德修养。

(3)当你为宾客服务或与宾客交谈时,吐字要清晰,音量要适度,以对方听清楚为准,切忌高声讲话或大喊大叫。特别是当室内还有其他宾客的时候,大声说话是很不礼貌的。

(4)旅客在候车时,尽量减少对旅客不必要的打扰,如旅客不需要提供服务,服务人员之间应做好交接工作,避免重复询问。

(三)服务符合规范

(1)接待贵宾时,保持精神饱满,面带微笑,思想集中,注意讲究自己的形象,坐姿、站姿、和行姿都要自然得体,如图5-7所示。

(2)为贵宾端送茶水时,要及时,并注意将茶杯轻轻放在宾客座位旁的茶几上。

在展现服务魅力的背后,不仅要有优秀的心里素质、高尚的品德修养,还要有娴熟的服务技能。贵宾室服务人员掌握的服务技能越多,就越能体现车站服务水平,而这些服务技能又往往是来自于日常的积累与实践。

图5-7 接待贵宾时的工作照

三、站台服务礼仪

站台是车站服务的关键岗位之一,旅客在等车和上车时容易混乱,特别是客流量大的时候。由于站台上车来人往,容易发生安全事故,因此,站台服务要安全和礼仪相结合。

站台服务礼仪规范:

(1)着统一服装,做到仪表整洁、仪容端庄,符合《铁路旅客运输服务质量标准》的要求。上岗时要求不赤足穿鞋,不穿高跟鞋、钉子鞋、拖鞋,不戴首饰,不留长指甲,不染彩色指甲、头发,男性工作人员不留胡须、长发,女性工作人员头发不过肩。

(2)及时指引旅客到达列车即将到达的站台。

(3)迎接列车时,车站工作人员要足踏白线,双目迎接列车的到来,以列车进入站台开始到列车停靠站台为止。

(4)立岗姿势要求挺胸、收腹,两脚跟并拢,脚尖略分开,双手自然垂直。行走、站立姿态要端正。在工作中,不背手、叉腰、抱膀、手插衣兜或裤兜里,如图5-8所示。

（5）列车进站前，要维持好站台的秩序。按车厢的距离，安排好旅客排队等车。要时刻注意旅客的安全，个别旅客如站得离铁轨较近，要提醒他们站在安全线以后，以防列车进站时出现安全事故。

（6）列车员验票时，要配合列车员组织旅客排队验票、上车，防止安全事故的发生。

（7）列车离开车站时，要足踏白线，目送列车开出站台为止。

a)　　　　　　　　　　b)

图 5-8　立岗姿势照片

四、出站口服务礼仪

出站口是车站服务的最后一个环节，服务礼仪依然不容忽视。当旅客下车后，出站口的卫生环境、工作人员的精神面貌、仪容仪表以及收票验票的服务动作、语言，都会引起旅客的注意，都能给旅客带去不同的感受。

（1）着统一服装，做到仪表整洁、仪容端庄，符合《铁路旅客运输服务质量标准》的要求。

（2）精神饱满地站在岗位上，微笑向旅客致意，给旅客亲切和热情的感受，让他感到受人尊重。

（3）收票验票的过程中，要言谈举止高雅，态度亲切。

（4）接票时，应主动去接，认真地看清票面。在车票上做好标记后，及时还给旅客。注意不要毁坏印有票价的部分。

（5）如遇到漏票的现象，要态度平和地要求旅客到补票处进行补票。切不可与旅客争吵，或讽刺挖苦旅客。因为当众出丑会令旅客难堪，激起他的逆反情绪。

（6）验票室如遇到老人、妇女、儿童，要适当注意，协助他们尽快出站。

五、其他部门礼仪规范

除上述各部门工作人员须注意讲究礼节礼貌外，车站其他部门的工作人员也应注意礼节礼貌，不论在部门之间的工作交往或是接待来访中，都要体现文明礼貌的行为规范。

（1）平时做到个人的仪表整洁、着装规范；仪容端庄，注意修饰；举止文明，仪态大方。

（2）上班时精神饱满，始终面带微笑；与人交往时，表情亲切自然；与人说话时语音柔和，音量适中；口齿清晰，简明扼要；敬语当先，措辞恰当。

（3）待人态度谦和，诚挚耐心。

（4）尊重他人，注意礼让，礼貌周到，礼节得当。

（5）办公室内注意自己的坐姿，平时的站姿和行姿应讲究正确。

📦 本章小结

本章主要介绍了车站客运服务礼仪的基本常识与主要内容。在本章中，介绍了车站客运员的作业程序及标准,讲解了铁路客运车站售票窗口、候车室、进站通道、旅客站台等处的服务礼仪要求。

通过本章的学习,广大铁路车站客运职工可以对车站各岗位的服务礼仪要求有细致的了解,对服务质量与服务细致水平的提高有一定的帮助,同时,也可以帮助铁路客运职工更快地适应动车组开行后对车站服务礼仪提出的新要求。

复习思考题

1. 车站客运服务的基本要求与主要内容有哪些?
2. 客运值班员与客运员的服务程序与作业标准是什么?
3. 车站客运人员对仪容和行为举止有哪些具体要求?

实践项目训练

一、实训目的

(1)通过实训更好地掌握本章的理论知识。
(2)提高运用相关知识解决实际问题的能力。
(3)提高对服务礼仪在解决实际问题中的重要度的认识。

二、知识要点

(1)掌握实际生活中着装、行为举止、服务态度对工作的重要作用。
(2)培养良好的职业形象,形成良好的服务习惯和得体交流沟通能力。

三、课时

1 课时

四、实训考核办法

根据实训要求,采取学生和师生共同评分的办法,根据每次实训的成绩积分,得出最后成绩。该分数主要在综合实训结束时体现最后学期考核中。

1. 实训考核共分为三部分综合评价:
(1)态度(20%):参与的积极性、主动性等。
(2)知识的掌握(30%):对各种实际服务程序、标准的掌握程度。
(3)知识的迁移(50%):运用相关理论解决实际问题的能力。
2. 日常礼仪考核评分表见表5-1。

日常礼仪考核评分表 表 5-1

内容	站姿	坐姿	蹲姿	表情	发型选择	化妆技巧	服饰搭配	总分
考核标准	10	10	10	10	10	25	25	100
态度(20%)								
知识的掌握(30%)								
知识的迁移(50%)								

五、实训内容

你是一名某车站进站检票口的验票人员,当某次列车已经停止检票进站时,有一位旅客急匆匆赶来并要求检票进站,并声称自己家中有急事,必须乘坐此次列车。遇到此种情况应如何处理?请模拟场景,扮演角色。

六、实训要求

由两位同学分别扮演旅客和客运服务人员,做出正确的处理,并进行情景模拟。

七、实训小结

个人畅谈实训体会,教师总结,评选出最佳处理方案等。

第六章 列车乘务服务礼仪

📖 【导读】

随着铁路日新月异的发展变化,作为铁路旅客运输的从业人员,面对来自不同地域、不同层次的旅客,怎样做到规范服务、礼仪服务呢? 在铁路旅客列车服务过程中,乘务人员无论是问询、引导、辅助、劝阻、告诫、制止还是惩处,都不可避免地要与旅客接触,通过这种接触,乘务人员可以获得信息、提供服务、传达资讯、形成告诫等等,同时,通过这些接触,乘务人员也让旅客感受到列车乘务服务的态度和质量。

第一节 乘 务 礼 仪

🔍 【案例6-1】

李某大学毕业后签约到某路局工作,在一次重点运输任务过程中,某首长临时变更在李某所在车站下车,车站紧急派李某参加接待工作,李某对这次接待任务非常重视,对该首长的信息做了十分详细的调查。列车到站后,站长亲自到站台接待首长,李某担任迎宾工作,考虑到自己已经做足了功课,又想表现一下自己对首长的了解和敬重,于是在老首长接见站长时,李某先向站长介绍首长的详细信息,然后向首长介绍站长,然而却发现站长表情显露一丝不悦的神色,为什么呢?

📚 【知识目标】

1. 乘务人员的微笑、服务中语言的运用等;
2. 乘务人员的基本站姿、走姿、坐姿、蹲姿、手势;
3. 乘务人员在工作以外的生活中应当掌握了解的礼仪规范。

📕 【能力目标】

1. 了解各种旅客的服务需求;
2. 通过研究旅客提出有针对性的服务方法;
3. 学会处理解决服务中的矛盾。

📘 【学习要求】

1. 要求理论实践相结合让学生多练习微笑,在模拟列车中亲身模拟服务场景练习服务的语言;
2. 要使学生通过学习改变自己的外观形象,让乘客可以看到或是感觉到的综合印象。

一、基本概念

乘务礼仪:是指乘务员在服务过程中,与乘客交往时所体现出的精神风范和礼貌风范。好的乘务礼仪不仅能给人以优美的形象,使人愉悦,还能正确反映乘务工作的行为之美,更能树立企业形象,传播企业文化,进而带动整个社会的文明素质。

二、乘务人员的行为规范

(一)对于乘务人员站姿的基本要求

站姿是人的一种本能,是一个人站立的姿势,它是人们平时所采用的一种静态的身体造型,同时又是其他动态身体造型的基础和起点。常言道:"站如松,坐如钟",这是中国传统的有关于形象的标准。人们在描述一个人生机勃勃充满活力的时候,经常使用"身姿挺拔"这类词语。站姿是衡量一个人外表乃至精神的重要标准。优美的站姿是保持良好体型的秘诀。从一个人的站姿,人们可以看出他的精神状态、品质和修养及健康状况。

1.标准站姿

标准的站姿应该是这样的。从正面观看,全身笔直,精神饱满,两眼平视,表情自然。两肩平齐,两臂自然下垂,两脚跟并拢,两脚尖张开60°,身体重心落于两腿正中;从侧面看,两眼平视,下颌微收,挺胸收腹,腰背挺直,手中指贴裤缝,整个身体庄重挺拔。采取这种站姿,不仅会使人看起来稳重、大方、俊美、挺拔,还可以帮助呼吸,改善血液循环,并在一定的程度上缓解身体的疲劳。

两脚跟相靠,脚尖展开45°~60°,身体重心主要支撑于脚掌、脚弓之上。两腿并拢直立,腿部肌肉收紧,大腿内侧夹紧,髋部上提。腹部、臀大肌微收缩并上提,臀、腹部前后相夹,髋部两侧略向中间用力。脊柱、后背挺直,胸略向前上方提起。两肩放松下沉,气沉于胸腹之间,自然呼吸。两手臂放松,自然下垂于体侧。脖颈挺直,头向上顶。下颌微收,双目平视前方。

站立的时间过长时,站姿的脚姿可以有一些变化:一是两脚分开,两脚外沿宽度以不超过两肩的宽度站立;二是以一只脚为重心支撑站立,另一只脚稍息,然后轮换。

在日常的公关与社交活动场所,良好的站姿是非常重要的。一般来说,标准的站姿关键要看三个部位:一是髋部向上提,脚趾抓地;二是腹肌、臀肌收缩上提,前后形成夹力;三是头顶上悬,肩向下沉。只有这三个部位的肌肉力量相互制约,才能保持标准站姿。针对不同的群体,标准站姿的侧重点也不一样。

图6-1 男士站姿

根据以上标准站姿的要求,男性的标准站姿应该是,身体立直,挺胸抬头、下颌微收、双目平视、两膝并严、脚跟靠紧,脚掌分开呈"V"字形。挺髋立腰、吸腹收臀、双手置于身体两侧自然下垂;或者是两腿分开,两脚平行,双腿分开的距离不能超过肩宽,双手在身后交叉,右手搭在左手上,贴在臀部。同样,女性的标准站姿应该是,双脚成"V"字形。并且膝和脚后跟尽量靠拢;或一只脚略向前,一只脚略向后,前脚的脚后跟稍稍向后脚的脚内侧靠拢,后腿的膝盖向前腿靠拢(图6-1)。

这些站姿都是规范的,但要避免僵直硬化,肌肉不能太紧张,在站立的同时可以适宜地变换姿态,追求动感美。还要注意,站立时不要躬腰驼背或挺肚后仰,也不要东倒西歪地将身体倚在其他物体上,两手不要插在裤袋里或叉在腰间,也不要抱臂于胸前。

2. 不同场合站姿

针对不同的群体,所采取的标准站姿侧重点不一样。同样,在不同的场合,人们所采用的站姿也有所区别。

当站着与人交谈时,如果空着手,则可双手在体前交叉,右手放在左手上。若手上拎着皮包,则可利用皮包摆出优美的姿势。同时还要注意,不要双臂交叉,更不能两手叉腰,或将手插在裤袋里或下意识地做小动作,如,摆弄手机、火机、香烟盒等。

当与外宾交谈时,要面向对方站立,且保持一定的距离,太远或过近都是不礼貌的。站立的姿势要正,可以稍弯腰,但切忌身体歪斜,两腿分开的距离过大,或倚墙靠柱、手扶椅背等不雅与失礼的姿态。

当向长辈、朋友、同事问候或做介绍时,不论握手或鞠躬,双足应当并立,相距约十公分,且膝盖要挺直。

3. 站姿分类

站姿是影响个人仪态美最基础、最关键的因素,所以商务人士、服务行业的从业人员,尤其应该注意自己的站姿,自然挺拔的站姿能给人一种可靠而干练的形象。一般说来,站姿可以根据从业人员的行业、岗位的不同而不同。

(1)正规站姿

正确的礼仪站姿是抬头、目视前方、挺胸立腰、肩平、双臂自然下垂、收腹、双腿并拢直立、脚尖分呈 V 字形、身体重心放到两脚中间;也可两脚分开,比肩略窄,将双手合起,放在腹前或背后。

(2)背手站姿

即双手在身后交叉,右手放在左手外面,贴在两臀中间。两脚可分开也可并列,分开时,不得超过肩宽,脚尖展开,两脚夹角成60°,挺胸立腰,收颌收腹,双目平视。这种站姿优美中略带威严,易产生距离感,所以一般用于门卫和保卫人员。如果两脚改为并立,则突出了尊重的意味。

(3)叉手站姿

即两手在腹前交叉,右手搭在左手上直立。这种站姿,男性可以两脚分开,距离不超过20 厘米。女性可以用小丁字步。即一脚稍微向前,脚跟靠在另一脚内侧。除保持正确的站姿外,男性两脚分开,比肩略窄,将双手合起放于腹前;女性双腿并拢,脚尖分呈 V 字形,双手合起放于腹前。这种站姿端正中略有自由,郑重中略有放松。在站立中身体重心还可以在两脚间转换,以减轻疲劳,这是一种常用的接待站姿。

(4)背垂手站姿

即一手背在后面,贴在臀部。另一手自然下垂,手指自然弯曲,中指对准裤缝,两脚可以并拢也可以分开,也可以成小丁字步。这种站姿,男性多用,显得大方、自然、洒脱。

以上这几种站姿密切地联系着岗位工作,若在日常生活中适当的运用,则会给人们挺拔俊美、庄重大方、舒展优雅、精力充沛的感觉。

4. 标准站姿训练方法

好的站姿能通过学习和训练而获得。通过理论学习后,我们还要在生活中加以训练。

利用每天空闲的时间练习20分钟左右,效果将会非常明显。

其一是贴墙直立(九点靠墙法)。背着墙站直,全身背部紧贴墙壁,然后后脑勺、肩、腰、臀部及脚后跟与墙壁间的距离尽可能的减少,让你的头、肩、臀、腿之间纵向练成直线。

其二是头顶书本。也就是把书放在头顶上行走,不要让它掉下来。那么你会很自然地挺直脖子,收紧下巴,挺胸挺腰。

要拥有优美的站姿,就必须养成良好的习惯,长期坚持。站姿优美,身体才会得到舒展,且有助于健康;若看起来有精神、有气质,那么别人能感觉到你的自重和对别人的尊重;并容易引起别人的注意力和好感,有利于给人留下美好的第一印象。

5. 错误站姿

好的站姿,可以让身体各个关节得到均匀的受力,从而不会让某些特定的关节承担大部分的重量。但不良的站姿则会影响到体内的血液循环,可能会压迫内脏,导致消化不良。不管在形体上,还是在外貌上,不良的站姿都会对人体产生消极的影响。

(1)弯腰驼背

在站立时,一个人如果弯腰驼背,除去其腰部弯曲、背部弓起之外,通常还会同时伴有颈部弯缩、胸部凹陷、腹部凸出、臀部撅起等一些其他的不良体态。它显得一个人缺乏锻炼、无精打采,甚至健康不佳。

(2)手位不当

在站立时,必须注意以正确的手位去配合站姿。若手位不当,则会破坏站姿的整体效果。站立时手位不当主要表现在:一是双手抱在脑后;二是用手托着下巴;三是双手抱在胸前;四是把肘部支在某处;五是双手叉腰;六是将手插在衣服或裤子口袋里。

(3)脚位不当

在正常情况下,"V"字步、"丁"字步或平行步均可采用,但要避免"人"字步和"蹬踩式"。"人"字步也就是"内八字"步;"蹬踩式"指的是在一只脚站在地上的同时,把另一只脚踩在鞋帮上,或是踏在其他物体上。

图6-2 叉手站姿

(4)半坐半立

在正式场合,必须注意坐立有别,该站的时候就要站,该坐的时候就要坐。在站立之际,绝不可以为了贪图舒服而擅自采用半坐半立之姿。当一个人半坐半立时,不但样子不好看,而且还会显得过分随便。

(5)身体歪斜

站立时身体不能歪歪斜斜。若身躯明显地歪斜,如头偏、肩斜、腿曲、身歪,或是膝部不直,不但直接破坏了人体的线条美,而且还会使自己显得颓废消沉、萎靡不振或自由放荡。

叉手站姿见图6-2。

(二)对于乘务人员行姿的基本要求

行姿是一种动态的姿势,在很多时候,行姿又称为走姿。它以人的站姿为基础,实际上属于站姿的延续动作。行姿可以展现人的动态美。在日常生活或公众场合中,走路都是浅显易懂的肢体语言,它能够将一个人的气质与素质表现出来。

对行姿的要求虽不一定非要做到古人所要求的"行如风",至少也要做到不慌不忙,稳重大方。当然,不同情况对行姿的要求是不同的。一般来说,标准的行走姿势,要以端正的站立姿态为基础。

1. 基本要领

走路时姿势美不美,是由步度和步位决定的。步度是指行走时两腿之间的距离。频度一般标准是一脚踩出落地后,脚跟离未踩出一脚脚尖的距离恰好等于自己的脚长。身高超过1.75米以上的人的步度约是一脚半长。步位是指你的脚下落到地上时的位置。女性乘务人员行姿特点是:轻松、敏捷、健美。男性乘务人员行姿特点是:协调、稳健、庄重、刚毅。

(1)头正:双目平视,收颌,表情自然平和。

(2)肩平:两肩平稳,防止上下前后摇摆。双臂以大臂带动小臂前后自然摆动,向前摆幅为30°,后摆不超过臀部的后缘,两手自然弯曲,在摆动中离开双腿不超过一拳的距离。

(3)挺躯:上身挺直,收腹立腰,重心及时前移。

(4)步位直:男子行走时的部位一般要求两脚跟先着地,两脚尖略外展;两脚跟交替落在两条平行线上;女子行走时的步位要求脚跟先着地,两脚尖略向外展,两脚跟内侧交替落在一条直线上。

(5)步速平稳:对于每个人来讲,在不同的场合与环境中,步速可以有变化。但在某种特定的场合中应当使步速保持相对均匀与平稳,不要忽快忽慢。在正常情况下,步速要自然舒畅,显得成熟、自信。

(6)步幅适度:步幅大小往往因人而异,但对乘务人员来讲,行进时最佳的最佳步幅应为本人的一脚的长度(在运行的列车上,由于车厢晃动,应以行走平稳、安全为主适当调整步幅)。

(7)走路用腰力,在有韵律感。如果走路时腰部松懈,就会有吃重的感觉,不美观;如果拖着脚走路,更显得没有朝气,十分难看。优雅的步姿有几名口诀:"以胸领动肩轴摆,提髋提膝小腿迈,跟落掌接趾推送,双眼平视背放松。"走路的美感产生于下肢的频繁运动与上体稳定之间所形成的对比和谐以及身体的平衡对称。要做到出步和落地时脚尖都正对前方,抬头挺胸,迈步向前。

2. 行姿分类

常见的走姿有以下几种:随意步、舞台步、旗袍步、时装步、体操步、上定步等。在乘务工作中常见的走姿是一字步(图6-3)。一字步走姿要领是:行走时两脚内侧在一条直线上,两膝内侧相碰,收腰提臀挺胸收腹,肩外展,头正颈直微收下颌。下次速每分钟125～130步。步度标准每一步为自己一脚长或1.5个脚长。

3. 在接待旅客过程中还有一些行走特例需要服务人员予以注意

乘务人员在服务过程中行走时应注意,最忌步态不雅,走成内八字和外八字;不要弯腰驼背、歪肩晃膀;不要步子太大或太碎,更不能奔来跑去;走路时不要大甩手,扭腰摆臂,左顾右盼;不要双腿过于弯曲,走路不成直线;不要脚蹭地面;不要横冲直撞,行进中一定要目中有人,尽量减少在人群中穿行的机会;不要双手插裤兜;不要阻挡道路,多人一起行走不要排成横队;不要悍然抢行,有急事要超过前面的行人,不得跑步,可以大步超过

图6-3 行姿

并转向被超越者致意道歉;行进中服务人员应有意识使之悄然无声,不应制造各种噪声。

(1)陪同引导。作为服务人员应走在旅客的左侧前方约一米的位置;本人的行进速度须与服务对象的相协调,不能走得太快或太慢;行进中一定要处处以对方为中心,经过拐角、楼梯等处,要有及时的关照提醒,绝不可以不吭一声,而让对方茫然无知或不知所措;陪同引导时,要采用正确的体位,请对方开始行进时,应面向对方稍许欠身,行进中与对方交谈或答复问题时,应以头部、上身转向对方。

(2)楼梯引导。礼让服务对象,上楼时请服务对象前行,下楼时请服务对象后行。

(3)进出电梯。以礼相待,请服务对象先进先出,服务人员站在门口礼让对方并顺势做出"请"的动作。

(4)出入房门。引领服务对象出入房门要先通报;要以手开关;要反手开关门面向他人;礼让服务对象请旅客先进先出;要为服务对象拉门。

(三)对于乘务人员坐姿的基本要求

文雅的坐姿,不仅给人以沉着、稳重、冷静的感觉,而且也是展现自己气质和风度的重要形式。

1. 男士基本坐姿要求(图 6-4)

(1)入座时要轻、稳、缓。走到座位前,转身后轻稳地坐下。如果椅子位置不合适,需要挪动椅子的位置,应当先把椅子移至欲就座处,然后入座。

(2)身体重心应该垂直向下,腰部挺直,两腿略分开,与肩膀同宽,看起来不至于太过拘束。

(3)坐在沙发上时,姿势应端正,态度安详,整个身体不要往内靠。

(4)头部要保持平稳,目光平视前方,神态从容自如,脸上保持轻松和缓的笑容。

(5)双肩平正放松,两臂自然弯曲放在腿上,也可放在椅子或是沙发扶手上,以自然得体为宜,掌心向下。

图 6-4　男士基本坐姿

(6)两膝间可分开一拳左右的距离,脚态可取小八字步或稍分开,以显自然洒脱之美,但不可尽情打开腿脚,那样会显得粗俗和傲慢。如长时间端坐,可双腿交叉重叠,但要注意将上面的腿向回收,脚尖向下。

(7)两脚应尽量平放在地,大腿与小腿成直角,双手以半握拳的方式放在腿上,或是椅子的扶手上。

(8)如果是侧坐,应该上半身与腿同时转向一侧,面部仍是正对正前方,双肩保持平衡。

(9)坐在椅子上,应至少坐满椅子的 2/3,宽座沙发则至少坐 1/2。落座后至少 10 分钟左右时间不要靠椅背。时间久了,可轻靠椅背。

(10)谈话时应根据交谈者方位,将上体双膝侧转向交谈者,上身仍保持挺直,不要出现自卑、恭维、讨好的姿态。

(11)离座时要自然稳当,右脚向后收半步,而后站起。

2. 女士基本坐姿要求(图 6-5)

(1)入座时要轻稳,走到座位前,转身后退,轻稳地坐下。如果是衣着裙装,应用手将裙子稍稍拢一下,不要坐下后再拉拽衣裙,那样不优雅。

(2)上体自然坐直,立腰,双肩平正放松。

（3）两臂自然弯曲放在膝上，也可以放在椅子或沙发的扶手上，掌心向下。

（4）双膝自然并拢，双脚平落在地上。

（5）坐在椅子上，至少应坐满椅子的三分之二，脊背轻靠椅背。

（6）端坐时间过长时可换一下姿势：将两腿并拢，两脚同时向左或向右放，两手叠放，置于左腿或右腿上形成优美的"S"形，也可以两腿交叉重叠，但要注意将上面的小腿回收，脚尖向下。

（7）坐姿的选择还要根据椅子的高低以及有无扶手和靠背，两手、两腿、两脚还可有多种摆法，但两腿叉开，或成四字形的叠腿方式是很不合适的。

（8）起立时，右脚向后收半步，然后站立。

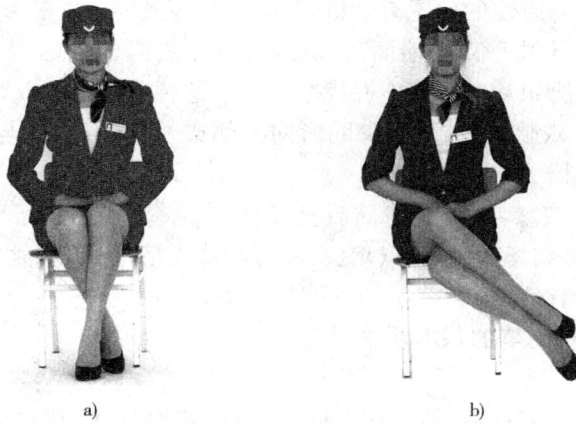

a)　　　　　　　　　　　b)

图6-5　女士基本坐姿

3. 入座后的八种坐姿

（1）标准式

男女皆有。这种坐姿的要求是：上身挺直，双肩平正，两臂自然弯曲，两手交叉叠放在两腿中部或扶手上，并靠近小腹，男士两脚自然分开成45°；女士两膝并拢，小腿垂直于地面，两脚保持小丁字步。

（2）前伸式

男女皆有。这种坐姿的要求是：在标准坐姿的基础上，两小腿向前伸出两脚并拢，脚尖不要翘。

（3）前交叉式

男女皆有。这种坐姿的要求是：在前伸式基础上，右脚后缩，与左脚交叉，两踝关节重叠，两脚尖着地。

（4）屈直式

男女皆有。这种坐姿的要求是：右脚前伸，左小腿屈回，大腿靠紧，两脚前脚掌着地，并在一条直线上。

（5）后点式

女士专有。这种坐姿的要求是：两小腿后屈，脚尖着地，双膝并拢。

（6）侧点式

女士专有。这种坐姿的要求是：两小腿向左斜出，两膝并拢，右脚跟靠拢左脚内侧，右脚掌着地,左脚尖着地,头和身躯向左斜。注意大腿小腿要成90°,小腿伸直,显示小腿长度。

（7）侧挂式

女士专有。这种坐姿的要求是:在侧点式基础上,左小腿后屈,脚绷直,脚掌内侧着地,右脚提起,用脚面贴住左踝,膝和小腿并拢,上身右转。

（8）重叠式

男女皆有。这种坐姿的要求是:重叠式也叫"二郎腿"或"标准式架腿"等。在标准式基础上,两腿向前,一条腿提起,腿窝落在另一腿膝上边。要注意上边的腿向里收,贴住另一腿,脚尖向下。

特别提醒:

女士入座后,腿位与脚位的放置有所讲究,以下三种坐姿可供参考。

（1）双腿垂直式。小腿垂直于地面,左脚跟靠定于右脚内侧的中部,双脚之间形成45°左右的夹角,但双脚的脚跟和双膝都应并拢在一起。这种坐姿给人以诚恳的印象。

（2）双腿斜放式。双腿并拢后,双脚同时向右侧或左侧斜放,并与地面形成45°左右的夹角,适用于较低的座椅。

（3）双腿叠放式。双膝并拢,小腿前后交叉叠放在一起,自上而下不分开,脚尖不宜跷起。双脚的置放视座椅高矮而定,可以垂放,亦可与地面呈45°角斜放。采用此种坐姿,切勿双手抱膝,穿超短裙者宜慎用。

（四）对于乘务人员蹲姿的基本要求

1. 蹲姿要领

下蹲时一脚在前,一脚在后,两腿向下蹲,前脚全着地,小腿基本垂直于地面,后脚脚跟提起,脚尖着地。女性应靠紧双腿,男性则可适度地将其分开。臀部向下,基本上以后腿支撑身体(图6-6)。

（1）适用情况:整理工作环境;给予客人帮助;提供必要服务;捡拾地面物品;自我整理装扮。

（2）注意事项:不要突然下蹲;不要距人过近;不要方位失当;不要毫无遮掩;不要蹲着休息;不随意滥用等。

a)   b)

图6-6　蹲姿

2. 常用蹲姿

交叉式蹲姿在实际生活中常常会用到蹲姿，如集体合影前排需要蹲下时，女士可采用交叉式蹲姿，下蹲时右脚在前，左脚在后，右小腿垂直于地面，全脚着地。左膝由后面伸向右侧，左脚跟抬起，脚掌着地。两腿靠紧，合力支撑身体。臀部向下，上身稍前倾。

高低式蹲姿下蹲时右脚在前，左脚稍后，两腿靠紧向下蹲。右脚全脚着地，小腿基本垂直于地面，左脚脚跟提起，脚掌着地。左膝低于右膝，左膝内侧靠于右小腿内侧，形成右膝高左膝低的姿态，臀部向下，基本上以左腿支撑身体。

3. 注意事项

无论是哪种蹲姿都应当注意：

（1）不要突然下蹲；不要距人过近。

（2）不要方位失当；不要毫无遮掩。

（3）不要蹲着休息；不随意滥用等。

（五）对于乘务人员鞠躬的基本要求

1. 鞠躬要领

鞠躬前以基本服务站姿为基础，面带微笑，神态自然；鞠躬时要挺胸、抬头、收腹，自腰以上向前倾；鞠躬时上身抬起的速度要比下弯时稍慢一些。上身下弯时，首先看对方的眼睛，然后再看对方的脚，抬起上身后再次注视对方的眼睛。面对客人，脚跟并拢、双脚尖处微微分开，身体直立。男性双手放在身体两侧，女性双手相握放于体前。行礼时以髋关节为轴上身前倾，视线落于自己脚前 1.5 米处（15°礼）、脚前 1 米处（30°礼）或脚前 0.5 米处（45°礼）成鞠躬姿势。前倾的速度应适中，之后抬头身体和视线还还原于开始姿态，动作可稍慢（图 6-7）。

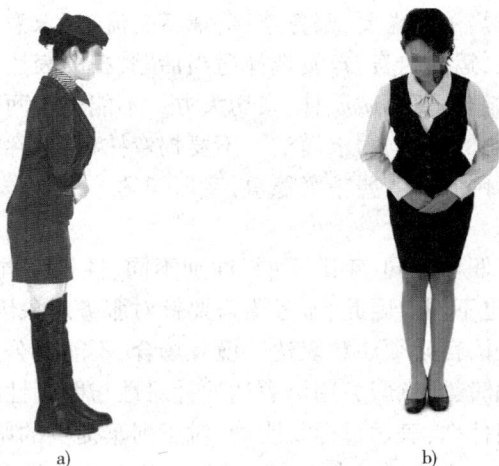

a)　　　　　　　　　　　　　　　　b)

图 6-7　鞠躬

2. 鞠躬分类

按照上身倾斜角度的不同，可以将鞠躬分为以下三种类型：

（1）一度鞠躬：上身倾斜角度约为 15°，表示致意，用于一般的服务性问候。

（2）二度鞠躬：上身倾斜角度约为 45°，表示向对方敬礼，常用于重要活动、重要场合中的问候礼节。

（3）三度鞠躬：上身倾斜角度约为 90°，表示向对方深度敬礼和道歉，常用于中国传统的婚礼、追悼会等正式仪式,服务场合中很少使用。

三种行礼方式适用于不同的情况,在日常工作中乘务人员最好使用一度鞠躬;在参加重要活动、接待重要旅客时可以选择使用二度鞠躬;三度鞠躬在服务工作中较少使用。

3.注意事项

(1)鞠躬不是单纯的点头,一定要手自然垂下,上半身向前直弯下去。

(2)正确的呼吸决定你能否有正确的鞠躬,随着上半身下弯吸气,倒下后数一、二、三吐气,接着一边吸气一边慢慢抬起上身。如果起身过快,就会显得草率。

(3)鞠躬一次即可。不可连续地、重复施礼。

(六)乘务人员的语言规范

语言是沟通与服务的媒介和桥梁。恰当的服务语言,体现礼貌礼仪,会让人有一种良言一句三冬暖的感觉,同样还有化干戈为玉帛的功效。因此语言能力在建立良好的服务环境中起到至关重要的作用。

1.服务语言的特点

语言情感的运用。由于服务的主客体都是人,因此,服务语言必须体现浓厚的情感因素。旅客出行,无论出于何种原因,都需要情感享受。有感情的服务语言,源于对旅客的尊重和理解,只有设身处地的体察旅客的情感需要,才能有真情实感的流露,才会有浓厚的感情色彩。

语言文明的体现。铁路客运是面向社会的行业,是铁路文化的标志和窗口。乘务人员的语言文明素质,不仅代表个人,更代表整个铁路运输行业的形象。从这个意义上讲,服务语言的文明,十分重要。通常,谦词敬语,温和委婉的语气,更有利于体现语言文明。

语言沟通的技巧。沟通,要反应灵活、巧妙、敏捷,善于随机应变。应变,是说话的一门艺术。沟通,是服务的前提,了解需要,服务连接,情感交流,征求意见,都离不开沟通。要从旅客需要和接受能力出发,运用语言技巧,选择适当话题,找准表达角度。

对性格内向、稳定的旅客,要真诚质朴,亲切大方。不能模棱两可,力戒轻率怠慢。

对个性秉直、活泼明快的旅客,力求简洁。不要拐弯抹角,吞吞吐吐。

对性格急躁,敏感多疑的旅客,要精细稳重,字斟句酌。

2.服务语言的方法

分清服务对象。旅客职业不同、年龄不同、性别不同、性格不同、兴趣爱好不同、文化修养不同,接受信息的方式也不同。因此,服务语言要针对服务对象因人而异。

注意语言环境。有些语言必须注意表达环境及场合,不能再公众场合提出让旅客难堪、尴尬、涉及隐私的问题,同时,注意服务用语表达的针对性与明确性以免引起其他乘客误解。

形式服从内容。说明什么,表达目标要明确,对于列车提供的服务可以适宜性的加以修饰,渲染你要表达的效果,但不能加以个人主管判断对服务形式原意进行曲解。

3.礼貌语言的运用

礼貌语言,时乘务员必备的修养。《铁路旅客运输服务质量规范》(下称《规范》)中对十字文明用语做出了明确的规定。运用文明礼貌用语,已经成为现代铁路服务的重要文化内涵。

称谓标准:按照《规范》规定,对旅客的统一称谓为:"各位旅客"。对旅客的个别称谓为:"同志""朋友""先生""女士"。称谓得体,可让旅客感到亲切;称谓不当,会引起旅客不悦甚至反感。通用方法是:

(1)考虑年龄。见到长者,呼尊称。比如大爷、老大娘、老先生、您老、大叔、大婶。目视感觉年龄难以确定时要格外小心,称"同志""先生""女士"为宜。

(2)考虑职业。如果你了解对方,称呼他的职衔比较亲切。比如×老师、×教授、×科长、×总等。对外宾、侨胞,一般称呼:先生、女士、小姐、太太、夫人比较好。

(3)考虑主次关系。当同时接待多名旅客时,要考虑称谓的顺序。一般规律为先长后幼、先上后下、先女后男、先疏后亲。

4.常用规范化语言

(1)常用礼貌用语

①十字文明用语。是全国通用的文明用语,也是《规范》规定必须使用的文明用语。

"您好"——见面语,也是问候语。

"请"——谦让语,表示对旅客的欢迎。

"谢谢"——感谢语,答谢时用。

"对不起"——道歉语,影响他人时用。

"再见"——道别语,分手或期待重逢时用。

②其他常用礼貌词语。

初次见面:"久仰";请人勿送:"留步";请人帮忙:"劳驾";求人解答:"请教";赞人见解:"高见";托人办事:"拜托";客人来到:"光临";麻烦别人:"打扰";请人原谅:"包涵"。

(2)见面语

与旅客见面,乘务员要主动问候、热情问候。

①在遇到旅客时。

9:30 之前说:"早上好!"

9:30 之后说:"上午好!"

中午 12:00 后说:"下午好!"

晚上 18:00 后说:"晚上好!"

②平时在遇到旅客,需点头示意,或说:"您好!"

③见到熟识的旅客时说:"某某先生/女士,很高兴再次见到您。"

④探望问候旅客时说:"欢迎您乘坐本次列车!";"打扰了!"

⑤当被问候者不止一人,不能一一进行问候时说:"各位旅客大家好!/各位旅客好!/各位领导好!"

⑥对重病或途中患病旅客问候:"您好点了吗? 还需要我做什么?"

(3)招呼语

①询问式招呼。

"我能为您做什么?""您需要帮助么?"

②应答式招呼。

"好的,我明白,请您放心。""好的,不客气,我马上就办。""好的,没问题,请稍等。"

③致歉式招呼。

"不客气。""您不必客气。""请原谅,是我的疏忽。""对不起,我有责任。""对不起,打扰您了。""这是我们应该做的。""不好意思,服务不周。""照顾不周的,请您原谅。""服务不到,请多包涵。""好的,谢谢您的好意。""非常愿意为您服务。"

④安慰式招呼。

"请您稍等""等一下,我马上就来""让您久等了""给您添麻烦了""您辛苦啦"。

（4）道别语

道别语，表示对于旅客的祝愿和期望。常用语有：再见。晚安。祝您一路顺风。欢迎下次乘坐本次列车。欢迎提出宝贵意见。领导再见。

（5）道歉语

感谢要发自内心，声音清晰，注视对方，语音适度，表示诚恳，道歉挚诚，讲究方法，回报惊喜。常用语有："谢谢！""失礼了！""请您原谅！""真过意不去！""对不起，打扰了！""对不起，实在抱歉""对不起，让您久等了！"

（6）赞美语

赞美是让旅客满足和愉快的最好方法。常用的赞美语有："很好！""很不错！""太好了！""太美了！""非常聪明！""非常正确！""漂亮极了！"

（7）谦让语

谦虚和恳切，是对旅客的尊重，可以显示旅客的尊贵地位。使用时要注意，自谦要诚恳，不装样子，对旅客使用敬语，对自己使用谦语。常用语有："请用茶。""请用餐。""请关照。""请留步。""请休息。""请指教。""您的要求，我马上落实。""您的指示，我们启发很大，受益匪浅。""你的指示非常重要，我们回去向领导汇报，一定迅速落实"。

（8）询问语

一般用"您"字开始，常用语有："您贵姓？""您老高寿？""您需要帮忙吗？""您需要什么？""您的工作单位？""您的家庭住址？""您的身份证？"

5. 言谈表情礼貌

和旅客的言谈以及举止表情，是有机联系的。为烘托谈话效果，需把握以下要点：

表情自然，态度安详。全身放松，保持镇静，面部微笑，谈吐自然，头脑灵活，精力集中。

神态专注，动做稳重。回答旅客询问，必须站稳，眼睛看着对方，不应心不在焉，动做不要过大，体现对旅客的尊重。

音量适度，语速适中。和旅客交流，首先要让旅客听清楚，要看旅客表情，抓住细微变化，做出适当调整。声音大了，对旅客不尊重；声音小了，旅客听不清。抑扬顿挫，保持节奏，比较有情调。

三、微笑服务规范

（一）微笑服务

微笑服务既是一种职业要求，又标志着列车服务水平的高低，同时也是乘务员本身素质的外在表现。

乘务员的微笑服务方式主要有以下几种：

对年长旅客，发出尊重的微笑。

对知识分子旅客，发出文雅、大方、自然的微笑。

对农民旅客，发出朴实、诚心的微笑。

对工人旅客，发出诚挚的微笑。

年轻的伴侣，发出祝愿的微笑。

对儿童旅客，发出欢快、爱护的微笑。

对年轻旅客，发出热情、稳重的微笑。

对无理取闹的旅客，发出自信、自重的微笑。

（二）微笑服务要始终如一，坚持在服务全过程、各环节，落实到每个乘务员身上，应着重做到"六个一样"

（1）领导在场和不在场一个样；

（2）对硬座车旅客和卧铺车旅客一个样；

（3）对本地旅客和外地旅客一个样；

（4）对国内旅客的外宾一个样；

（5）大人、小孩一个样；

（6）主观上心境好坏一个样，都要笑脸相迎，礼貌相待。

四、文明的礼貌礼节

（一）乘务员的礼貌礼节

（1）不当旅客的面吸烟或吃东西。

（2）当班不离岗、串岗，闲聊，交头接耳。

（3）旅客有事召唤，不能高声应答。旅客距离较远时，先点头示意，立即前去服务。

（4）旅客伸手示意时，应马上走过去。

（5）避免对旅客的打扰，做到说话轻、走路轻、干活轻。

（6）与旅客说话，以倾听旅客为宜，切忌高声喊叫。

（7）皮鞋不钉铁掌，避免嘎嘎作响，发出噪声，影响旅客。

（8）需要进旅客房间时，要轻声敲门两下，允许后方可开门，离开时退着走出，轻轻把门关上（图6-8）。

图6-8 入室敲门

（9）请让客人时，应首先关照老年人、妇女、儿童和残疾人。

（10）发现老年人或行动不便旅客行走，要主动上前搀扶。

（11）尊重各民族不同习俗。西方人忌说13这个数，伊朗人称好不伸大拇指，阿拉伯人忌讳用左手和他人接触，或用左手传递东西。这些习俗，乘务员都要知道，避免客人误会。

（12）引导客人时，应在左前方相距两三步远处，随客人步伐轻松前进。遇到台阶、转弯处、障碍物时，回过头来，主动向客人示意。

（13）迎客走在前，送客走在后。

（14）给客人递送物品，均用托盘。递送前，要进行检查：有没有水迹，摆放位置如何，各种标识是否符合要求。若上的茶杯有花形图案，带花的一面要面对旅客。注意观察客人的习惯用手方向，将茶杯的把转向客人的习惯用手一侧45°，方便客人使用。

（15）给客人续茶时，要先用无名指和小指夹住杯盖的凸钮，打开杯盖，右手拿起暖水瓶，往杯中续水。完毕后，盖好杯盖，摆放正确，再拧好暖瓶，放同原处。

（16）给客人换烟灰缸，首先左手用托盘端来干净的烟灰缸，其次用右手把干净的烟灰缸压在使用的烟灰缸上，然后，用拇指、食指压住上面的烟灰缸，用拇指和中指夹住下面的烟灰缸，将两个烟灰缸慢慢放入托盘，再将干净的烟灰缸放回桌上。

（17）软卧旅客去洗面间、卫生间，乘务员应主动介绍、主动提示引导。

（18）发现软卧旅客离开房间、硬卧旅客离开铺位时,乘务员要主动进行清扫整理。

（19）遇到客人路过,应微笑点头示意问候。

（20）在走廊过道,对迎面而来的旅客,应主动让道待立一旁。如同一方向,不得超过客人,如有急事要打招呼"对不起,我能否先走一步"。客人同意后,侧身通过。

（21）接待客人时,不要主动伸手。如果客人先伸手,应该迅速迎上去和客人握手。

（22）为客人服务时,不要抓头、挠痒、剔牙、抠鼻子、打喷嚏。如要打喷嚏,应用手帕捂着嘴,侧向一边,把声音降低到最低程度。

（23）客人没有离开时,不得擅自离岗,更不许提前做清理物品和打扫卫生等结束性的工作。

（24）不许在值乘期间打手机,或当着旅客面打手机。

（二）握手礼貌礼节

握手,是绝大多数国家见面和道别时的礼节。

1．握手方式

伸出右手,四指靠拢,拇指伸开,掌心向内,手掌应于地面垂直,手的大致高度,与对方腰部上方持平,手指稍稍用力握对方的手掌。同时,上身略微前倾,双目注视对方,面带微笑,头要微低。

2．握手顺序

握手顺序的优先权,在上级、长辈、女性一方。

（1）长幼之间握手,要等长者先伸手才能握手。

（2）男女之间握手,要等女性先伸手才能握手。

（3）上下级之间握手,要等领导先伸手才能握手。

3．握手力度

握手力度,一般以手指稍稍用力,对方的手掌有结实感为宜。

（1）男士与女士握手,用力轻一点,时间短一点。往往握住女士手指部分,表示尊重。

（2）老朋友重逢,可用力紧握,表示热情与信任。

（3）特殊情况,也可伸出左手,握住对方右手的手背,使劲地上下摆动,但不能握疼对方。

4．握手时间

（1）初次见面,一般控制在两三秒之内。

（2）老朋友、关系密切的,边握手边问候,时间可以长—些。

（三）餐桌礼貌礼节

1．餐前服务礼仪规范

（1）旅客到餐车用餐,应根据不同旅客的就餐需求安排合适的就餐座位并祝旅客用餐愉快。引领入座应一步到位,手势规范,走位合理,步幅适度。

（2）餐车应备足酒单、菜单,保证其整洁完好。餐车乘务员应选择合理的站位,目视旅客,用双手呈递酒单、菜单。服务的次序应符合中西餐就餐程序。

（3）旅客入座后,餐车乘务员应选择合理的站位,按次序为旅客铺入口布。铺入动作应轻巧熟练,方便旅客就餐。

向旅客推荐菜品时,应使用规范的手势,尊重旅客的饮食习惯,适度介绍酒水。

（4）书写菜肴订单时,乘务员应站立端正,将订单放在手中书写。下单前,应向旅客重复所点菜品名称,并询问旅客有无忌口的食品,有些西式菜品还应征求旅客对生、熟程度的要求。

2. 餐间服务礼仪规范

(1)厨房出菜后,餐车应及时上菜。传菜时应使用托盘。托盘干净完好,端送平稳。传菜员行走轻盈,步速适当,遇客礼让。

(2)乘务员应根据餐桌、餐位的实际状况,合理确定上菜口。上菜时,应用双手端平放稳。跟配小菜和作料的,应与主菜一并上齐。报菜名时应吐字清晰、音量适中。

(3)摆放菜肴应实用美观,并尊重旅客的选择和饮食习惯。所有菜肴上齐后,应告知旅客菜已上齐,并请旅客慢用。

(4)需要分菜时,乘务员应选择合理的站位,手法熟练,操作卫生,分派均匀。

(5)乘务员应以尽量少打扰旅客就餐为原则,选择适当的时机撤盘。撤盘时,应遵循酒店相关工作程序,动作轻巧,规范到位。

(6)为旅客提供小毛巾服务前,应对毛巾进行消毒,保证毛巾温度、湿度适宜,无异味。乘务员应随时巡台,及时撤下旅客用过的毛巾。

(7)旅客抽烟时,乘务员礼貌提示旅客勿在公共场所吸烟。同时主动提供盛放熄灭烟头的器皿。在允许吸烟的场合,应根据实际情况,以不打扰旅客为原则,为抽烟旅客适时更换烟灰缸。服务时,应使用托盘,先征询旅客意见,得到许可后再服务。

(8)餐车乘务员应随时观察旅客用餐情况,适时更换骨碟。更换骨碟时,应使用托盘,先征询旅客意见,得到许可后再服务。操作手法应干净卫生,撤换线路和新骨碟的摆放位置应方便旅客使用。

3. 酒水服务礼仪规范

(1)乘务员应尊重旅客的饮食习惯,根据酒水与菜品搭配的原则,向旅客适度介绍酒水。下单前,重复酒水名称。多人选择不同饮品的,应做到准确记录,服务时正确无误。

(2)斟倒酒水前,乘务员应洗净双手,保证饮用器具清洁完好,征得旅客同意后,按礼仪次序依次斟倒。斟酒量应适宜。续斟时,应再次征得旅客同意。

(3)服务酒水时,乘务员应询问旅客对酒水的要求及相关注意事项,然后再提供服务。

(4)服务整瓶出售的酒品时,应先向旅客展示所点酒品,经确认后再当众开瓶。斟倒饮料时,应使用托盘。

(5)乘务员面客服务时,应做操作卫生,手法娴熟。旅客间谈话时,乘务员应适时回避。旅客对所调制的酒水不满意时,应向旅客致歉,争取为旅客提供满意的服务。

(6)服务热饮或冷饮时,应事先预热杯具或提前为杯子降温,保证饮品口味纯正。服务冰镇饮料时,应擦干杯壁上凝结的水滴,防止水滴滴落到桌子上或旅客衣服上。

4. 餐后结账服务礼仪规范

(1)乘务员应随时留意旅客的用餐情况,旅客示意结账时,应及时提供服务。账单应正确无误,呈递动作标准、规范。

(2)旅客付账时,乘务员应与旅客保持一定距离,旅客准备好钱款后再上前收取。收取现金时应当面点验。

(3)结账后旅客继续交谈的,乘务员应继续提供相关服务。

5. 客房送餐服务礼仪规范

(1)送餐车应干净整洁,符合卫生要求。车轮转动灵活,推动方便,无噪声。餐具应与食物匹配,干净、整齐、完好。

(2)送餐员应站在离餐车一定距离处介绍菜品。送餐完毕,祝旅客用餐愉快。

（3）送餐时，如遇旅客着装不整，送餐员应在门外等候，等旅客穿好衣服后再进房送餐。

6. 特殊情况用餐服务礼仪规范

（1）接待要求比较特殊的旅客时，服务人员应耐心、诚恳。旅客对服务工作提出意见和建议时，应真诚地向旅客致谢。提供后续服务时，应保证服务态度和服务质量的一致性。

（2）有急事的旅客用餐时，乘务员应提供迅速便捷的服务，向旅客介绍容易制作、符合口味的菜品，告知旅客每道菜品所需的制作时间，并做好随时结账的准备。

（3）如乘务员因工作原因导致旅客衣物污损，应真诚地向旅客道歉并立即报告餐车长。

7. 残疾人服务礼仪规范

（1）问候肢体残疾旅客时，乘务员应亲切友好，表情自然。旅客乘坐轮椅的，乘务员应保证与旅客目光平视。问候盲人旅客时，乘务员应在一定距离处通过声音提示让旅客及时辨听周围情况。提示时，语气柔和，语调平缓，音量适中。问候聋哑旅客时，乘务员应微笑着注视旅客，通过眼神向旅客传递平等、友好的信息。

（2）为肢体残疾旅客提供引领服务时，应走最短路线，做到列车平稳时适当关注，列车起、停、晃动时适当帮助。引领盲人旅客行走时，应事先征得其同意。向盲人旅客指示方向时，应明确告诉旅客所指人或物相对于旅客的方位，不使用指向性不明的表述。

（3）引领盲人旅客入座时，应把旅客带到座椅旁，让旅客自己调整桌椅间距离。

（4）残疾旅客到餐车用餐，乘务员应将旅客引至方便出入且安静的餐位。为肢残旅客服务时，餐具和食品应就近摆放。为盲人旅客服务时，乘务员应阅读菜单，并细致解释，帮助旅客逐一摸到餐具的摆放位置。上菜时，应告诉旅客食物放置的相对位置，并随时帮助旅客。

（四）车厢服务礼节

1. 奉劝旅客相互谦让

（1）发现旅客出入不便时，乘务员要主动向阻挡的旅客打招呼："对不起！""麻烦您……"旅客一定高兴和你配合。

（2）列车超员，过道窄小，挤撞他人或跨越行李，都是不礼貌的行为。这时，列车员要多用谦语，做好劝说和疏通工作。

2. 善意提示

（1）发现旅客吸烟，把烟头扔在地上时，列车员要提示：先生，烟灰缸在这里。一面指示方向，一面把烟头捡起来，投放在烟灰缸里。此处无声胜有声。

（2）发现旅客喧哗，要进行必要的提示："今天您的心情真好，你们都是同行吧。大多数旅客都休息了，请您……"旅客会欣然接受。

（3）发现旅客喝醉时，要及时提示："您的酒量真好，明天不是还要办事吗？还是早点休息吧！"

（4）发现小孩在车厢乱跑时，要提示家长："列车有晃动，可要注意小孩安全。""多加小心，别挤着孩子手。""扶着点，可别摔着。"

第二节　旅客列车服务规范

【案例6-2】

周某，在校期间通过了普通话水平测试，毕业后，他被分配到列车上担当广播员，他标准、流利的播报很快得到了领导的认可和称赞。为此，周某更加积极努力地工作，每次列车播放音乐节目的时候他都认真选择时下最流行、好听的歌曲给旅客们播放。一次,播放曲目中有一首他最爱听的歌曲,于是他便将音量调大,尽情地与旅客分享美妙的音乐,但是很快就传来了旅客的投诉,要求将广播音量降低,周某对此感到十分不解,明明好心让大家听到好听的音乐,怎么旅客非但不领情反而要投诉他呢?

【知识目标】

1. 乘务人员一次乘务作业文明服务标准;
2. 乘务人员旅客列车服务质量规范。

【能力目标】

1. 完成旅客列车服务礼仪要求项点;
2. 处理一次乘务作业中基本问题。

【学习要求】

1. 学习认知各岗位作业标准;
2. 模拟演练提升列车服务能力。

提高客运服务质量,满足广大旅客的需求,是实践铁路跨越式发展和"人民铁路为人民"宗旨的具体体现。为此,自 20 世纪 80 年代末,铁道部先后颁布了《铁路车站旅客运输服务作业标准》《铁路旅客列车客运乘务作业标准》《铁路旅客运输餐营作业规范》《铁路旅客运输服务质量标准》等规章、制定来规范、统一客运站车作业,同时,这些规章也是进行站车竞赛评比、评定精品站、车的重爱依据。

随着社会进步和发展,高速铁路普遍投入运营,列车开行的质量不断提高,为更好地适应广天旅客的需求和规范客运管理和服务工作,必须进一步规范和明确铁路旅客运输服务标准。本节参照中国铁路总公司颁发《铁路旅客运输服务质量规范》(自 2015 年 1 月 1 日起施行),对涉及列车服务礼仪规范进行讲解。

一、动车组列车服务质量规范

(1)关于仪容、着装的要求(图6-9)。

①头发干净整齐、颜色自然,不理奇异发型、不剃光头。男性两侧鬓角不得超过耳垂底部,后部不长于衬衣领,不遮盖眉毛、耳朵,不烫发,不留胡须;女性发不过肩,刘海长不遮眉,短发不短于两寸。

②面部、双手保持清洁,身体外露部位无纹身。指甲修剪整齐,长度不超过指尖 2 毫米,不染彩色指甲。

③女性淡妆上岗,唇线与口红的颜色一致;

图6-9 仪容整洁,着装统一,整齐规范

眉毛修剪整齐,眉笔和眼线为黑色或深棕色;眼影的颜色与制服一致;使用清香、淡雅型香水。工作中保持妆容美观,端庄大方。补妆及时,在洗手间或乘务间进行。不浓妆艳抹。

④换装统一,衣扣拉链整齐。着裙装时,丝袜统一,无破损。系领带时,衬衣束在裙子或裤子内。外露的皮带为黑色。佩戴的外露饰物款式简洁,限手表一只、戒指一枚,女性还可佩戴

发夹、发箍或头花及一副直径不超过 3 毫米的耳钉。不歪戴帽子,不挽袖子和卷裤脚,不敞胸露怀,不赤足穿鞋,不穿尖头鞋、拖鞋、露趾鞋,鞋跟高度不超过 3.5 厘米,跟径不小于 3.5 厘米。

⑤佩戴职务标志,胸章牌(长方形职务标志)戴于左胸口袋上方正中,下边沿距口袋 1 厘米处(无口袋的戴于相应位置),包含单位、姓名、职务、工号等内容。菱形臂章佩戴在上衣左袖肩下四指处。按规定应佩戴制帽的工作人员,在执行职务时戴上制帽,帽徽在制帽折沿上方正中。除列车长外,其他客运乘务人员在车厢内作业时可不戴制帽。

⑥餐车加热、供应餐食时,服务人员戴口罩、手套;女性穿围裙。

(2)关于行为举止、服务态度的要求(图 6-10)。

①使用普通话,表达准确,口齿清晰。服务语言表达规范、准确,使用"请、您好、谢谢、对不起、再见"等服务用语。对旅客称呼恰当,统称为"旅客们""各位旅客""旅客朋友",单独称为"先生、女士、小朋友、同志"等。

图 6-10　表情自然,态度和蔼,用语文明,举止得体,庄重大方

②旅客问讯时,面向旅客站立(工作人员办理业务时除外),目视旅客,有问必答,回答准确,解释耐心。遇有失误时,向旅客表示歉意。对旅客的配合与支持,表示感谢。

③坐立、行走姿态端正,步伐适中,轻重适宜。在旅客多的地方,先示意后通行;与旅客走对面时,要主动侧身面向旅客让行,不与旅客抢行。列队出(退)勤(乘)时,按规定线路行走,步伐一致,箱(包)在同一侧。

④立岗姿势规范,精神饱满。站立时,挺胸收腹,两肩平衡,身体自然挺直,双臂自然下垂,手指并拢贴于裤线上,脚跟靠拢,脚尖略向外张呈"V"字形。女性可双手四指并拢,交叉相握,右手叠放在左手之上,自然垂于腹前;左脚靠在右脚内侧,夹角为 45°呈"丁"字形。

⑤列车进出站时,在车门口立岗,面向站台致注目礼,以列车进入站台开始,开出站台为止。办理交接时行举手礼,右手五指并拢平展,向内上方举手至帽沿右侧边沿,小臂形成 45°角。

⑥清理卫生时,清扫工具不触碰旅客及携带物品。挪动旅客物品时,征得旅客同意。需要踩踏座席、铺位时,带鞋套或使用垫布。占用洗脸间洗漱时,礼让旅客。清洁厕所时,作业人员戴保洁专用手套。

⑦夜间作业、行走、交谈、开关门要轻。进包房先敲门,离开时应倒退出包房。

⑧不高声喧哗、嬉笑打闹、勾肩搭背,不在旅客面前吃食物、吸烟、剔牙齿和出现其他不文明、不礼貌的动作,不对旅客评头论足,接班前和工作中不食用异味食品。餐车对旅客供餐时,不在餐车逗留、闲谈、占用座席、陪客人就餐。

⑨客运乘务人员进出车厢时,面向旅客鞠躬致谢。

（3）关于列车环境服务礼仪的要求。

①通风系统作用良好，车内空气清新，质量符合国家标准。始发前对车厢进行预冷、预热，车内温度保持冬季18～20℃，夏季26～28℃。

②车内照明符合规定。夜间运行（22:00～次日7:00）时，座车关闭半夜灯；始发、终到站和客流量大的停站以及列车途经地区与北京时间存在时差时自行调整。

③列车广播与列车视频播放（图6-11）。

a.广播常播内容录音化。使用普通话。经停少数民族自治地区车站的列车可根据需要增加当地通用的民族语言播音。过港列车可增加粤语播音。直通列车可增加英语播报客运作业信息。

b.广播语音清晰，音量适宜，用语准确，不干扰旅客正常休息。自动广播系统播报正确。

c.视频系统性能良好，使用正常，始发前开启系统播放节目，播放内容符合规定并定期更新。

d.广播、视频内容以方便旅行生活为主，介绍宣传安全常识和车辆设备设施的使用方法，提示旅客遵守安全乘车规定，播报前方停站、到站信息等内容，适当插播文艺娱乐、文明礼仪、沿线风光、民俗风情、餐食供应、广告等节目。

（4）关于饮用水及其他用水的供应。

①饮用水保证供应，途中上水站按规定上水。使用饮水机的备有足量桶装水。

②列车始发后为旅客送开水，途中有补水服务；售货车配热水瓶，利用售货时为有需求的旅客提供补水服务（图6-12）。

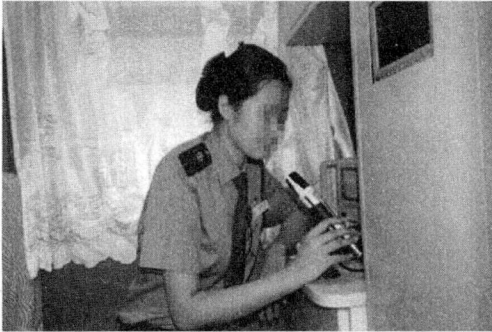

图6-11　列车播音　　　　　　　　　　　　图6-12　提供饮用水

（5）运行途中，厕所吸污时或未供电时锁闭厕所，其他时间不锁厕所。厕所锁闭时，为特殊情况急需使用厕所的旅客提供方便。

（6）公共区域的电源插座保证符合标示范围的旅行必需的小型电器正常使用。

（7）通过图形符号、电子显示、广播、视频、服务指南等方式宣传旅客运输服务信息及客运服务质量标准摘要，引导旅客自助服务。

（8）卧具终点站收取，贴身卧具一客一换。到站前提醒卧车旅客做好下车准备，不干扰其他旅客。夜间运行，卧车乘务员在边凳值岗，并定时巡视车厢。始发后和夜间客运乘务人员对卧车核对铺位。列车剩余铺位在列车办公席或指定位置公开发售，公布手续费收费标准。

（9）发现旅客遗失物品妥善保管，设法归还失主，无法归还时，编制客运记录交站处理。无法判明旅客下车站时，交列车终到站处理。

（10）根据旅客乘坐列车等级和席别提供相应服务。

①商务座车配有专职人员，主动介绍专项服务项目，提供饮品、餐食、小食品、小毛巾、耳

塞等服务。

a.饮品有茶水、饮料,品种不少于 6 种,茶水全程供应。

b.逢供餐时间的,免费供应餐食。供餐时间为:早餐 8:00 以前,正餐 11:30～13:00、17:30～19:00。

c.正餐以冷链为主,配用速溶汤,分量适中,可另行配备面点、菜品、佐餐料包等。品种不少于 3 种,配有清真餐食,定期调整。

d.选用非油炸类点心、蜜饯类、坚果类等无壳、无核、无皮、无骨的休闲小食品,品种不少于 6 种,独立小包装。

②"G"字头跨局动车组特、一等座车提供饮品、小食品等服务,全程提供送水服务(图6-13)。

(11)全面服务,重点照顾。

①无需求无干扰。通过广播、电子显示屏等方式宣传服务设备的使用方法,方便旅客自助服务。

有需求有服务。在各车厢电子显示屏公布中国铁路客户服务中心客户服务电话(区号 + 电话号码)。实行首问首诉负责制。受理旅客咨询、求助、投诉,及时回应,热情处置,有问必答,回答准确;对旅客提出的问题不能解决时,指引到相应岗位,并做好耐心解释。

②重点关注,优先照顾,保障重点旅客服务。

a.按规范设置无障碍厕所、座椅、专用座席等设施设备,作用良好。

b.对重点旅客做到"三知三有"(知座席、知到站、知困难,有登记、有服务、有交接);为有需求的特殊重点旅客联系到站提供担架、轮椅等辅助器具,及时办理站车交接。

③尊重民族习俗和宗教信仰。经停少数民族自治地区车站的列车可按规定在图形标志增加当地通用的民族语言文字,可根据需要增加当地通用的民族语言播音。

二、高铁、动车组乘务员作业标准

(一)发车准备作业

出乘前准备工作如图6-14 所示。

(1)准时到指定地点列队点名,参加出乘会,整理仪容仪表,接受列车长命令,确认担当乘务情况,检查设备性能。做到出乘准时,规定着装标志,做到仪容仪表规范,列队整齐,乘务包统一。

(2)列车进站前 20 分钟,随列车长统一列队在站台接车。做到资料携带齐全,设备状态良好,接车准时。

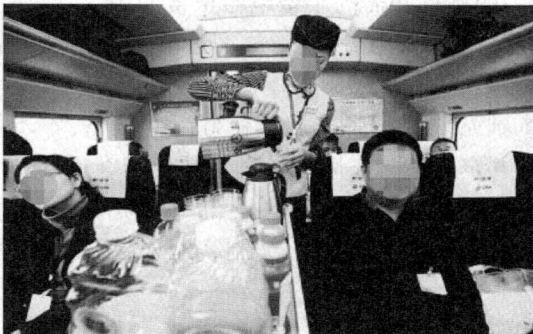

图6-13 提供饮品服务

图6-14 发车准备

(二) 始发站作业

1. 始发站整备（图6-15）

对列车保洁整备质量进行检查验收,并向列车长汇报检查情况。要做到检查认真,记录详实,交接清楚。

2. 始发站放客时作业（图6-16）

(1)锁闭卧车与座车间通过门。

(2)在指定车厢边门处(站台)立岗,引导重点旅客就位,指引旅客放置行李。要做到立岗及时,引导有序,安排妥善。

(3)确认旅客乘降完毕后,向列车长汇报。要做到确认旅客乘降完毕细致、汇报及时。

图6-15　始发站整备作业　　　　　　　　　图6-16　放客时作业

(三) 列车途中作业

1. 开车后作业（图6-17）

(1)巡视车厢,检查行李摆放情况。车厢内行李摆放要达到行李物品摆放平稳,通道保持畅通;核对席位仔细,态度和蔼;登记及时,记录准确;减少对旅客的干扰。

(2)根据剩余席位信息,协助列车长核对空余席位,查验车票并办理相关业务。卧车做好旅客乘车登记,掌握旅客去向。

(3)督促检查途中保洁作业质量,如实填写验收记录,及时跟踪整改情况。保洁卫生验收检查仔细,质量达标。

(4)掌握重点旅客动态,落实"首问首诉"负责制。重点旅客重点照顾,服务旅客耐心周到。

(5)发现设备故障,及时向列车长汇报。要确保设备作用良好。

a)　　　　　　　　　b)

图6-17　开车后作业

135

(6)遇有列车晚点,做好旅客安抚和解释工作。要求解答问询耐心,解释安抚及时。

2.中途停站作业(图6-18)

(1)到站前提前通报旅客做好下车准备。

(2)在指定车厢边门处(站台)立岗,引导重点旅客到位,指引旅客放置行李。做到到站立岗及时、引导有序,安排妥善。

(3)确认旅客乘降完毕后,向列车长汇报。做到准确及时。

(4)卧车更换中途下车旅客的卧具,卧具一客一换,卧车登记及时,记录准确。

(5)卧车做好中途上车旅客乘车登记,掌握旅客去向。

(四)终到及折返作业

1.组织旅客下车

(1)到站前提前通报旅客做好下车准备。

(2)到站后,在指定车厢边门处(站台)立岗,与旅客道别,协助重点旅客下车(图6-19)。做到立岗标准,主动热情,举止规范。

(3)旅客下车完毕,巡视检查车厢,发现旅客遗失物品,及时报告。做到动作迅速,检查仔细,上交及时。

图6-18 途中卧具整理

图6-19 重点旅客下车

2.交接作业

(1)交接班时,清点备品(卧具),办理交接。做到清点准确,交接清楚,手续完备。

(2)交接完毕后,交班乘务组列队在指定位置处站台面向列车立岗,目送列车出站。

(五)退乘作业

(1)参加退乘会,听取列车长当趟乘务工作总结。

(2)在列车长的带领下列队退乘,队列整齐。

三、实训项目:列车员一次乘务作业标准

(一)始发准备作业(表6-1)

始发准备作业表

项 目	作 业 内 容	服 务 标 准
1.准备作业	(1)穿着规定服装、佩戴职务标志,做好个人整容。 (2)按规定时间到指定地点列队点名,听取上级指示、工作布置和接受业务提问	(1)着装统一,仪容整洁,职务标志佩戴在左胸上方。 (2)准时到达,认真听记,接受提问,回答正确

136

项 目	作 业 内 容	服 务 标 准
2.接受列车	(1)与保洁人员按备品卡办理交接手续并签认,发现缺失、损坏时,及时向列车长汇报。 (2)检查客运服务设施设备运用状态和车内安全锤挂放情况;发现问题及时报告列车长	检查全面认真;工具、备品齐全完整;交接手续完备,不信用交接;设施设备作用良好
3.库内车容整备	(1)与库内保洁人员按整备出库标准逐项进行鉴定验收。 (2)落放车窗,整理窗帘,茶具消毒。 (3)整理卧具,铺茶几台布,摆放列车服务指南、果皮盘、灌满开水的暖水瓶(配防倒架、直供电车开车水开后灌水)、不锈钢杂物桶、衣架、拖鞋。 (4)整理清扫工具、备品及业务台账资料。 (5)洗脸间摆放洗手液(皂)、厕所摆放芳香球、卫生纸、坐便一次性坐垫,坐便器按规定消毒;锁闭厕所。 (6)接受列车长出库整备鉴定。 (7)列车出库前锁闭车门	(1)按标准验收,达标签收。车厢卫生达标,窗明几净、四壁无尘、无死角、边座椅套无污迹、顶棚、洗脸盆洁净、厕所洁净无异味、通风口无灰尘、面镜光亮无尘、垃圾桶洁净、套袋定位、通过台、连接处无污迹、锅炉间、工具柜内无杂物、茶桌腿、铺位腿无无污垢、门框、窗框洁净、烟灰盒无烟头、烟灰、暖气管无积灰,清扫工具干净。 (2)全程铺地毯,揭示牌干净正确;卧具完整、清洁、铺放平展、折叠摆放整齐统一;水开瓶满;茶具消毒合格。 (3)备品摆放一致;清扫工具齐全,隐蔽定位;工具柜、卧具柜加锁;资料台账完整有效,填写清楚

(二)始发站作业(表6-2)

始发站作业表   表6-2

项 目	作 业 内 容	服 务 标 准
1.开门立岗	广播预告放客后,锁闭端门和乘务间,打开车门,悬挂活动顺号牌,卡牢脚踏板(高站台摆放安全渡板,悬挂警示带),抹扶手,面向旅客放行方向,迎接旅客	出岗准时统一,立岗姿势端正,表情自然,活动顺号牌悬挂一致
2.组织旅客上车	(1)验票,查堵危险品,帮助旅客上车。 (2)引导旅客进包房,帮助旅客安放行李	门岗宣传到位,验票认真,防止危险品带上车,防止旅客摔伤

(三)始发站开车作业(表6-3)

始发站开车作业表   表6-3

项 目	作 业 内 容	服 务 标 准
1.车门管理	(1)铃响站线,铃止上车,高站台收取安全渡板和警示带,放下脚踏板,收取活动顺号牌,车动锁门,面向站台行注目礼。 (2)列车出站台,自检互检边门,开厕所门、端门	落实车门自检互检,及时开启厕所,防止旅客跳、坠车,不漏锁车门,确保安全
2.服务登记	(1)按顺序换发卧铺牌,进行登记,核对证件。 (2)空余铺位及不符合乘车规定的旅客,及时报告列车长	(1)进包房先敲门,出包房退行。 (2)根据需要送茶水、烟灰缸,介绍车厢服务设备、使用方法及餐车供应情况,做好重点照顾。 (3)态度和蔼,语言亲切,用语文明,作业规范,换票准确,核对证件认真,登记准确无差错
3.卫生清扫	清扫地面,通过台、连接处,洗脸间	走廊、通过台干净,无积水、污迹

(四)列车途中作业(表6-4)

列车途中作业表

表6-4

项 目	作 业 内 容	服 务 标 准
1.运行中作业	(1)运行中作业:拖(拖地面)、冲(冲开水)、宣(宣传旅行安全常识)、抹(抹三间四壁、茶几)、访(访问旅客)。 (2)做好车厢旅客服务工作。 (3)巡视车厢,解答问讯。 (4)采暖期间做好车厢取暖工作。 (5)遇通过较大隧道、桥梁时,落放车窗,锁闭厕所,加强宣传和巡视。 (6)根据需要送水,及时清理果皮盘、杂物桶,更换烟灰缸、茶杯,及时收取旅客饮用完毕的硬质包装容器。 (7)旅客离开包房间,按照旅客需求整理房间,作业完毕锁闭房门。 (8)遇临时停车做好宣传,到边门处立岗,加强瞭望(左单右双)	(1)重点旅客做到"三知三有",服务做到"四勤":眼勤(勤观察)、嘴勤(勤宣传)、腿勤(勤巡视)、手勤(勤检查);车厢温度适宜,卫生做到随脏随扫,及时冲刷厕所,达到"三无"(无异味、无粪便、无积水),洗脸间台面经常保持干燥。 (2)临时停车瞭望制度落实
2.到站前作业	(1)提前30分钟唤醒下车旅客换票,收回卧铺牌,提醒整理物品,做好下车准备,到站前5分钟再确认一次,防止旅客越站。 (2)停车3分钟以上车站锁闭厕所门(集便式厕所除外),到站前锁闭端门,察看车厢水表水位。 (3)清理垃圾桶,垃圾装袋扎口,放在反边门处	换票准确,无差错,无旅客越站;卧具做到一人一换
3.停车时作业	(1)停车时作业:开(车停开门,高站台停车3分钟以上必须放置安全渡板,悬挂警示带)、挂(挂顺号牌)、抹(抹扶手)、宣(门岗安全宣传)、看(看票上车)、扶(扶老携幼)。 (2)垃圾装袋扎口在垃圾投放站定点投放。 (3)铃响站线,铃止上车,放下脚踏板(高站台收取安全渡板、警示带),收取顺号牌,车动锁门,面向站台行注目礼	验票认真,乘降有序,宣传到位,防止旅客摔伤、挤伤,垃圾投放及时
4.开车后作业	(1)开车后作业:锁(车动锁门)、开(开厕所门、端门)、检(自检互检车门)、安(安排铺位,核对、登记证件)、整(整理下车旅客铺位)。 (2)开车2分钟以内核对车厢水表水位,确认给水站是否上水并做好登记	自检互检到位,不漏锁车门,开厕所门及时,卧具一人一换,上水登记及时
5.午间作业	(1)扫拖走廊、通过台,擦抹走廊茶几、窗台、洗脸池、冲刷厕所、洗脸间,清扫整理乘务间、锅炉室,闭合窗帘。 (2)加强巡视,坐边座值岗	无闲杂人员,车内安静整洁,工作时走路、说话、关门要轻

项 目	作 业 内 容	服 务 标 准
6.夜间作业	(1)按包房核对铺位,清理非本车厢人员离开包房,停止会客。 (2)扫拖走廊、通过台,擦抹走廊茶几、窗台、洗脸池,冲刷厕所、洗脸间,清扫整理乘务间、锅炉室,闭合窗帘。 (3)加强巡视,对过往人员认真询问,坐边座值岗	无闲杂人员,车内安静整洁,工作时走路、说话、关门要轻
7.清晨作业	(1)冲刷厕所、洗脸间,擦抹洗脸台、面镜、走廊茶几、窗台,整理窗帘。 (2)扫拖走廊、通过台、连接处。 (3)宣传节约用水。 (4)根据需要送水,清理房间果皮盘、杂物桶,更换烟灰缸、茶杯,询问需办事宜	开水供应充足,车容整洁,洗脸间台面、连接处保持干燥,厕所干净无异味
8.交接班作业	(1)交班前清理垃圾桶,倾倒烟灰缸,全面清扫地面,垃圾装袋扎口,擦抹三间、四壁、窗台,冲洗厕所。 (2)交接票证及车内旅客乘车情况,清扫工具、服务设施、备品,交接取暖锅炉(非空列车),填写交接簿。 (3)排队交接班,听取列车长传达有关事项	卫生整洁干净,备品齐全定位,交接清楚有签认,不信用交接

(五)列车终到作业(表6-5)

列车终到作业表 表6-5

项 目	作 业 内 容	服 务 标 准
1.终到站前作业	(1)清理果皮盘、垃圾桶、烟灰缸,擦抹茶几,整理乘务间,冲刷洗脸间、厕所,清理锅炉室(非空调列车),扫拖地面、通过台、连接处。 (2)到站前,锁闭厕所门和端门。 (3)提前30分钟换发车票,收回卧铺牌。 (4)通告终到站时刻,征求旅客意见。 (5)垃圾装袋扎口,放置反边门处	(1)卫生达到无污水、无粪便,垃圾装袋扎口到站定点投放。 (2)换票准确;语言清晰,态度诚恳
2.组织旅客下车	(1)进站前到岗,试开车门,面向站台立岗;停稳开门,卡牢脚踏板(高站台放置安全渡板,悬挂警示带),挂活动顺号牌,抹扶手,帮助旅客下车。 (2)垃圾装袋,到站定点投放。 (3)清点卧具,全面检查车厢,发现旅客遗失物品交列车长处理	(1)及时到岗,姿势端正,活动顺号牌悬挂一致,防止摔伤,垃圾投放及时。 (2)及时上交旅客遗失物品
3.整理卧具备品	(1)清扫房间,收取服务指南、果皮盘、烟灰缸、茶杯、暖水瓶、衣架放于指定位置。 (2)卧具一律到站后收取。由保洁员将枕巾、被单、褥单、台布、靠背帘收取分别包装集中放在指定位置。 (3)定位放置清扫工具及备品。 (4)整理资料、台账装入资料箱(袋)	卧具、备品和服务设施齐全,定位存放,资料台账填写清楚

139

项　目	作业内容	服务标准
4.终到交接	（1）与保洁员按备品卡办理交接手续并签认。 （2）遇有备品丢失、清扫工具损坏时,向列车长汇报	交接手续完备,不准信用交接
5.终到退乘	（1）在指定地点集合列队点名,听取列车长总结趟乘务工作	仪容整洁,列队整齐,认真听记

第三节　车容礼仪

【案例6-3】

　　李兰虹,一名列车员,很普通。可是在平凡的岗位上,她用"铁道部火车头奖章""哈尔滨铁路局优质服务十佳明星""黑龙江省职工职业道德建设先进个人"一个又一个闪光的荣誉,编织着美丽而珍贵的花环。每次出乘前,她都把车厢的每一个角落擦拭的一尘不染,每次旅途中,她总是一次次巡视所负责的车厢,清扫、问询、送水,不让一个旅客在旅途中感到孤单。爱,在她的心中从来不是奢侈品,就像蒙古包中飘香的奶茶,让每一个过往的旅客如饮甘饴。真情、挚诚、忘我,正是这些打动我们心灵的特写,拼贴出一道草原上最美的彩虹。

【知识目标】

　　1.掌握车容整备标准;

　　2.掌握车厢备品清理、整备方法。

【能力目标】

　　1.能够独立完成相应职名的车厢整备作业;

　　2.能够处理备品整理过程中常见问题。

【学习要求】

　　通过车厢模拟达到相应技能标准。

一、动车组车容整备作业标准

（一）设备设施

（1）车辆设备设施齐全,符合动车组出所质量标准。

①乘务员室、监控室、多功能室、洗脸间、厕所、电气控制柜、备品柜、储藏柜、清洁柜、衣帽柜、大件行李存放处、软卧会客室等不挪作他用或改变用途。多功能室用于照顾重点旅客（图6-20）。

②车辆外观整洁,内外部油漆无剥落、褪色、流坠;车内顶棚不漏水,内外墙板及车内地板无破损、无塌陷、不鼓泡;渡板及各部位压条、压板、螺栓不松动、无翘起;脚蹬安装牢固,无腐蚀破损;手把杆无破损、松动。各部位金属部件无锈蚀。

③广播、空调、电茶炉、饮水机、照明灯具、电子显示屏、电视机、车载视频监控终端、控制面板、电源插座、车门、端门、儿童票标高线、地板、车窗、翻板、站台补偿器、窗帘、座椅、脚蹬、

小桌板、靠背网兜、茶桌、座席号牌、衣帽钩、行李架、垃圾箱、洗手盆、水龙头、梳妆台、面镜、便器、洗手液盒、一次性坐便垫盒、卫生纸盒、擦手纸盒、婴儿护理台、镜框、洗脸间门帘、干手器、商务座车小吧台、呼唤应答器、阅读灯、软卧车铺位号牌、包房号牌、卧铺栏杆、扶手、呼叫按钮、沙发、报刊栏、餐车侧门、餐桌、吧台、冰箱、展示柜、微波炉、电烤箱、售货车等服务设备设施齐全，作用良好，正常使用，外观整洁，故障、破损及时修复。

④车厢通过台外端门框旁设儿童票标高线。儿童票标高线宽 10 毫米、长 100 毫米，距地板面分别为 1.2 米和 1.5 米，以上缘为限，距内端门框约 100 毫米。

（2）车内各种服务图形标志型号一致，位置统一，安装牢固，齐全醒目，符合规定。

（3）车厢外部的电子显示屏显示列车运行区间、车次、车厢顺号等信息，车内电子显示屏显示列车运行区间、车次、车厢顺号、停站、运行速度、温度、中国铁路客户服务中心客户服务电话（区号＋电话号码）、安全提示等信息，显示及时、准确。

图 6-20　出乘前整备

（二）服务备品

（1）服务备品、材料等符合国家环保规定，质量符合要求，色调与车内环境相协调。

（2）服务备品齐全，干净整洁，定位摆放。布制、易耗备品备用充足，保证使用。布制备品按附录规定的时间使用和换洗，有启用时间（年、月）标志。

①软卧车（含高级软卧车）。

a. 包房内有被套、被芯、枕套、枕芯、床单、垫毯、卧铺套、靠背套、茶几布、一次性拖鞋、衣架、不锈钢果皮盘、带盖垃圾桶、热水瓶、积水盘、面巾纸盒及服务指南、免费读物。

b. 备有托盘、热水瓶和一次性硬质塑料水杯。

②软卧代座车。

a. 包房内有卧铺套、靠背套、不锈钢果皮盘。

b. 包房门框上原铺位号牌处有座席号牌。

c. 备有热水瓶和一次性硬质塑料水杯。

③商务座车。

a. 提供小毛巾，就餐时提供餐巾纸、牙签。

b. 有耳塞、靠垫、鞋套、一次性拖鞋、清洁袋和专项服务项目单、服务指南、免费读物。

c. 备有防寒毯、耳机、眼罩、托盘、热水瓶和一次性硬质塑料水杯。

④特、一、二等座车。

a. 有清洁袋、免费读物和服务指南，放置在座椅靠背袋内或其他指定位置。

b. 有座椅套、头枕片；特、一等座车座椅有头枕。

c.电茶炉配有纸杯架的,有一次性纸杯。

d.乘务组备有热水瓶、耳塞和一次性硬质塑料水杯。

⑤餐车。

a.有座椅套。

b.有售货车、托盘、热水瓶、一次性硬质塑料水杯。

c.备有餐巾纸、牙签。

⑥洗脸间有洗手液、擦手纸(或干手器)。

⑦厕所内有芳香盒和水溶性好的卫生纸、擦手纸,坐便器有一次性坐便垫圈,小便池内放置芳香球(图6-21)。

a)   b)

图6-21　洗脸间、厕所整备

(3)贴身卧具(被套、床单、枕套)和头枕干燥、清洁、平整,无污渍、无破损,已使用与未使用的折叠整齐,分别装袋保管。卧具袋防水、耐磨,干净,无破损。贴身卧具与其他布质备品分类洗涤;洗涤、存储、装运及更换不落地、无污染。

图6-22　服务备品整备

(4)卧车垫毯、被芯、枕芯等非贴身卧具备品干燥、清洁,无污渍、无破损,定期晾晒。被芯、枕芯先加装包裹套,再使用被套、枕套。包裹套定期清洗,保持干燥整洁。服务备品整备见图6-22。

(5)布制备品定位存放在储物(藏)柜内。无储物(藏)柜或储物(藏)柜容量不足的,软卧车定位放置在3、7、11号卧铺下。

(6)有厕所专用清扫工具,与车内清扫工具分开定位存放在清洁柜内;无清洁柜的定位隐蔽存放。商务座、特等座、一等座车厢不存放清洁工具。清扫工具、清洁剂材质符合规定。

(7)清洁袋质地、规格符合规定,具有防水、承重性能。

(8)每标准编组车底配备两辆垃圾小推车,垃圾小推车、垃圾箱(桶)内用垃圾袋,垃圾袋符合国家标准,印有使用单位标志,与垃圾箱(桶)规格匹配,厚度不小于0.025毫米。

(9)列车配有票剪、补票机、站车客运信息无线交互系统手持终端和 GSM – R 通信设备;乘务人员配置手持电台。设备电量充足,作用良好。站车客运信息无线交互系统手持终端在始发前登录,途中及时更新信息。

(三)车容整备标准

1. **出库标准**

(1)车厢内外各部位整洁,窗明几净,四壁无尘,物见本色。

①外车皮、站台补偿器内外、窗门框及玻璃、扶手干净、无污渍。

②天花板(顶棚)、板壁、边角、地板、连接处、灯罩、座椅(铺位)、空调口、通风口、电茶炉、靠背袋网兜内等部位清洁卫生,无尘无垢无杂物。

③热水瓶、果皮盘、垃圾箱(桶)、洗脸间内外洁净。

④餐车橱、柜、箱干净无异味,分类标志清晰,商品、餐、饮品和备品等分类定位放置。

⑤厕所无积便、积垢、异味,地面干净无杂物。污物箱内污物排尽。

(2)深度保洁结合检修计划安排在白天作业,范围包括车厢天花板、板壁、遮阳板(窗帘)、灯罩、连接处、车梯、商务座椅表面、座椅(铺位)缝隙、座椅扶手及旋转器卡槽、小桌板脚踏板、暖气罩缝隙、洗手液盒、车厢边角以及电茶炉、饮水机内部。

(3)布制品、消耗品和保洁工具等服务备品配备齐全,定位放置,定型统一。

①卧具叠放整齐,摆放统一,床单、头枕片、座席套、茶几布等铺设平整,干净整洁。

②清洁袋、洗手液、卫生纸、擦手纸、一次性坐便垫圈、服务指南、免费读物、商务座专项服务等备品补足配齐,定位放置。服务指南中含有旅行须知、乘车安全须知、本车型的设备设施介绍、主要停靠站公交信息、客运服务质量标准摘要及本趟列车销售的商品价目表、菜单。

③垃圾小推车等保洁工具及售货车等备品定位放置,不影响旅客使用空间。

(4)可旋转式座椅转向列车运行方向。

(5)定期进行"消、杀、灭",蚊、蝇、蟑螂等病媒昆虫指数及鼠密度符合国家规定。

2. **途中标准**

(1)使用垃圾小推车和专用工具适时保洁,保持整洁卫生。旅客下车后及时恢复车容。

①各处所地面墩扫及时,干燥、干净;台面、桌面、面镜擦抹及时,干净、无水渍。

②洗脸(手)池、电茶炉沥水盘清理、擦抹及时,无污渍,无残渣,无堵塞,无积水;垃圾车、垃圾箱(桶)、清洁袋、靠背袋网兜、果皮盘清理及时,无残渣;厕所畅通无污物,无异味,按规定吸污。

③餐车餐桌、吧台、工作台、微波炉及各橱、箱、柜内保持洁净。

(2)清洁袋、洗手液、卫生纸、擦手纸、一次性坐便垫圈等备品补充及时;卧具污染更换及时。

(3)垃圾装袋、封口、无渗漏,定位放置,在指定站定点投放;不向车外扫倒垃圾、抛扔杂物。

3. **终到标准**

终到站时车内无垃圾、污水、粪便、异味。垃圾装袋、封口、无渗漏,到站定点投放。

4. **到站立即折返标准**

(1)站台侧车外皮、门框、车窗干净,无污物、无积尘。

(2)车内地面清洁,行李架、大件行李存放处、扶手及座椅(铺位)、窗台上和靠背网兜内干净整洁;垃圾箱(桶)内无垃圾,无异味。

（3）热水瓶、果皮盘内外洁净，垃圾箱（桶）、洗脸间四周洁净。

（4）餐车橱、柜、箱干净无异味，分类标志清晰，商品、餐、饮品和备品等分类定位放置。

（5）洗脸间、厕所面镜洁净，洗脸（手）池、便器无污物、无异味。电茶炉沥水盘洁净。

（6）布制品、消耗品和保洁工具等服务备品配备齐全，定位放置，定型统一。

①卧具叠放整齐，摆放统一，床单、头枕片、座席套、茶几布等铺设平整，干净整洁。

②清洁袋、洗手液、卫生纸、擦手纸、一次性坐便垫圈、服务指南、免费读物、商务座专项服务等备品补足配齐，定位放置。

③保洁工具、售货车等备品定位放置，不影响旅客使用空间。

（7）可旋转式座椅转向列车运行方向。

第四节　餐车礼仪

【案例6-4】

小王毕业后分配到餐车做乘务员，第一天上班，小王各方面都想给同事领导留个好印象，所以工作得认真积极。到了用餐时间，旅客陆陆续续来到餐车用餐，人越来越多点餐越来越忙，小王一方面安抚急等着用餐的旅客，一面帮助厨房做一些零活，不小心将酱油溅到衣袖上，由于时间紧来不及换衣服就直接穿着脏衣服给旅客传菜。这时，一个旅客打趣地问道："你们餐车炒菜不用铲子么，这样徒手炒出来的菜一定很好吃咯，就是不知道这样脏的手会不会让人拉肚子。"小王感到非常尴尬也非常委屈。站在小王的角度，你认为他应该怎么做？

【知识目标】

1. 了解餐车作业种类和服务类型；

2. 掌握餐车服务技巧及服务礼仪。

【能力目标】

1. 能够模拟各工种完成餐车相关作业；

2. 能够处理餐车作业过程中礼仪相关问题。

【学习要求】

1. 通过车厢模拟掌握各项服务技能；

2. 通过餐车礼仪训练提升服务能力。

用餐是旅客出行途中最重要的需要之一，为旅客提供用餐服务也是铁路旅客运输服务重要工作之一，旅客用餐的质量，不仅会影响到旅途心情，甚至会影响旅客的身心健康。所以，餐车服务礼仪既是铁路与旅客沟通的桥梁，又是铁路展示自身形象的窗口。

一、餐车服务的规范

（1）经营证照齐全有效，经营项目、收费价格公开，无变相卖座和只收费不服务；提供发票。

（2）储藏室（柜）、冰箱、吧台、橱柜等处所不随意放置私人物品。餐料、商品在餐车储藏柜、冰箱内等处所定位放置，不占用旅客使用空间。

（3）食品加工用具（刀、板、墩、盆、桶等）有生熟标记，并按标记使用。冰箱按原料、半成品、成品分别存放，并有标记、垫布、盖布。

（4）厨房有防蝇、防尘、灭鼠措施。

（5）有符合要求的洗消设备和消毒药品，炊、餐、茶、酒具清洁、消毒合格。

（6）销售无包装直接食用的食品时有防蝇、防尘措施，加盖洁净、消毒合格的苫布（盖），不徒手接触食品。

（7）厨房前门悬挂印有"非工作人员禁止入内"字样的挡帘。除检查等工作必须外，非餐车工作人员不进入餐车厨房。餐车刀具和锅铲等可移动铁器定人管理，定位隐蔽存放，使用完毕后及时归位。

二、餐车提供的商品

（1）销售的商品质价相符，明码标价，一货一签，提供发票。

（2）非专职售货人员不从事商品销售等经营活动，专职售货人员不得超过4人（不含餐车）。

（3）经营行为规范，文明售货，不捆绑销售商品。售货（饭）人员不在车内高声叫卖、频繁穿梭，销售过程中主动避让旅客。夜间运行时，不得进入卧车销售，座车可根据情况适当延长或提前销售时间，但不得超过1小时。

（4）售货（饭）车美观整洁，四周有防撞胶带（条），制动装置作用良好，有经营单位审定的价目表。列车编组14辆以上时，售货（饭）车总数不超过4辆，不足14辆的不超过3辆。双层客车可使用规格统一、洁净、无害塑料筐（箱）代替售货车，总数不超过4个。一节车厢内经营的售货（饭）车不超过1辆，经营过程中人车不得分离。非经营期间，售货（饭）车定位制动存放。

（5）供应品种多样，有高、中、低不同价位的预包装饮用水、盒饭等旅行饮食品。尊重外籍旅客和少数民族的饮食习惯。

（6）商品柜、储藏室、蔬菜柜、吧台橱柜（陈列柜）加锁，不放置私人物品；商品、餐料定位放置，不占用通道和旅客使用空间（图6-23）。

a)　　　　　　　　　　　　　　　　　b)

图6-23　餐品的陈列摆放

（7）餐料、商品有检验、签收制度，采购、保管、加工、运输、销售符合食品卫生安全要求。

（8）不出售无生产单位、生产日期、保质期和过期、变质以及口香糖等严重影响列车环境卫生的食品。

（9）一次性餐饮茶具符合国家卫生及环保要求。

（10）广告经营规范。广告发布的内容、形式、位置等符合有关规范，布局合理，安装牢固,内容健康,与列车环境协调,不挤占铁路图形标志、业务揭示、安全宣传等客运服务内容或位置,不影响安全和服务功能,不损伤车辆设备设施。

三、餐车长的工作职责、作业及礼仪标准

(一)餐车长的工作职责

(1)严格执行《中华人民共和国铁道行业标准》《中华人民共和国食品安全法》、国家政策法令和饮食供应管理制度。

(2)负责餐车经营管理全面工作。

(3)负责餐车物资、现金、有价证券和备品的管理工作。

(4)负责班组经济核算、餐车服务质量的管理和接待工作。

(5)负责列车食品卫生安全。

(6)负责合理安排列车乘务人员就餐。

(7)及时准确填写本岗位各类记录与表格,并对途中发生问题及时处理,形成记录并如实汇报。

(8)有责任拒绝接收无生产厂家、无生产日期,无保质期和腐烂变质商品、餐料上车销售。

(9)有责任制止销售腐烂变质食品。

(10)有权制止非餐车人员进入厨房和外借厨房利器。

(11)有权对餐车各岗位工作进行监督检查与考核,有权制止和劝阻列车其他工作人员的违章违纪行为。

(二)餐车长的作业及礼仪标准

1.作业前准备

接受任务及点名如下:

(1)提前到段请示工作,接受任务及摘抄命令、指示;请领餐券(票据)和各种凭证,了解重点乘车人数及对象。及时准确摘抄命令、电报;请领票据证券确保齐全够用,对本次出乘任务清楚明确。

(2)检查餐营人员着装及职务标志,按时到指定地点参加出乘点名,听取上级指示、工作布置和接受业务提问。要求着装统一,仪容整洁,使用统一乘务包。点名及业务提问要准时到达,认真听记,正确回答班前试问。

(3)指派餐车工作人员交接领取备品、餐具。确保备品、餐具交接清楚、领取到位(图6-24)。

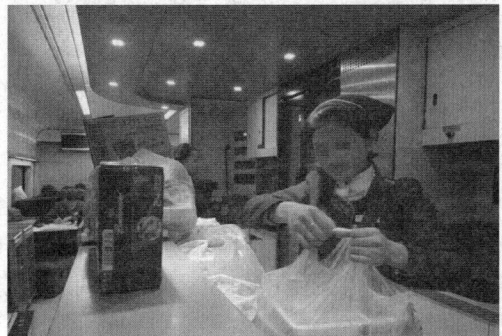

a)   b)

图6-24 作业前准备

2.列车库内作业

始发整备如下：

（1）组织班组人员接车，清点固定备品、设备、召开班前会。做到接班准时，对口交接、准确无误。发现备品缺少填写《备品赔偿单》。

（2）指派专人守车，并确保留守人员能够胜任。

（3）车容整理。组织前后台人员与库内保洁人员按出库标准进行卫生清洁、餐厅整理；摆挂旅客意见留言簿及业务揭示牌；按标准铺台布、摆花瓶花盆、牙签、四味架或酱醋壶、果壳盘；整理陈列柜；餐具清洗消毒。揭示牌要干净，按规定挂放；备品定位摆放；旅客留言簿挂放在餐车中部；地面、台面整洁，备品设施定位摆放整齐；窗明几净，四壁无尘，无死角；椅套无污渍、油垢，顶棚洁净，通风口、暖气管无积尘；陈列柜陈列美观、艺术；车厢环境优雅。餐具要做到"五过关"。

（4）检查餐车设备、设施和用具摆放、冰箱卫生、餐料初加工、油垢清理等情况并做好记录。餐车设备要求标志明显，生熟分开，定位摆放，安全设备齐全有效，油垢清理达标，记录规范。

（5）整理餐券票据、业务资料、台账；核对备品交接记录；整理清扫工具及服务设施。餐券票据及时入保险柜加锁，钥匙专人保管使用；整理健康证、卫生许可证、上岗证、资料台账齐全完整；交接准确无误，定位摆放。

（6）组织人员上料，按上料单清点商品、餐料。对商品、餐料进行"三检、四核"，按品种分类存放。

（7）检查商品销售的准备工作。做到明码实价，有价目表。

（8）检查储藏柜的物品摆放。储藏柜须无杂物并加锁。

（9）会同厨师做好乘务饭、旅客供应预制计划。按《三定表》要求做好预制计划。预制供应品种做到高、中、低档相结合、数量准确。

（10）始发整备作业完成后，接受列车长出库整备鉴定。列车长按标准验收，达标后签收。

（11）列车始发时，餐车长检查餐车厨房边门安全防护栏，边门、后厨门锁闭情况。确保无漏锁，防护栏装置牢固并加锁（图6-25）。

a)

b)

图6-25　出发前整备

3.运行途中作业

（1）开餐前准备

①向列车长了解重点旅客及客流情况，做好重点旅客开餐准备。

②检查各部位开餐前准备情况，确保开餐用品准备充分。

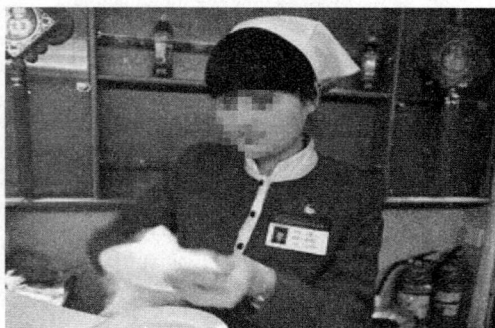

图6-26 开餐前准备

③检查后厨各部位加工、准备和炉灶使用情况,要做到餐茶具洗净消毒完好,菜净、饭热。

④根据供应品种准备餐券,提供菜谱,送广播室做好开餐宣传,分配服务员的工作,要做到菜谱设计美观,明码标价合理安排工作(图6-26)。

(2)开餐中作业

①做好开餐组织,介绍品种,出售餐券,唱收唱付。接待旅客要注意文明礼貌、态度和蔼。

②随时检查饭菜质量和服务标准;做好重点旅客服务;坚持"三托"服务(托盘上餐具、上饭菜、撤餐具)。饭菜达到"三热"(饭、菜、汤)、"四好"(色、香、味、型);服务规范、主动热情;用餐台面清理及时。

③安排好重点接待及乘务餐。重点接待食品要留样6小时;乘务餐要饭热、菜香、口味好。

④要按规定经营的夜间休闲茶座,要做到质价相符,服务周到(图6-27)。

(3)餐后作业

①根据服务员销售(两联单)收取快餐款,开具三联单,由服务员签认,交后厨销账;做好餐后"三核对"(售出餐券与进款核对,餐券与后厨付出数核对,进款与自制品、商品售出数核对)。做到餐清趟结,账款相符,手续清楚;核对正确,计算无误;进款及时入保险柜加锁。

②及时填写台账及有关报表。要求台账及报表填写清楚、准确。

③检查各岗位卫生整理情况。做到卫生整洁,备品定位,餐、茶具消毒入柜,不留死角,不留隐患(图6-28)。

图6-27 餐中作业

图6-28 餐后作业

4.列车终到(折返)作业

(1)清点往返餐营进款,计算经营财务结果。要做到账款相符,无短溢款。

(2)填写各类账表和缴款单。填写清楚、准确。

(3)组织召开班组完工会,认真总结本趟工作,公布销售结果。清理餐具、备品。总结认真,公布经营结果,备品清楚。

(4)如列车需折返,按规定安排胜任人员守车,列队到公寓休息。留守人员必须坚守岗位,防火防盗。

(5)检查各部位的卫生状况,准备交接。炊餐用具洗消完毕,定位存放,环境卫生整洁。

(6)与对班餐车长办理交接,并检查各岗位交接情况。交接记录清楚、准确,互相签字,不空交,不信用交接。

(7)及时交款、汇报。交款及时,有人护送,账目清楚,汇报准确。

四、餐车服务员的作业及礼仪标准

(一)接车准备工作

(1)按规定时间到指定地点集合、点名。点名及业务提问要准时到达,认真听记,正确回答班前试问。

(2)参加出乘会议,接受任务,对本次出乘任务清楚明确。

(3)请领备品。确保领取票据证券正确、齐全。

(4)更换工作服,整理仪容仪表。要求着装统一,仪容整洁,使用统一乘务包。

(5)办理交接和验收,做到交接清楚,验收签认。

(6)定位摆放各类各品和服务设施。

(7)搞好餐厅卫生和车容布置。

(8)按规定做好餐具消毒。

(9)始发前按规定位置立岗。

(二)中途作业

(1)做好餐前准备工作,落实安全措施。

(2)下车厢供应盒饭。

(3)主动迎送就餐旅客、安排就餐座位。

(4)了解、反馈旅客需求并提供针对性服务。

(5)凭票取食、托盘上菜、介绍菜名和特色。

(6)托盘收拾餐具,整理餐桌。

(7)洗涤、消毒餐具。

(8)清理饭车,定位摆放。

(9)做好每餐清理和车容布置。

(10)到站按规定投放袋装垃圾。

(三)终到(折返)作业

(1)整理橱柜

(2)整理备品、餐具,搞好餐厅卫生。

(3)全面清点、登记备品。

(4)及时调换窗帘、座席套等。

(5)参加终到(折返)会议。

(6)根据餐车长的指派,陪同交款。

(7)按规定看车,办理交接。

五、高速铁路动车组餐服员作业及礼仪标准

(一)出乘前准备工作

穿着规定制服,佩戴职务标志,携带必备资料(餐服员手册、健康证、上岗证、卫生许可证、发票、商品索证),按规定时间到商品库,请领对讲机、备品柜钥匙和本趟网上订餐单,做

到制服平整干净,仪容仪表整洁,标志佩戴规范,女性淡妆上岗,各种证件齐全,对讲机电量充足,作用良好,统一佩戴在腰间,左耳佩戴耳机,耳机线隐蔽在制服内。不允许携带除乘务包以外的物品。

按上料单点验签认商品,做到散货合理包装,数量准确,食品在保质期内,无腐烂、变质、破损、涨袋,商品包装质量完好,与搬运人员准确交接。

按规定时间参加出乘会,学习上级文电及业务知识,听记列车长对趟重点工作的部署。在列车长的组织下整齐列队,到派班室点名,听取派班员传达文电、命令。

列队按指定路线,在车底出库进站前5分钟到达站台规定位置,准备接车。列队时,做到精神饱满、队型整齐,所有物品均放入乘务箱内,右手提拿,大衣不穿时统一搭在左手臂上。等候列车时,面向列车方向列队,乘务箱摆放在身体右侧距右脚10厘米处,箱体前部外边沿与脚尖平齐。

需要提前待乘时,按规定时间到达待乘室,入住指定房间,做到遵守各项待乘管理规定,做到班前充分休息,根据列车出库时间,提前1.5小时起床。

(二)始发站准备作业

列车进站停稳后,统一右手提箱列纵队,由规定车门登车,迅速将乘务包等用品定位摆放。乘务人员上车后要及时关闭各车门。临时作业,需要再次打开车门时,要随开随关,保持车内温度。与搬运人员准确交接商品,清点库存备品,做到上货迅速,商品数量准确,定位摆放。

打开对讲机,调至2频,与列车长进行对讲机频道调试和时间校对。

检查餐车内消防器材、电线路、外接电源以及电器设备,检查储藏柜锁闭情况,搞好餐吧卫生,做到餐车吧台、售货车、餐厅各处无尘、无垢,物见本色,发现问题及时报告列车长。

检查整理上料单、卫生许可证、索证、发票。根据实际上货品种,做适当调整摆放,展示柜陈列商品整齐、美观。点心类:陈列在吧台内恒温展示柜第一、二层(点心类售完可摆放速食类食品);饮品类:陈列在恒温展示柜第三、四层。

按规定向乘务班组移交特、一等座旅客赠品,签字交接。

(三)始发迎客作业

一长二员时,根据列车长通知,一名餐服员按分工将自动感应隔断门开启后调至锁定状态,在规定车门内立岗,引导旅客乘降,做到姿势端正,面带微笑。立岗位置:面向放客上车车门,站在车厢通道后侧,脚尖与开启的自动感应隔断门一齐,左右居中。立岗姿势:挺胸、收腹,脚跟并拢,脚尖略分开。女性双手四指并拢,交叉相握,右手叠放在左手之上,自然放于腹前;男性五指并拢,双臂自然下垂,两手中指贴裤缝。对每位上车旅客面带微笑致15°鞠躬礼,并问好。引导旅客进入车厢,放好随身携带物品。对重点旅客引领就坐。宣传旅客按次序上车,确保安全,发现无票或送客人员及时劝告引导下车,不能处理时向列车长汇报。车门关闭后,检查分管车门是否正常关闭,出现故障时及时报告列车长。确认正常后,在最后确认的车门处,按始发站迎客立岗位置行注目礼至列车驶出站台。

另一名餐服员在吧台内立岗,迎接旅客,立岗姿势与车门立岗相同,做到姿势端正,面带微笑。对每一位经过的旅客面带微笑致15°鞠躬礼,并问好。开启需预热设备,调试设备至可使用状态,检查售货车制动性能,码放商品,开车10分钟后下车厢服务。

一长三员时,始发迎客作业中,一名餐服员餐车吧台内进行准备作业,另一名餐服员吧台内立岗迎接上车旅客。

（四）运行途中作业

一长二员作业时,协助负责特、一等座的列车员发放赠品。不间断提供商品,做到主动介绍,服务热情,用语标准。询问旅客购买需求。对旅客订餐的品种进行核对,确定送餐时间。

销售时复述旅客所点的餐食、商品名称、数量、价格,唱收唱付。供应品种介绍准确,熟知供应食品品名、口味、特点和价格,找钱准确。餐食品、商品递给旅客时,做到动作迅速、双手端拿平稳。

掌握车厢销售情况,及时调配,保证供应。旅客所点的餐食加热时,严格按照操作规程安全操作电器设备,微波炉加热餐食,严格按照时间提示要求加热。随时检查餐车内消防器材、电线路、外接电源以及电器设备,严禁私接乱接电线和随意增设电器设备。

在吧台出售盒饭时,必须做到现热现卖;推车售盒饭必须做到少量多次,避免加热后的盒饭无法尽数售出。对于已经加热的盒饭准备在吧台或推车延时出售时,必须在价格签上记录完成加热的时间点(现热现卖的盒饭除外),超过两个小时未售出的一律销毁,严禁重复加热或放置于冰箱和餐车的备品柜中。发现其他报废餐食品立即收回、销毁。

落实首问首诉负责制,准确回答旅客的各种问询,主动征求旅客对餐饮供应、服务质量的意见和建议。

发现餐售食品保有量不足时,要及时与途中补货点(沈阳北、北京、天津)、折返站餐饮供应点联系补充商品事宜,明确品名和件数,提前60分钟电话通知补货点负责人。

乘务人员的乘务餐需冷藏时,统一定位在后厨冰箱内,严禁与出售旅客食品混放。一般情况下,380B型动车组定位在餐车后厨冷藏柜最左侧门内下层,CRH5型车定位在后厨进门右侧冰柜的上层。

完成列车长交办的临时任务,突发非正常情况,立即报告列车长,按照列车长的指挥,根据应急处置预案中本岗位分工职责,全力做好应急处置(图6-29)。

图6-29　餐车服务

（五）途中停站作业

到站前10分钟,督促、协助乘服员做好到站前卫生清扫、车容整理及垃圾投放等准备工作。

到站前5分钟,餐车位置餐服员做好到站提醒服务,协助重点旅客做好下车准备。到站前在吧台内按始发迎客作业程序和标准作业。

一长二员作业时,途中较大停车站(长春、长春西、沈阳、沈阳北、秦皇岛、山海关、北京、唐山、天津、济南、南京等)到站前3分钟,一名餐服员到达规定车门处,按始发迎客立岗位置,行注目礼至列车停稳。车门开启后,宣传组织旅客先下后上,为旅客指引座位方向,放好随身携带物品。对重点旅客引领就座。确认旅客乘降完毕后,使用对讲机报告列车长。车门关闭后,按始发站作业程序和标准检查车门是否正常关闭,出现故障时,及时报告列车长,确认正常后,在最后确认的车门处,按始发站迎客立岗位置行注目礼至列出驶出站台。另一名餐服员在吧台内立岗,立岗姿势与车门立岗相同,做到姿势端正,面带微笑。对每一位经过的旅客面带微笑致15°鞠躬礼,并问好。

（六）终到作业

终到前 30 分钟,做好餐车卫生清扫工作,恢复车容、备品定位,清理餐饮设备,设备断电后,擦抹各处死角,做好终到卫生清洁工作。

一长二员作业时,列车进站前 3 分钟,一名餐服员到达规定车门处,在车内面向站台方向立岗,脚尖距车门 40 厘米,左右居中,行注目礼至列车停稳。车门开启后,下车在车门外 20 厘米面向餐车方向立岗,帮助重点旅客下车,向每一位下车旅客面带微笑致 15°鞠躬礼,送别旅客。

另一名餐服员在吧台内按始发迎客标准立岗送别旅客。向每一位下车旅客面带微笑致 15°鞠躬礼,送别旅客。

（七）折返站作业

督促、协助折返站保洁人员作业,对车容恢复、垃圾投放、列车外皮保洁等情况进行检查。清点库存餐食品,清洁整理吧台卫生,补充摆放商品,确保餐车整洁干净、物品定位摆放。核对餐营收入是否一致。检查、确认售货车状态良好,保证商品充足,种类齐全。

确认折返站上水情况,发现问题及时通知列车长。

按照补料单认真清点种类、数量,检查质量,补充商品上车后,办理交接手续,签字确认。

按始发站迎客作业程序和标准执行折返站迎客作业。

折返站下车入住公寓时,旅客下车完毕,清点列车备品、商品数量,入柜加锁。领取乘务包后统一从规定车门下车列队,按指定路线入住公寓。次日按出乘前准备作业程序和标准接车,做到精神饱满、仪容整洁、着装统一,不与旅客抢道。

（八）退乘作业

列车终到前 30 分钟,盘点本趟餐食品,掌握商品供应情况、剩余数量。

旅客全部下车后,将备品、剩余的商品打包装箱与车站接货人员进行交接。确认商品储藏柜锁闭牢固,正确填写商品交接记录,签字确认。确认餐车电器设备全部断电,不留安全隐患。

领取乘务包后统一从规定车门下车列队,按指定路线到派班室点名。向商品库汇报当趟餐售存在问题,交回对讲机和备品柜钥匙,确保设备外部无损坏,使用状态良好,签字交接。

点名后参加退乘会,听记列车长对本趟乘务中安全、服务工作的点评。

六、餐车服务礼仪

1. 点餐前的服务准备

（1）旅客来到餐桌前,餐车的服务员要为旅客准备香巾,湿巾或餐巾纸,茶水和菜单。

（2）主动向旅客介绍餐品及价格,并未旅客倒好第一杯茶,提示旅客使用完香巾后收回。

（3）介绍完餐品后,等待旅客看菜单,当有其他旅客同时来到服务区域,应对正在服务的旅客致歉并让他先选着,及时招呼新到的旅客,并告知很快回来为他服务。

知识链接

礼貌服务小技巧

（1）若旅客不知点什么菜好,要帮助旅客选择,同时要分析旅客的心理,按照旅客居住地点和生活习惯为旅客点菜。

（2）夫妇同桌、带小孩的旅客要多征求女方和小孩子的意见。

（3）对于老年旅客，可以向他们推荐一些比较软嫩、清淡不含胆固醇，油脂较低的食品。

（4）对于急于用餐赶时间者，餐车可以向他们推荐一些制作方便、快捷，比较实在的食品。

（5）对于来自不同地方的旅客要针对不同地方口味助其点菜。

（6）正式开单点菜前，要向旅客介绍餐车的风味特点和主要花色品种，然后请旅客点菜。

（7）服务员在接受旅客点菜时，要端正的站在旅客的左边，手拿点菜记录本，并备有一支好用的笔。

（8）点菜时千万不要图省事而将点餐记录本放在餐桌上写字。

2. 写菜单的操作方法

（1）写菜单时要书写清楚，符合规定。通常根据菜单上的项目次序，分类填写，这样便于服务员按顺序上菜，也利于厨师看单准备菜肴。

（2）在菜单上应注意按照旅客的提议或需求份、量来写，若有听不清楚或不明白的菜名，不要擅作主张，应当礼貌地向旅客问清楚。

（3）旅客不能很快决定自己所要食用的菜时，餐车服务员应耐心地等待，热情地为旅客介绍、推荐特色菜及其他风味菜。

（4）服务员在记录完旅客的点菜以后，为了避免差错，应向旅客重复一遍所点的菜肴，以便得到确认，尤其是旅客在用非常规的方式点菜时，更应确认清楚。

（5）点菜完毕后，要记住收回每位旅客的菜单。

3. 介绍酒水的操作方法

（1）在旅客点好菜后要主动询问旅客用什么酒或饮料。

（2）服务员应向旅客介绍饮料或酒的品种、特点、价格，然后由旅客自选。

（3）介绍、推销酒水时，应问清旅客的需求，如瓶装、罐装或杯装。

4. 上菜的服务技能

（1）上菜的整个程序一般可分为端托、行走、上菜、摆菜、分菜、撤盘等六个程序。

（2）上菜前，要将菜盘平衡地摆到托盘上，端送到餐车。送菜时，行走要注意保持平衡，留心周围情况，以免发生意外。

（3）上菜工序和方法技巧。

①端托

基本要求：端平走稳、汤汁不洒、菜肴形状不变，清洁卫生。

动作要领：上身直、左臂自然放松。上下臂成90°，手与耳齐，闪开口部，拇指翘起，扣压碗边，右手随时准备排除前方左右所发生的障碍。

②行走

端托时的行走要根据列车运行情况，按菜品性质，采取不同步伐，做到忙而不乱。

基本要求：身体端正略向前倾，步伐轻快稳健，精神饱满，目视前方，视野开润，反应灵活，注意力集中，行动敏捷，快慢灵活，停、进自如。

端托时的行走一般使用的五种步伐：

常步——是使用平常行进的步伐，要求：步距均匀，快慢适宜。

疾步——是端火候菜，急行走法。要求：步距稍大，步伐稍快，但不能形成跑。

碎步——是端汤菜所走的步伐。特点是步距小，速度稍快，保持身体平稳，以免汤汁溢出。

垫步——是一只脚在前,一只脚在后,前脚进一步,后脚跟一步的行进步伐。此种步伐,一般是在穿行狭窄过道时使用;二是赶不上一步时使用。

图 6-30　左手边送餐

窃步——服务员端菜向前走时,对前面突然走来旅客或遇到其他障碍所用的步伐。这种步伐不固定,可根据具体情况随机应变。

③上菜(图 6-30)

a.上菜的顺序原则上是菜单上排菜和旅客的要求安排的。

b.无论是中餐还是西餐,上菜都是从客人的左边上菜,即在陪同人员或翻译之间进行,不要再主要旅客之间进行,以免影响来宾用餐或将汤汁洒在来宾身上。

④撤盘

撤盘有三个基本要求:一是要为上下一道菜准备条件;二是不能损坏餐具;三是要注意礼貌,撤盘不准拖,不要把汤汁洒在宾客身上。撤盘一般在顾客右边进行。

(4)托盘的服务技巧。

托盘根据形状来划分可分为:圆形式饮料托盘、椭圆形食托盘、用于自助餐的长方形托盘。

根据操作方式,也可以将托盘分为轻托和重托两种。

轻托——其要求是左臂的上臂和下臂变曲成 90°;上臂自然下垂,左手五指分开,指实掌心虚;所托物品较重时,也可以全掌托着盘底,保持整个托盘与平面平行;行走时要求身正,挺胸,眼睛平视,右手可放在背后;所托物品较重时可以用右手向前相扶。轻托适合于托送较轻的物品。

重托——采用此方法走来显得比较高雅。用肩托法托物时须借助于肩部的力量;左手五指自然分开,小臂与身体平行,大拇指指向左肩;重心掌握好后,用右手协助每盘托起。左肘向上弯曲、平衡。所托物品较重时,可将毛盘下压与肩相接;物品较轻时,可托于肩上方。

理盘——首先要根据所运送的物品选择大小合适的托盘,将盘底擦干净;然后用垫布或湿毛巾垫在托盘上,并用手铺平拉直,使垫布或毛巾的四边与盘底对齐。

装盘时要根据托送物品的体积、轻重、使用的先后顺序,将所要运送的物品安放于托盘上。

较重、较高的物品放在托盘的内侧,较轻、较低的物品放在外侧。

后用、后上的物品放在内侧,先用、先上的物品放在外侧。

应从总体上保持托盘内物品重量分布的平衡。

如果托盘中物品较重,不宜用臂力将托盘直接托起,而应当弯曲双膝,利用腿部直起的力量将托盘托起。

托起托盘行走时,眼睛要目视前方。身体端正,不要含胸弯腰。脚步要轻快均匀,步态稳健。所要经过的门是左开的,则应用右手托盘;反之宜用左手托盘,以方便在经过门时顺利的将门打开。但如果左手或右手力气不足时,也不必强求遵循这一规律。

行走的时候要注意控制所托物体的运动惯性,如果遇到情况需要突然停下来时,应当顺手向前略伸减速,另一只手及时伸出扶住托盘,从而使托盘及托盘中的物品均保持相对平稳。

物品取走部分后,应及时用右手对托盘位置或盘中物品进行调整,使托盘保持平衡。

(5)中餐摆台与撤台的技巧。

①台面摆设的顺序

a. 先铺平台布(台布折缝要上下直铺);

b. 摆小件餐具(先摆托碟或骨碟定位,再摆汤碗、味碟、筷子、汤匙,后摆各色酒杯);

c. 折叠、摆擦口布或餐纸;

d. 摆酒瓶、花瓶、味料壶、牙签等物。

②台布各种物件摆设位置

a. 台签、席签:摆在花瓶与小件餐具之间的位置上,并朝向宾客入门处。各宾主的席签置放在各席托盘中或托盘的前面,正面朝向座席。台签、席签要在临上菜前撤去。

b. 公筷、公勺:一桌一般酒席一般摆两副公筷、公勺,公筷、公勺要搁在托盘内,摆放花瓶和小件餐具之间、靠近主人与副主人席位的地方。

花瓶摆在席桌正中,花瓶四周要对称摆一副味料瓶,两只烟灰缸、两只牙签筒,烟灰缸和牙签筒一般要靠近主宾和主宾的席位,以示对宾客的尊敬。酒瓶要摆在靠近副主人席位的地方,以便副主人敬酒。如没副主人则要摆在靠近主人席位的地方。

c. 各小件餐具摆式位置。

三件头餐具的摆法(吃碟、汤匙、筷子):吃碟摆在桌边对正客位。碟边距桌边5厘米,筷子摆在吃碟右边,筷子大头距桌边2厘米。汤匙把朝右横摆在吃碟上。

四件头餐具的摆法:除用以上三个小件外,另加酒杯一只,摆在吃碟右上方。

五件头餐具的摆法:小件餐具除上述四种外,另加啤酒杯或白酒杯一只,两只酒杯并摆在吃碟的右上方。

六件头餐具的摆法:小件餐具除用以上五件外,另加汤碗一只,摆放位置是:吃碟在右,上汤碗在左,并排摆在客席位桌边的中间,盘距桌边约5厘米,汤匙把朝右横摆在上汤碗中,筷子直摆在吃碟右边,筷子大头距桌边2厘米、两只酒杯并摆在吃碟前方,小酒杯在右,大酒杯在左。

七件头餐具的摆法:小件餐具除以上六种外,加卫生盘一只。摆法是:吃碟在右,卫生盘在左,并排摆在客席正位中,盘碟边距桌边5厘米。上汤碗摆在吃碟和卫生盘之间的上方,与卫生盘、吃碟呈三角形。汤匙和筷子的摆放位置同六件头的摆法。酒杯可直摆在上汤碗的右上方,小酒杯在下,大酒杯在上。也可横摆在上汤碗的右上方,小杯在右,大杯在左。

(6)撤换餐具技巧。

撤换餐碟时,服务员应左手托托盘,将干净的餐碟整齐地叠放在一起,从旅客右侧撤下脏碟,换上干净餐碟。

注意:应右撤右上,并注意脏碟中的骨刺残渣不要掉在地上或污染托盘中的干净餐碟;撤换餐碟前应征询旅客意见:"对不起,请问可以换碟吗?"待旅客许可后再撤换。

(7)斟酒的基本方法。

服务员站在旅客的右边,侧身用右手握酒瓶向杯中倾倒酒水。瓶口与杯沿需保持一定的距离,一般以1厘米为宜。切忌将瓶口搁在杯沿上或采取高溅注酒的错误方法。

手握酒瓶的姿势。首先要求手握酒瓶中部,商标朝向旅客,便于旅客看到酒水商标;同时向旅客说明酒水特点。

注意：斟酒时要动作细腻，优雅大方，同时要注意服务卫生，不可出现酒水飞溅的情况。

（8）餐车座席安排。

由于餐车两头均有出口处，以中间餐桌为首席桌，每桌的席位以列车运行方向规定，面对前进方向靠窗户里座为第一号席，主宾座。对面为第二号席，主人座。第一座席并排为第三号座席，第二号座席并排为第四号座席。

例如：三名外宾、团长及夫人，带一名翻译。座席安排是：一号席安排夫人，夫人对面二号席安排团长，团长并排四号席安排翻译。也有团长夫人与团长并排就坐的。

思考：一名国内首长携同夫人，带一名秘书，一名警卫，在一桌就餐。应该如何安排坐席呢？

第五节　细微服务

【案例 6-5】

某次列车的包厢软卧里，来了几位很严厉的客人，也是个服务礼仪专家，他刚一上车就给列车长提出十几条意见、建议和要求，根据旅客的习惯和要求，列车长特别叮嘱当班乘务员小 W，特别关照好这几位特殊旅客，小 W 不负众望，像对待亲人一样对待这些旅客，一次，小 W 在清理包厢的时候发现旅客常用的手帕脏了放在洗手间没洗，便自然地给洗好晾干，并叠好交给旅客，旅客非常高兴，掏出 20 元表示谢意，小 W 婉拒后退出包厢，旅客再次被感动，专门写了封感谢信表扬小 W 的服务细致、周到，充分展示了铁路旅客服务工作的文化风采。

【知识目标】

1. 了解铁路旅客运输服务细节工作内容；
2. 掌握礼仪与服务结合的方法与技巧。

【能力目标】

能够正确处理服务礼仪相关细节问题。

【学习要求】

1. 通过情境模拟，提升应用服务礼仪技巧解决问题能力；
2. 乘务服务中的细节问题。

一、日常乘务工作礼仪

乘务员在站台验票时，如遇其他乘客询问其所持车票车厢位置，而此时上车旅客较多，应用手势示意该乘客方向。

乘务员及列车长不得以任何理由在站台上奔跑，遇有紧急情况应加快脚步，快走前行。

乘务员途中在硬座车厢打扫地面卫生收取垃圾时，不要把垃圾沿着地毯扫拖地面过长（不超过 2 米），要做到随脏随扫，随扫随收。

乘务员在把收取的垃圾倒入垃圾车（箱）时，应尽量避免撮子与垃圾车发生磕碰。严禁拿撮子以磕碰地方式倒垃圾入车。

乘务员在车厢内遇到领导时要问:您好! 不要直接称呼人名,不要跟随领导;正常作业;当有领导离开车厢时,目送领导。当领导询问时,要放下手中工具,热情回答。

列车晚点要及时通告,超过 30 分钟时,列车长要代表铁路通过广播向旅客道歉,并积极做好服务工作。

餐车供餐时,列车工作人员不得在餐车逗留、闲谈、占用坐席,不得陪客人用餐。

需要汇报工作或提供饮食服务,应先敲门。在包房门外时,列车长左手持汇报材料(服务员左手托盘)在敲门时,用食指要一点二轻三中,征得对方同意后,打开房间门。如汇报工作,列车长立于门边向领导阐述汇报词,递交乘务报告或其他资料时,双手拿资料下部 7 厘米左右,服务员左手托托盘,右手把茶杯或食品摆放到茶桌上(茶杯把要朝向领导或旅客一方)。摆好后,双手下垂拿托盘离开房间。离开房间时,应面朝领导或旅客退身而出,在外面慢慢拉上房门。

列车在夜间运行旅客休息时(22:00~05:00),乘务人员应尽量避免在车厢相互对话,因工作需要两个车厢需要传递信息时,可用手势表达:如传列车长,单手手指呈 V 字形手势;传检车人员,单手五指张开呈掌状;传乘警,单手攥拳呈拳头状,当遇到复杂信息时,乘务员需要用手势召唤对方到车厢连接处低语。严禁声音过大干扰旅客休息。

列车广播与列车温度、供水等是同等重要的,广播内容应以中学生能听懂的文章导航,其内容应让旅客容易理解或旅客真正需要。

乘务员以旅客为中心,旅客动,我勤动;旅客静,我少动;旅客睡,我轻动。

二、特殊旅客的服务

特殊旅客分为重要旅客、无成人陪伴儿童、老年旅客、孕妇、婴儿、盲人旅客、聋哑旅客、酒醉旅客、病残旅客等。这些旅客,需要我们作为重点,用心、细心、爱心来服务。

1. 对残疾旅客的服务

上车主动搀扶,为旅客提拿行李,安置旅客携带品,引导入座休息。询问需要,登记重点旅客服务卡,按旅客要求制订服务计划,及时提供服务。乘务员无力解决的问题,应立即向列车长汇报,给旅客满意的答复。为旅客订餐送餐,打洗脸洗脚水,帮助旅客取送物品,搀扶旅客上厕所,提供一次性便盆等。下车前,主动征求意见,拿出重点旅客服务卡,让旅客做满意度评价。

2. 对重病和担架旅客的服务

对重病或担架送上车的旅客,要给予特殊的关怀和照顾。应与陪护人员主动取得联系,了解病症、有哪些特殊服务需求,做好重点旅客登记。妥善安置轮椅或担架,不影响其他旅客。药品需要特殊保管时,引领陪护人员,做好登记,设定温度,存放在列车配备的"药品保温箱"中。注意照顾病人,常观察、长询问,根据情况妥善处理。

3. 对儿童旅客的服务

儿童性格活泼、天真幼稚,好奇心强,善于模仿,判断能力较差,做事不计后果,对儿童旅客应特别注意,经常提示家长,加强安全事项宣传。

4. 对醉酒旅客的服务

醉酒的旅客,往往处于兴奋状态,做事不够理智容易过激。对这类旅客服务,要细心关照,对话讲方法,不能当面斥责或直接打扰,引起旅客不满;也不能视而不见,任其影响其他旅客。应从关心角度,侧面提示,暗示引导;静悄悄服务,让他们该受到乘务人员工作的友善。

5. 对单独出行老人或小孩的服务

这类情况多是家人没有时间无法陪伴同行,旅客和家人的共同心理是担心旅途安全,这时候乘务员应该给委托人"吃定心丸":"请不必担心,我们可以接受委托,全程为他们服务"。

服务中,要比对其他重点旅客还要用心,经常活动在他们周围,消除他们的孤独和恐惧感,要多交流,建立信任感,同时要留心旅客个一举一动,第一时间为他们提供帮助。

下车时,主动帮旅客那好携带品。有接站人员要当面交接;没有接站,帮助送出站,必要时,经列车长同意,可以送到家。

三、乘务礼仪细节中的技巧

同样的服务环境,同样的服务项目,让不同的乘务员去服务,其结果往往大不相同,而造成这种差异的主要原因就是技巧不足造成的。在乘务过程中,乘务员必须通过"看、听、笑、说、问"这五个举动了解旅客的需求,它不仅是满足客需的重要环节,同时也是乘务员必须修炼的重要课题。

(一)"看"的技巧

在我国,自古就有"察言观色"之说。在与旅客的交往过程中,乘务员要通过旅客的表情、眼神、语言和动作等细节的观察来判断旅客的心意。掌握"看"的技巧,就可以对旅客的需求做出一个基本的判断,从而更好地服务旅客。

1. 看什么

观察旅客,是为了要了解旅客的性格和不同需求,一般来说要通过以下角度对旅客进行初步的观察与分析。

看性别。俗话说男女有别,这种性别上的差异表现在性格等各个方面。在乘务中,女性旅客注重的是每个细小的环节,尤其对车厢环境、餐饮价格等方面比较注重;而男性旅客往往没有更多苛刻的"挑剔"。

看年龄。旅客年龄的不同,服务需求也就不同。年龄大的旅客,在旅途中需要我们给予特殊的照顾,年龄小的儿童旅客爱动,喜欢新奇,乘务员就需要随时提醒家长看护好,以防发生意外或者引起其他旅客的不满。

看服饰。"人不可貌相"这句话是说我们不可光凭外表来判断一个人,也就是常说的不能以貌取人、服务分等。但服饰往往也能判断出一个人的社会层次。西装革履,随身带着精致公文包,这样旅客大多见多识广,因此,对服务的要求会比较挑剔,农民装束的旅客,往往是谨小慎微,不到万不得已的时候,绝不会向乘务员提出要求,对服务质量的要求标准也很低。因此,对这样的旅客更是要通过观察,来主动满足他们的需求。比如这两种类型的旅客同时到开水间泡面,当面对水还没有开的时候,前者就会向乘务员提出质疑或是抱怨,而农民旅客则会回到座位上等候或者到别的车厢去看看。当乘务员送开水的时候,一定不要忘了还有一名农民旅客在等着开水。

看语言。语言最能表现出一个人的性格。说话快而且声音大的旅客往往是性格外向,快人快语。对旅途中的某些不如意,会毫无顾忌地直接反映出来;说话速度慢而且细言细语的旅客,往往更注重服务细微环节,即使是提意见也是选择场合或者其他环境,绝不会让你难堪。

看身体语言。身体语言是有声语言的延伸,甚至更多的时候,身体语言比有声语言更能表现一个人的内心思想和潜在意识。

《儒林外史》中的吝啬鬼严贡生临死前,看到油灯点着两根灯芯怕费油,伸出两个指头不肯断气,后来他老婆懂了他手势的意思,掐掉了一个灯芯后他才断气。一个人说假话很容易,但是做一些虚假的身体语言是很难的。所说的"皮笑肉不笑"就是通过身体语言传递了语言背后更为真实的内容。身体语言十分丰富,乘务员要判断旅客的身体语言的含义,一定要结合整体行为模式进行分析,而不能单凭旅客一个动作或者一个表情而直接给予结论。通常旅客常见的身体语言包含以下简单的含义:

(1)头部动作

身体挺直,头部端正:自信、严肃、有精神风度;

头部向上:希望或者沉思;

头部向前:倾听、期望、同情或者关心;

头部向后:惊奇、恐惧、退让或者迟疑。

(2)面部表情

面泛红晕:羞涩、激动;

面色发青、发白:生气、愤怒、受到惊吓或者身体不适;

皱眉:烦恼、焦虑。

(3)眼神

正视:认真、庄重;

斜视:轻蔑、看不起;

俯视:羞涩、胆怯;

仰视:思索。

(4)手势

手心向下:否定、贬低、反对、轻视;

手心向上:坦诚、善意、积极;

竖拇指:称赞、夸耀;

伸小拇指:轻视、瞧不起;

双手舞动:呼吁、感情激昂。

(5)看态度

旅客对列车服务的满意程度,都会通过表情和态度反映出来,乘务员在和旅客沟通时一定要注意旅客对你的态度,时时检查自己是否有令旅客不满意的行为。

2. 如何看

"看"旅客一定要面带微笑,要正面对旅客而不要斜视旅客。另外,面对熟悉程度不同的旅客,要掌握好看的"位置"。通常,对于经常乘车,比较熟悉的旅客要看"倒三角"位置,即两眼与鼻尖之间,这样对方会觉得更加亲切;对陌生旅客要看"大三角",即两肩与额头之间,这样才不会给旅客压力。

(二)"听"的技巧

一名顾客去买车,车行经理向他推荐了最好的车型,顾客很满意,并准备交定金。可是这名顾客突然掉头离去。明明这名顾客很满意这辆车,为什么会改变主意呢?经理百思不得其解,于是按照顾客登记的电话,联系了这名顾客。对方告诉他改变的原因是因为"你根本没有用心地听我说话,就在我要交定金的时候,我说起了我儿子的学习成绩,他将来的远大抱负,我以他为荣,但你却毫无反应……"

一个旅客来到列车办公处。旅客说:"小姐,你算错了50元。"列车值班员满脸不高兴:"你刚才为什么不点清楚,过后概不负责。"旅客说:"那就谢谢你多给的50元了"。这个事例中列车值班员有一种典型的心态——她在不知道发生什么事情的时候,本能的推诿责任。

由此可见,"听"是多么的重要。"听"是了解旅客需求的重要手段,也是尊重旅客的重要表现。一个不会"听"的乘务员,不可能成为优秀的乘务员。无论是服务也好还是接待旅客投诉也好,"听"是为旅客提供优质服务的首要前提。

倾听,不仅是对旅客的尊重,同时也是缓解双方冲突引发投诉的润滑剂。

1. 听的原则

耐心。任何人都不喜欢别人打断自己的谈话,他们在发表自己观点的时候,希望别人能够认真地听,这是被尊重的表现。我们经常听到有人生气的说:"你在听我讲话吗?""我在讲的时候,你最好注意听!"尤其是在旅客不满意的时候,一定要让旅客把话讲完。

回应。光"听"还不行,乘务员要在听的过程中有所反映,例如点头,不时地回应"是的""哦""您说得很对"等,这样旅客才能知道你在认真地听他说话。如果旅客在很认真地反映问题,你一点反应没有,尽管你一直保持微笑,但旅客很难了解你到底在笑什么,他希望直接得到你的回应或者解决方案。

注视。旅客说话时,乘务员要始终保持与旅客目光接触,这是证明你在听对方说话时候的重要方式。如果旅客正在询问你某个问题,而你却又忙着招呼别的旅客,或者东张西望、心不在焉,试想旅客会有一种什么感受?用眼睛看着对方说话,还有一个好处就是能通过对方的眼神、动作、表情等身体语言,判断出旅客的真实含义,借此去分析他说出来的需求和没有说出来的需求。

揣摩。并不是每名旅客的话都那么直接和容易理解,所谓"话中有话"、"弦外之音",就是我们听到的话与旅客要表达的真实意思之间拐了一个弯。一名农民旅客在列车办公处补票,列车值班员告诉了他所到车站的价格。这名旅客又问:"提前一站下车要多少钱?"其实,这名旅客并不是真的要提前一站下车,或许因为钱不足的缘故。因此,要锻炼从旅客的"话"中揣摩出语言背后的真实意思。

2. 听的五个层次

听而不闻→假听→选择性地听→专注地聆听→设身处地的聆听。

(1)听而不闻

听而不闻的表现是不做任何努力,你可以从一个人的肢体语言中看出,他的眼神和你没有交流,可能左顾右盼,身体频繁移动,精神涣散。这样的人往往心不在焉,只沉迷在自己的世界,对方的话如同耳边风,完全没听进去。

原因分析:导致沟通对象听而不闻,可能是因为:

①对方对沟通的重要性,目的等没有形成足够的认识;

②对方对你的谈话内容不感兴趣,对你的谈话方式有意见所导致;

③或者对方此刻心中或脑子里正在被其他一件及其重要的事情所占据,而是他没有办法将思维从中抽离。

解决方案:

①如果是对方没有引起足够的重视,那我们就应该着重阐明为什么要讲这些内容、目的、意义和重要性,引起对方的关注。其实,很多时候并不是对方愿意充耳不闻,而是讲的人没有让他人明白为什么他们应该听。

②如果是我们讲的与对方想听的不一致,可以征求对方意见,是否当场可以调整内容和方式;如果对方不愿意当场给反馈,最好就此打住这一话题,重新选择对方愿意倾听的话题或结束本次沟通。

③如果是因为对方的注意力在他处,则立即指出对方的心不在焉已经被观察到,询问原因,帮助他分析事情的优先次序,如果我们此刻所讲的内容是对方必须关注的,比他脑子里的那件事情重要,则在与对方达成共识后继续讲下去;如果不是,则应允许对方先去办他认为重要的事情在继续双方的沟通。

(2)假听

假听就是要做出聆听的样子让对方看到,但是根本没有用心在听。多是出于礼貌,或迫于双方的身份、地位而"委曲求全"的一种行为。

辨别假听:对方可能在不断地点头,在不停地认同你的话,但基本上是敷衍式的,总是希望用最短的语言尽快结束这一话题。从不轻易就你所说的话进行延展性的评论,也不愿与你进行眼神的交流。

原因分析:可从对方的身份入手。

你的内外部客户:多是礼貌使他不好打断,反驳你的讲话。而有些人为了迎合,逢迎讲话者,也会选择假听。

你的下级:对你说的话有不同意见但是认为多说无益,不愿告诉你他们的真实想法。

你的上级:对于谈话内容他可能已经胸有成竹,虽然你说的话和他的想法不一致,但他希望表现出给了你表达的机会(民主)的姿态后再说他的看法,也可能是他也不方便告诉你他的真实想法;或者此刻他的脑子里也被一件其他事情占据。

解决方案:

①如果对方是你的客户,结束与他的沟通是最明智的选择。

②如果对方是你的下属,可以通过不断鼓励他发表个人意见,看法或者提问的方式将其引导沟通中来。

③如果是你的上级,如果发现他在假听,最好立即停止占用他更多的恶时间;可以询问他是不是有什么好的建议给自己;或者补充说明自己的想法可能还不太成熟,现在只是简单的初步交流,希望他可以再给你些时间,另找个合适的机会好好沟通;也可以征求他的意见,将本次的口头沟通内容整理成文字的,稍后报给他,等他认真思考后双方再找机会沟通。

(3)选择性地听

就是只听内容的一部分,倾向于听期望听到的内容,与自己意思相左的一概过滤掉。对感兴趣的部分,是专注的聆听,不敢兴趣的部分,可能在充耳不闻或者假听。

(4)专注的倾听

在认真地听讲话的内容,会愿意与你有眼神交流,有点头,身体前倾,侧头竖耳朵等肢体语言。但可惜始终从自己的角度出发,即使每句话或许都进入大脑,但是否都能听出说者的本意、真意,仍是值得怀疑。一般人聆听的目的是为了做出最贴切的反应,根本不是想了解对方。

(5)运用同理心的聆听

不仅是听,而是努力在理解讲话者所说的内容,站在对方的角度去理解他,对对方讲的话感同身受。

这种听,多是为了理解对方,他为什么要这么说,这么说是为了表达什么信息,思想和情感？能够设身处地倾听,撇下自己的观点,进入他人的角度和心灵。

同理心的倾听的出发点是为了"了解"而非为了"反应",也就是透过交流去了解别人的观念、感受。

(三)"笑"的技巧

微笑是一种最轻松美丽的语言。每年的 5 月 8 日,是世界微笑日。这个日子是在 1948 年确定的。有一首歌也是这样唱的:"你的笑对我一生很重要!"

当你去购物的时候,服务员板着脸,眉头紧锁,你的心情会发生怎样的改变？而当服务员面带微笑时,你的心情又会如何？在任何时候,任何场合,任何环境,微笑都不会被拒绝,微笑会成为一种动力,拉近人与人之间的距离。

当你跌倒时,有人面带微笑伸出手,很有可能会因此改变你对人生的态度。当与朋友发生矛盾时,对方一个真诚的微笑,会使误解消失而使友谊更加牢固。生活中的不如意数不胜数,也正因如此,人与人之间才有了差别。

林肯的一位朋友曾向他推荐某个人为内阁成员,林肯却没有用他。他的朋友很不理解:那个人的资历、经验、水平都很胜任。于是去问林肯为什么。林肯说:"我不喜欢他那副长相"。"可是,这不是太苛刻了吗？他不能为自己天生的面孔负责呀!"林肯说:"不,一个人过了 40 岁就该对自己的脸孔负责。"

林肯的话说明了一个真理:人的面部表情同其他体态语言一样,是可以熏陶和改变的,是由人的内在变化、文化修养、气质特征所决定的。

1. 为什么要微笑

在经济短缺的年代,商品严重不足,那时候的服务员没有服务意识,更没有微笑意识。消费者长途旅行,还是以火车为主,如果某人与铁路有联系,能买到车票,身份和地位就会大增。就连新闻媒体当时也对铁路另眼相看,服务质量再不好也很少有批评报道,即使收到旅客投诉信,也赶紧给车站的领导打电话报功,其实质还是为了车票。

但随着商品经济的日益繁荣,交通行业的不断发展,旅客已经由被动地位转换到了主动地位。"旅客是上帝""旅客至上"等服务理念的推行,铁路也开始重视微笑服务,并逐渐成为衡量职工的基本素质要求之一。

微笑不仅可以缩短与旅客的心理距离,缓解紧张及不和谐的气氛,同时,当乘务员处于微笑状态时,会有一种轻松而愉快的心态,这种心态可以激发工作热情。乘务员的微笑,向旅客传递的信息是"见到您很高兴,我很愿意为您服务"。这样的信息和热情同时也会感染旅客,让旅客也高兴起来。相反,如果乘务员紧锁眉头,愁眉苦脸,这样会让旅客感到一种精神上的压抑。当旅客对服务不满时,乘务员这样的表情只能是火上浇油。

2. 什么是职业微笑

当你去银行存款,看到工作人员娴熟的动作,可就是少了对"上帝"的微笑,你心里一定不会很舒服。

顾客永远是上帝。"上帝"是用脚说话的,服务不好,他就选择别家,"上帝"不会对一个连微笑都不会的员工,抱以改正错误的希望。如果她只会对领导微笑,那她就会失去"上帝"。

"职业微笑"是服务行为最常经历和消费者体会最深的印象,机械性的"职业微笑",往往被人认为是习以为常和麻木的,让人看了很不舒服。微笑应该是发自内心的,只有发自内心的微笑,才能在感情交流的瞬间,使对方感受到无微不至的关怀和善解人意的体贴。微笑不是僵硬地挂在嘴角上,它的灵魂是眼睛,眼睛的笑才是最动人的,而眼睛是心灵的窗户!

微笑是一种感情的自然流露,但作为一名乘务员,仅仅保持这种自然流露是远远不够的。真正的"职业微笑"的含义就是不管你是否开心,是否高兴,无论你是否喜欢眼前的旅客,你都需要一直保持这种职业化的微笑,而这种微笑并不是装出来的,应该是发自内心的。

3. 怎样练习微笑

在笑容中,微笑是最自然大方,最真诚友善的。面露平和欢愉的微笑,说明心情愉快,充实满足,乐观向上,善待人生,这样的人才会产生吸引别人的魅力。

面带微笑,表明对自己的能力有充分的信心,以不卑不亢的态度与人交往,使人产生信任感,容易被别人真正地接受。微笑反映自己心底坦荡,善良友好,待人真心实意,而非虚情假意,使人在与其交往中自然放松,不知不觉地缩短了心理距离。

乘务员在工作岗位上保持微笑,说明热爱本职工作,乐于恪尽职守,并能创造一种和谐融洽的气氛,让旅客倍感愉快和温暖。

那么,怎么练习微笑呢?

看着镜子发音"E ——",嘴角向后拉。

慢慢减弱"E ——"的程度,直到感觉自然为止。

反复做相同的动作,直到保持这种表情的自然而不需要再刻意发音。

微笑要与眼神相结合,眼神不笑很容易变成让人讨厌的"皮笑肉不笑"。

微笑要与语言相结合,如结合"您好""欢迎光临""有什么需要我帮助的?"等礼貌用语,不能光说不笑过于严肃;如果光笑不说就有点像傻笑。

4. "说"的技巧

"着急的事,慢慢地说;大事要事,想清楚说;小事琐事,幽默地说;做不到的事,不随便说;伤人的事,坚决不说;没有的事,不要胡说;别人的事,谨慎地说;自己的事,坦诚地说;该做的事,做好再说;将来的事,到时再说"。这是美国国务卿鲍威尔《谈说话技巧》中的 10 项法则。

"说"是乘务技巧中最为重要的一项技巧。乘务员如果"说"得恰当,不仅可以营造一种融洽的沟通气氛,同时也为旅客友好地接受自己的服务奠定良好的基础。说话有说话的技巧,假如出口不够谨慎,没有考虑到旅客的立场,就很容易在无意间伤害旅客,而产生不必要的误解。"说者无心,听者有意"就是这个道理。

有个关于"说"的笑话就很好地说明了这个道理。某人请客,邀请了张三、李四、王五和赵六。时间到了,可只有赵六还没有来,这人就说:"该来的不来"。张三听了,心想,我可能是不该来的,于是就走了。这人一看张三走了,着急地说:"不该走的怎么走了"。李四听了,心想,看来我是该走的。于是,他也走了。见李四走了,他又对王五说:"我又不是说他"。王五心想,不是说他,那一定是说我啊!于是转身也走了。这人望着一桌的酒菜,自言自语地说:"我没说什么啊,怎么都走了?"

服务中"说"的基本要求是"待客三声,四个不讲"。待客三声:来有迎声(您好,欢迎光临)。"不找上门不理你,找上门爱理不理"不行。问有答声:要有问必答,不厌其烦;一问三不知,不愿意回答,答非所问都是不应该的。去有送声:再见,欢迎再次乘坐我们的列车。

四个不讲,即不尊重对方的语言不讲,不友好的语言不讲,不客气的语言不讲,不耐烦的语言不讲。

(1)说的原则

俗话说:"说出的话,泼出去的水"。这句话形象地说明了语言对人所产生的重要影响。在与旅客沟通过程中,一句话就有可能引起旅客的不满,即使用任何方式道歉都无法补救。

在与旅客沟通过程中,要让旅客始终感到。心情愉快,保持有效的沟通,需要乘务员把握以下几个原则:

①有礼有节

无论什么样的车厢场合,旅客都会喜欢和彬彬有礼的乘务员交谈,并希望受到尊重和重视。喜欢乘务员称其为"您"而不是"你"。事实上语言的"有礼"最主要的表现就要于敬语的使用是否恰当。"有节"就是要有节制,要注意旅客的反应,旅客不愿意听的不说,乘务员不该问的不问。

②悦耳动听

有人说话悦耳动听,有人说话含糊不清,每名旅客都希望乘务员声音甜美。但声音与音质是天生的,不可强求。优秀的乘务员恰如其分地掌握语速、音量和态度也能达到事半功倍的效果。

语速:在与旅客沟通的过程中,乘务员要注意语速不要过快。说话的速度过快,旅客会认为你是着急把他打发走,或者是不耐烦,再者,旅客可能听不清楚你在说什么。

语音:说话的声音同样要有所控制,不能过高或者过低。乘务员大声说话,旅客会误解为你素养不高,或者是在发泄不满情绪。

音调:乘务员在与旅客沟通时不能只是一个音调,否则给旅客的感觉是冷漠、没有诚意。音调的高低变化不仅能够传达给旅客"我很愿意为您服务"的信息,而且在交流过程中音调的运用不同,会让旅客产生完全不同的理解和感受。

将重音放在划线的位置,就能看出表达的意思不同:

我没有说过是您踩脏了这个卧铺单。(是别人说的)

我没有说过是您踩脏了这个卧铺单。(强调否定)

我没有说过是您踩脏了这个卧铺单。(还是你踩的,只是我没有说)

我没有说过是您踩脏了这个卧铺单。(是别人踩的)

我没有说过是您踩脏了这个卧铺单。(别人说是你踩的)

我没有说过是您踩脏了这个卧铺单。(是踩脏了别的卧铺单)

我没有说过是您踩脏了这个卧铺单。(是踩脏了别的东西)

配合身体语言:有研究表明,人们获得的信息55%来自表达者的身体语言,38%来自对方说话的语气和语调,而只有7%的信息来自对方的口头语言。因此,乘务员在与旅客沟通时,要调整和正确运用自己的身体语言,要给旅客一种热情、大方、可信的印象。

③要注意

说话时要用眼睛看着对方,不要漫不经心。

要保持正确而规范的交谈姿势。

要面对旅客,不要站在旅客的后面说话。

说话时身体要稍前倾,表示出对旅客的话题感兴趣。

对旅客的回应和表达要不时的点头,表示赞同或者理解、同情。

谈话时要面带微笑,表情丰富而不能僵硬。

(2)说的技巧

①要说的肯定

在服务中,乘务员说话要表现出自信,并且多用肯定的语气不要模棱两可,似是而非。当旅客听到乘务员说"我尽可能"就会想到"不能","我争取吧"就想到"没有结果"。实际上旅客希望听到的是"我会"、"我一定会"、"我竭尽全力帮您解决"等肯定的语气。比较一下下面的语言：

模糊的语言:我尽快帮您办理卧铺。(尽快是什么时间?)

肯定的语言:下一站停车时,您的卧铺就会解决。(准确的时间一定要周密的计划)

模糊的语言:我争取帮您解决这个问题。(可能争取不到)

肯定的语言:我会尽力帮您解决这个问题。(可能做不到,但我会尽力去做)

模糊的语言:我等一下就来。(等一下是多久?)

肯定的语言:请您等我五分钟,我就来帮您。(干净利落)

②要说出感情

语言可以反映出一个人的感情。在与旅客沟通过程中,乘务员要尽量表现出热情和关心对方的情感。这种情感的流露不仅是表情和身体,同时更和我们说话的方式紧密相联。在与旅客沟通时,一定要注意关注感情而不是关注事件。

比如,甲乙两名乘务员对话,甲对乙说:"这个月客流不好,完成车补收入有一定的难度,车补奖励可能要会少一些。"乙回答说:"还差多少?"这种回答就是对事件的关注,也没有表露任何感情。但如果换一种方式回答:"还是加把劲吧,孩子都大了,花钱的地方多着呢!"相信这样的回答会让甲的感觉完全不同,这就是关注感情的结果。

再比如,甲对乙说:"我看中了一套房子,决定把它买下来。"乙回答说:"在什么位置?"这也是对事件的关注。如果换成"那恭喜你了,什么时候到你的新房子去参观啊!"这就是对感情的关注,所以,从某种意义来说,怎么说比说什么更重要。

③要说出赞美

赞美是人类最美的语言,因为赞美是尊重对方、重视对方的最好表现,可以拉近彼此之间的距离。但是,赞美也是有方法的,如果太过于牵强或者表达得不好,就会让对方感到是在奉承,让对方生疑甚至反感。

赞美的关键是要找到赞美点,赞美对方可以赞美他(她)的仪表或者服饰,实在找不到赞美的地方,就赞美他(她)的气质、修养等等。比如,我们在乘务中希望家长照顾好孩子,如果直接说:"请照顾好您的孩子。"家长肯定会不高兴或者不配合。如果改成说:"您的孩子真是活泼可爱,看他上下铺的麻利劲,就是一个健康顽皮的孩子,这样的孩子都有出息。但是,经常有旅客拿着装满开水的方便面,千万要小心别烫着孩子。"这样赞美式的劝告其效果会截然不同。

赞美必须真诚,发自内心,不能虚情假意;要有具体内容,不能抽象笼统;要实事求是,不能言过其实。

④说的禁语

在与旅客交谈的过程中,要避免使用一些令旅客感到你不能为他提供服务、不愿意为他服务、不能解决他的问题或者让旅客感到不愉快的语言,也可以说是一些服务禁语。

乘务中的一些服务禁语大体有:"不""我不能""不知道""这事我解决不了""规章就是这样规定的""这事不归我管""这事我作不了主,一会车长来了你和他说吧""不清楚""没看见我正忙着吗"等。

5. "问"的技巧

向旅客发问是与旅客沟通的重要内容,通过询问可以增加与旅客交流的机会,更可以真实地了解旅客的需需求如何向旅客提问,是一个技巧性的问题。

（1）问的要简单

事实上，旅客不太习惯别人向自己发问，因此，乘务员向旅客发问时，除了注意讲气之外还要避免过于复杂或者专业性较强，例如，一名旅客对列车上的影像系统感兴趣，如果问旅客："这样高级的列车，第一次见吧？"这样的提问，旅客会认为你在小视他，不知道该如何回答，给旅客造成了自卑感。我们可以这样的问："现在的列车装备更先进了，您一定乘坐过很多这样的高等级列车吧！"这样的问题，旅客回答起来就会感到轻松，无论旅客回答是与否，乘务员都可以与旅客进一步地沟通。

向旅客发问还要有明确的目的性，比如乘务员见旅客正在看时刻表，就应该主动地问："您下车后是不是还需要转乘其他的列车，我可以向您介绍适合您的车次和时间"。

（2）不要连续发问

向旅客提问的目的是要旅客说话，从旅客的语言中了解旅客的需求。但是必须注意的一点是语速不能过快，更不能连续向旅客发问。这样会给旅客一种被人质问的感觉，引起旅客的不悦。

（3）不该问的不问

向旅客提问不要涉及个人的隐私，通常说要做到七不问，即不问年龄、不问婚姻、不问收入、不问住址、不问经历、不问信仰、不问身体状况。

（4）用开放式的问题，征求旅客意见

在征求旅客意见，了解旅客需求时，要学会多用开放式的问题，让旅客发挥，让旅客说出真实的想法。比如：您认为我们列车的环境怎么样？您认为我们餐车供应的菜肴还需要从哪些方面改进？等，开放式的问题可以进一步了解旅客的真实想法，对旅客好的建议，要给与赞扬和肯定。

审问式的交谈就是封闭式的交谈，没有人喜欢这种交谈方式，"有什么意见可以向我说"，"列车晚点，您有什么着急的事情"等都是审问式的交谈方式，这种方式给旅客一种被压迫的感觉。

建立对话式的氛围，乘务员一定要有耐心，通过开放式的交谈，让旅客多说一些，自己多听一些。并在此基础上，不断有意识地向自己的方向进行引导，最终达到满足旅客需求或者得到旅客谅解的目的。

本章小结

本章主要围绕铁路旅客运输服务的重要环节——列车服务展开陈述，分别就列车乘务礼仪、车容整备礼仪、餐车服务礼仪等过程，结合各岗位作业标准说明各项服务技能及礼仪规范。对于规章规范没有面面俱到的摘抄，关键在于引导读者借鉴规章践行礼仪行为，提升以"礼"服人，以"礼"做事，以"礼"处世的能力。

通过本章学习，不仅可以使初学者掌握各岗位服务质量规范，还可以通过模拟训练提高业务素质，礼仪修养，增进与他人的沟通能力，为营造和谐生活、工作环境，培养社交、创业信心打下基础。

复习思考题

1. 乘务礼仪中不同种类的站姿、行姿、坐姿、蹲姿以及鞠躬礼分别适合哪些场合？请例举并说明这种环境、场合中为何不适合其他礼仪姿态？

2. 结合《铁路旅客运输服务质量规范》整理，总结动车组乘务作业、空调车乘务作业以及非空调车乘务作业标准有何异同？针对这些不同，从服务质量和服务礼仪角度分析，并说明理由。

3. 整理车容在出库前、始发站、旅途中、终到后各项作业的区别是什么？从角度礼仪说明各项作业不同的理由。

4.随着列车旅行速度提高,对列车服务礼仪的要求与标准也越来越高,试从餐车点餐服务、动车组送餐服务以及当前高铁电话订餐服务等服务方式说明列车服务礼仪的发展方向。

5."细节决定成败",试陈述几种你所观察到的可以改进列车服务礼仪问题。

实践项目训练

一、实训目的

1.通过实训更好的掌握本章的理论知识。
2.提高运用相关知识解决实际问题的能力。
3.提运用列车服务礼仪处理实际问题的能力。
4.提升践行服务礼仪标准,培养礼仪行为习惯,提升个人形象气质。
5.通过实际演练加深对规章的理解,加强对服务技巧的运用,加快礼仪素养的养成。

二、知识要点

1.乘务礼仪关于仪容、姿态、语言、礼貌等相关规范。
2.列车乘务作业相关作业标准。
3.车容整备基本规范及作业流程。
4.餐车服务作业流程及礼仪规范。

三、课时

4 课时

四、实训考核办法

根据实训要求,采取学生和师生共同评分的办法,根据每次实训的成绩积分,得出最后成绩。该分数主要在综合实训结束时体现,记入最后学期考核中。

1.实训考核共分为三部分综合评价:

(1)态度(20%):参与的积极性、主动性等。

(2)知识的掌握(30%):对各项规范、标准的认知、理解以及执行效果。

(3)知识的迁移(50%):灵活运用相关理论解决实际问题的能力。

2.列车礼仪考核评分表见表6-6。

列车礼仪考核评分表   表6-6

(自、互)评

内　容	规章运用效果	基本乘务礼仪				情境角色流程设计	情境角色问题处理	细节处理	总分
		仪容	姿态	语言	礼貌				
考核标准	20	5	5	5	5	20	20	20	
态度(20%)	4	1	1	1	1	4	4	4	20
知识的掌握(30%)	6	1.5	1.5	1.5	1.5	6	6	6	30
知识的迁移(50%)	10	2.5	2.5	2.5	2.5	10	10	10	50

实训项目编号(　　)　　　　　　　　　　　　　　　　　　互评人:

五、实训内容

项目一 姿态礼仪训练:以小组为单位,练习站姿、行姿、坐姿、蹲姿、鞠躬礼仪姿态,并做出自评与互相评价。

项目二 接待礼仪训练:以小组为单位,分别模拟朋友见面、商务会见、探望老人、拜访师长、接待贵宾等情境,设计接待流程,并做出自评与互相评价。

项目三 车容整备礼仪训练:以小组为单位,以 YW25 车型为模拟情境,进行列车出乘前、运行途中、到站服务及终到(折返)作业的车容整备礼仪训练,并做出自评与互相评价。

项目四 动车乘务服务礼仪训练:以小组为单位,以模拟动车组车厢为情境,分角色扮演,进行高铁动车组一次乘务作业的模拟演练,并做出自评与互相评价。

项目五 餐车服务礼仪训练:以小组为单位,分角色扮演,分别模拟普速列车餐车及高铁列车情境,进行餐服员作业标准及服务礼仪训练。

六、实训要求

1. 从实训项目中随机抽取一项,分角色扮演,相互配合,循环模拟,完成自评与互评。

2. 演练过程中,注意人身安全,组内配合作业时,相互做好人身安全防护。

3. 自评要客观真实,不回避问题,互评要认真公正,避免好人主义。

七、实训小结

个人畅谈实训体会,教师总结,评选出最佳设计处理方案等。

第七章 旅客列车上突发疾病的应急处理

【导读】

　　随着轨道交通系统的高速发展,其服务水平也在不断提高,作为典型的服务行业的铁路行业,怎样为旅客提高优质、高效、快捷的服务是我们的目标,尤其是乘坐我们列车的乘客,如果旅客列车上突发疾病怎么办? 日本、德国、美国等先进的国家已经建立较完善的应急救援管理体制,并且逐渐向建立标准化应急管理体系(SEMS)方向发展。

　　2006 年 1 月 8 日,国务院发布《国家突发公共事件总体应急预案》,明确各类突发公共事件的分级分类和预案框架体系,该预案是指导预防和处置各类突发公共事件的规范性文件。随后,国务院又相聚发布《国家安全生产事故灾难应急预案》,其目的是:做好轨道交通事故灾难的防范与处置工作,保证及时、有序、高效、妥善地处置轨道交通事故灾难,最大限度地减少人员伤亡和财产损失,维护社会稳定,支持和保障经济发展。

第一节 概　　述

【案例7-1】 大年初一深夜旅客突发心脏病

　　"值班员,接到某次列车长的来电,该列车 6 号车厢有位老年旅客突发心脏病,情况危急。列车还有 20 分钟到达本站 5 站台,请做好救护准备。"2 月 10 日 22 点 40 分,车站客运电台响起,综控员的紧急呼叫,客运值班员杨某即与该市 425 医院联系,凭借多年的工作经验,有条不紊的安排接车急救任务。23 点,当次列车准时到达车站。杨某把医护人员带到 6 号车厢,把一位七十多岁的阿婆送到救护车上,前往医院抢救。请问当列车上发生类似情况时该怎么办?

【知识目标】

1. 了解突发事件的含义;

2. 熟悉突发事件的分类;

3. 熟悉突发事件的处理原则。

【能力目标】

1. 能够掌握突发事件的含义;

2. 能够对现场突发事件进行分类定级;

3. 能够体现出较高的业务素质。

1. 具有良好的服务态度；
2. 具有较高的业务素质。

一、突发事件

突发事件，是指突然发生，造成或者可能造成严重社会危害，需要采取应急处置措施予以应对的自然灾害、事故灾难、公共卫生事件和社会安全事件。

1. 广义含义

广义上，突发事件可被理解为突然发生的事情：第一层的含义是事件发生、发展的速度很快，出乎意料；第二层的含义是事件难以应对，必须采取非常规方法来处理。

2. 狭义含义

狭义上，突发事件就是意外地突然发生的重大或敏感事件，简言之，就是天灾人祸。前者即自然灾害，后者如恐怖事件、社会冲突、丑闻包括大量谣言等等，专家也称其为"危机"。

根据中国 2007 年 11 月 1 日起施行的《中华人民共和国突发事件应对法》的规定，突发事件，是指突然发生，造成或者可能造成严重社会危害，需要采取应急处置措施予以应对的自然灾害、事故灾难、公共卫生事件和社会安全事件。

轨道交通的突发事件是指在发生在轨道交通运营范围内，由于自然灾害、事故灾难、公共卫生事件等造成的运营中断、人员伤亡、产损失、秩序失控、危机公共安全的事件。

二、突发事件的分类及分级

（1）突发事件按照性质可分为自然灾害、事故灾难、公共卫生事件、社会安全事件等四类。

①自然灾害，主要值得由于强降水、地震、强台风、海啸等不可抗拒的力量造成的灾害。2008 年 5 月 12 日，四川汶川特大地震，2010 年 3 月 20 日北方暴发大规模沙尘暴。

②事故灾难，主要包括火灾、爆炸、列车脱轨、列车冲突、严重水浸、大面积停电等造成轨道交通构筑物坍塌等。

③公共卫生事件，主要是指恶性传染病疫情、食品安全、职业危害等事件。如 2003 年中国的非典疫情，2014 年在非洲爆发的埃博拉病毒，又名埃博拉出血热，是一种病死率在 90% 以上的高传染型疾病。

④社会安全事件，突发的大客流、重大刑事案件、有毒化学品泄漏、放射性物质扩散等。印度博帕尔毒气泄漏事故，1984 年 12 月，美国联合碳化物公司设在印度博帕尔市的农药厂剧毒气体外泄，使 2 500 人死亡，20 万人受害，其中 5 万人可能双目失明。前苏联切尔诺贝利核电站事故，切尔诺贝利核电站的第 4 号核反应堆在进行半烘烤实验中突然失火，引起爆炸，其辐射量相当于 500 颗美国投在日本的原子弹。爆炸使机组被完全损坏，8 吨多强辐射物质泄露，尘埃随风飘散，致使俄罗斯、白俄罗斯和乌克兰许多地区遭到核辐射的污染。

（2）按照《中华人民共和国突发事件应对法》的规定，突发事件一般依据突发事件可能造成的危害程度、波及范围、影响力大小、人员及财产损失等情况，由高到低划分为特别重大

（Ⅰ级）、重大（Ⅱ级）、较大（Ⅲ级）、一般（Ⅳ级）四个级别,并依次采用红色、橙色、黄色、蓝色来加以表示。轨道交通突发事件原因复杂,对运营安全和运营秩序都会造成较大影响,已经或可能造成重大人员伤亡、财产损失等严重后果的,需要联合运轨道交通运营企业的相关主管部门进行相关专业应急机构业务指导或是支援处理。

Ⅰ级铁路突发事件对铁路运输安全、人员生命财产及社会秩序造成特别重大损害,省政府或原铁道部上报国务院,由国务院组织实施应急处置。

Ⅱ级铁路突发事件对铁路运输安全、人员生命财产及社会秩序造成重大损害,由省政府联合原铁道部实施应急处置。

Ⅲ级铁路突发事件对铁路运输安全、人员生命财产及社会秩序影响相对比较严重。一般情况下由事发地市县级政府以及铁路运输企业处置。

Ⅳ级铁路突发事件对铁路运输安全、人员生命财产及社会秩序影响不够严重。一般情况下由铁路运输企业实施应急处置。

①按照《铁路交通事故应急救援和调查处理条例》（国务院令第 501 号）和国务院部门预案《国家处置铁路行车事故应急预案》,定义铁路突发事件等级划分的标准。有下列情形之一的,为特别重大（Ⅰ级）铁路突发事件:

造成 30 人以上死亡（含失踪）,或危及 30 人以上生命安全;

已经或即将导致 100 人以上重伤（中毒）;

造成直接经济损失 1 亿元以上;

铁路沿线群众需要紧急转移 10 万人以上;

铁路繁忙干线遭受破坏,造成行车中断,经抢修无法恢复通车达 48 小时以上;

国务院确定为特别重大（Ⅰ级）的其他铁路突发事件。

②有下列情形之一的,为重大（Ⅱ级）铁路突发事件:

造成 10 人以上、30 人以下死亡（含失踪）,或危及 10 人以上、30 人以下生命安全;

已经或即将导致 50 人以上、100 人以下重伤（中毒）;

直接经济损失 5 000 万元以上、1 亿元以下;

铁路沿线群众需要紧急转移 5 万人以上、10 万人以下;

铁路繁忙干线遭受破坏,造成行车中断,经抢修无法恢复通车达 24 小时以上、48 小时以下;

省政府确定为重大（Ⅱ级）的其他铁路突发事件。

③有下列情形之一的,为较大（Ⅲ级）铁路突发事件:

造成 3 人以上 10 人以下死亡（含失踪）,或危及 3 人以上 10 人以下生命安全;已经或即将导致 30 人以上、50 人以下重伤（中毒）;

直接经济损失 1 000 万元以上、5 000 万元以下;

铁路沿线群众需要紧急转移 5 万人以下;

铁路繁忙干线运输设备遭受破坏,中断行车,经抢修无法恢复通车达 6 小时以上、24 小时以下。

④有下列情形之一的,为一般（Ⅳ级）铁路突发事件:

造成 3 人以下死亡（含失踪）,或危及 3 人以下生命安全;

导致或即将导致 10 人以下重伤（中毒）;

直接经济损失 1 000 万元以下;

铁路繁忙干线运输设备损坏,中断行车,经抢修无法恢复通车6小时以下。

三、突发事件的处理原则

对于突发的事件,在处理时应牢固遵循安全第一,预防为主的思想、坚持以人为本原则,处置突发事件时贯彻"高度集中、统一指挥、逐级负责、先通后复"原则进行,措施果断、有序、可控、快速,减少事故的影响,尽快恢复轨道交通运营企业的运营生产工作。

(一)安全第一、预防为主

作为应对突发事件工作的主要任务和核心环节,需建立一套综合完善的信息支持体系,强化检查监督,开展宣传教育,来预防和减少突发事件的发生。

(二)以人为本

在进行突发事件处理时应坚持"先救人、后救物;先总体,后局部"的原则,优先组织人员疏散,伤员救治,与此同时,重点兼顾保护好重要设备设施,将损失降低到最低。通过采取及时有效的措施,建立健全突发事件的有效机制,最大限度地将事件造成的人员财产等损失降到最低。

(三)迅速反应

建立一套"高度集中、统一指挥、逐级负责"的应急指挥体系,建立统一管理、设备精良、技术娴熟、反应迅速的专业队伍,保证对突发事件做到"早发现、早报告、早控制"。

(四)先通后复

发生突发事件之后,轨道交通运营企业应该启动有效的前期处置预案,配合其他部门尽快恢复运营。

第二节　组织体系和职责

【案例7-2】

2008年9月24日,在广东某工地打工时出现精神异常症状的曹大和由其他三名同乡护送,乘坐贵阳客运段担当的广州至遵义1291次列车返回贵州遵义老家,四人坐在6号车厢110号至113号座位。23时许,列车在佛山开车后,曹大和突然在车厢内大喊大叫要从车窗跳车。周围旅客将情况报告给了列车长黄建成。黄建成劝三名护送人护送曹大和在前方停车站下车治疗,但三人不同意;然后,黄建成找来胶带纸,由护送人将曹大和的双手固定,列车长用纸胶带将曹捆绑。次日上午9时许,黄建成在巡视6号车厢时,发现捆绑曹大和的胶纸带已被挣松成线条状,又用胶纸带再次对曹大和捆绑约束,让其躺在座位上。一旅客提出绑得过紧,列车长表示出了问题由他负责。之后不久,同车厢旅客成××发现曹大和呼吸困难,便到餐车找黄建成反映,黄再次表示出了事由他负责。随后,列车供水员周×路过6号车厢时,见曹大和呼吸困难,便立即到餐车向黄报告说那个旅客不行了,黄即到6号车厢进行处置并通过列车广播寻找医务人员前来抢救。医生到达6号车厢对曹大和实施抢救,但抢救无效,曹大和死亡。医院开据证明书证实,曹大和死于呼吸衰竭。

此案由贵阳铁路运输法院审理。结果:贵阳客运段和黄建成共同给予曹大和近亲属经济赔偿和补偿共计人民币240 800元;黄建成犯过失致人死亡罪,判处有期徒刑二年,缓刑二年。对于此类案件你有什么看法?

【知识目标】

1. 熟悉突发事件处理体系的组成；
2. 熟悉突发事件的危险源及预警级别；
3. 掌握突发事件的信息通报处理；
4. 熟悉突发事件后期处理；
5. 了解突发事件的宣传培训和演练。

【能力目标】

1. 能够根据现场情况通报突发事件；
2. 能够对发生的突发事件做好善后处理；
3. 能够对可能的突发事件进行宣传和演练。

【学习要求】

1. 具有良好的职业道德；
2. 具有良好的业务素质。

一、组织体系

（一）领导机构

按照《国家安全生产事故灾难应急预案》的有关要求，铁路总公司对铁路突发事件的决策和议事机构，下设分公司担当的各次旅客列车的应急处理。

（二）办事机构

由铁路各个分集团公司负责铁路应急信息收集、上传、协同和传播，对应急信息进行综合、调查、分析、评定。

（三）指挥机构

铁路总公司设立突发事件应急联动指挥中心。当铁路突发事件发生时，按照铁路总公司突发事件应急委员会的指令，对全铁路突发事件应急处置工作进行组织整合、资源整合、行动整合、技术整合，统一指挥全省有关部门及单位开展铁路突发事件的应急处置工作。设立铁路突发事件应急现场专项指挥部，负责铁路突发事件应急处置的具体指挥协调工作。

（四）工作机构

（1）参与铁路突发事件应急处置的部门或单位包括：各个铁路集团公司、公安厅、安全监管局、卫生厅、交通运输厅、通信管理局、具体各省市应急办、红十字会、政府新闻办、财政厅等。

（2）当铁路突发事件涉及外国人或港澳台同胞时，由具体省市外宣办、外事侨务办、台办参与应急处置；涉及旅游团体时，由旅游委参与应急处置；涉及学生团体时，具体省市教育厅参与应急处置；当发生自然灾害类铁路突发事件或应急救援涉及气候条件时，由当地气象局、地震局或地质局参与应急处置。

（3）根据铁路突发事件应急处置工作需要，驻琼中国人民解放军部队、驻琼武警部队和民兵预备役部队、中央驻单位按照有关法律、行政法规的规定，参加或配合铁路突发事件的应急处置和救援工作。

（4）事发地市、县政府的应急机构和相关单位，由铁路总公司突发事件应急联动指挥中心统一指挥，参与铁路突发事件的应急处置工作。

(五)现场专项指挥部

(1)设立铁路突发事件应急现场专项指挥部,接受省突发事件应急联动指挥中心统一指挥,负责铁路突发事件现场应急处置工作的指挥与协调。

(2)铁路突发事件应急现场专项指挥部的组成人员由省突发事件应急委员会根据应急处置工作要求确定。

二、监测与预警

(一)危险源分析

危险源的有效辨识是控制盒降低危险发生的有效手段之一。危险源是指可能导致死亡、伤害、职业病、财产损失、工作环境破坏或这些情况组合的根源或状态。在《职业健康安全管理体系要求》(GB/T 28001—2011)中的定义为:可能导致人身伤害和(或)健康损害的根源、状态或行为,或其组合。危险源由三个要素构成:潜在危险性、存在条件和触发因素。我们识别危险源的实质就是找出人的不安全行为、物的不安全状态、环境中的不安全因素及管理上的缺陷。

(二)预警级别

(1)按照《中华人民共和国突发事件应对法》,根据可能发生或即将发生的铁路突发事件的严重性和紧急程度,将铁路突发事件预警级别分为一级、二级、三级和四级,分别用红色、橙色、黄色和蓝色标示。

(2)一级、二级、三级和四级铁路突发事件预警级别的划分标准分别对应于Ⅰ级(特别重大)、Ⅱ级(重大)、Ⅲ级(较大)和Ⅳ级(一般)的铁路突发事件划分标准。

三、突发事件的信息通报

在车站或是运营线路上发生了突发事件后的请示报告工作,重点是降低各类损失、减少事故的影响、缩短相应救援时间,需要各部门协同配合完成。

(一)信息报告的原则

(1)迅速准确、简单明了、逐级上报的原则;

(2)公司内部及协作单位并举的原则;

(3)应急指挥中心负责信息的收集和传递;

(4)发生人员伤亡、火灾、爆炸等事故,需要报告119火警、120急救中心或铁路公安局,由现场负责人或是目击者在第一时间内报告;如无法直接报告,则应以尽快报告的原则,向就近的车站或上一级报告,再报119火警、120急救中心或铁路公安局。

(二)报告事项

(1)发生时间(年、月、日、时、分);

(2)发生地点(区间、百米标、上、下行);

(3)列车车次、车组号、关系人员姓名、职务;

(4)事故概况及原因;

(5)人员伤亡情况及车辆、线路等设备损坏情况;

(6)是否需要救援;

(7)是否影响邻线行车;

(8)其他必须说明的内容及要求。

(三)应急结束

(1)突发事件应急联动指挥中心或者现场指挥部确认铁路突发事件对人员的危害性已经消除、伤亡人员已经得到救护和安置、设备故障已经排除、相关危险因素已经消除、铁路恢复正常运营秩序后,向批准预案启动的突发事件应急委员会提出结束应急的报告,突发事件应急委员会在综合各方面意见后,宣布铁路突发事件应急结束。

(2)应急结束后,事发地政府或省有关主管部门、铁路运输企业应当在两周内向突发事件应急委员会提交铁路突发事件处置情况专题报告,报告内容包括:事件发生概况、人员伤亡或财产损失情况、事件处置情况、引发事件的原因初步分析、善后处理情况及拟采取的防范措施等。

四、后期处置

(一)善后处理

做好铁路突发事件善后处置工作。对铁路突发事件现场进行清理,包括旅客及相关人群遗失物品的收集整理、现场遗留废物、污染物清理及处置等。事发地政府及时组织医疗机构对伤亡人员进行妥善处置和医疗救治。事发地政府协助铁路运输企业按照法律法规规定,及时对受害旅客、货主、群众及其家属进行安抚、补偿或赔偿。事发地政府、铁路运输企业及时通知保险机构开展对应急处置人员和受灾人员保险的受理、赔付工作。铁路运输企业对涉及保价运输的物品损失,按国家铁路运输有关保价规定理赔。

(二)调查与评估

(1)发生铁路运营突发事件时,按照《铁路交通事故应急救援和调查处理条例》(国务院令第501号),由国务院铁路主管部门组织事故调查;发生铁路建设期间突发事件时,由省政府组织事故调查。事故调查组应当及时、准确查清事故性质、原因和责任,总结教训并提出防范和改进措施和建议。

(2)参与铁路突发事件应急处置的其他各有关部门及单位负责对本部门应急处置情况的总结和评估,并上报上一级。

(3)铁路突发事件属于责任事故的,应当对负有责任的单位或者个人提出处理意见;构成犯罪的,移交司法机关依法追究刑事责任。

五、宣传、培训和演练

(一)宣传与培训

(1)铁路运输企业应加强内部员工的教育培训,组织编写教育培训材料和通俗读本,不断增强预防和处置铁路突发事故的能力。在车站内、列车上设置铁路突发事件应急宣传标识,印刷宣传折页、招贴画等宣传品,方便旅客及相关人群认知与识别。广泛传播铁路突发事件应急救援常识与应急管理知识,增强铁路职工与旅客的安全意识和自救能力。

(2)在公众宣传教育方面,广播、电视、报刊等新闻媒体要在全社会范围内广泛宣传各类铁路突发事件带来的危害和妥善处置、应对铁路突发事件的重要性,以及发生铁路突发事件时紧急应对的有关常识。

(3)铁路运输企业分层次开展铁路突发事件应急管理培训工作,把铁路应急管理知识纳入各级干部的岗位培训内容。举办铁路应急管理工作人员培训班,做好应急管理、应急救援专业队伍的培训,提高管理水平和实战能力,同时对全体铁路职工进行针对性培训,提高岗位应急处置能力。

(4)公众教育。铁路沿线各级政府部门应当组织开展铁路突发事件应急常识的宣传普及和应急常识教育,了解掌握铁路突发事件应对基本常识与技能。

(二)应急演练

(1)根据《国家突发公共事件总体应急预案》的要求,所有担负铁路突发事件应急救援任务的部门、单位,每年要针对各自的救援任务组织实战或模拟演练一次。需要公众参与的,需报请突发公共事件应急委员会批准。演练方案和演练场所要保证安全、合理。

(2)铁路运输企业要加强对应急处置单位、人员的培训和训练,每年定期开展内部应急演练,提高铁路突发事件应急处置实战能力。

第三节　旅客列车上突发疾病的应急处理

【案例 7-3】

2001 年 7 月 25 日,一名 55 岁的老年旅客×××独自长途旅行,在怀化车站中转,乘坐襄樊客运段的 1474 次列车,目的地澧县车站。上车时,老人步履艰难,由车站工作人员搀扶上车。开车后,老人昏迷,车上没有采取抢救措施。到达澧县车站后,列车工作人员将昏迷不醒的老人抬下火车,并编写客运记录交澧县车站,车站将老人送往医院抢救,经医院诊断,老人因颅内血肿抢救无效死亡。

老人的儿子向怀化铁路运输法院提起民事诉讼,要求铁路支付死亡赔偿金等共计人民币 65 585 元。

法院经过审理,认为老人死亡的直接原因是自身的疾病,但是,列车在老人出现危险情况后没有采取任何抢救措施,列车从怀化车站到澧县车站中间途经停车站有 6 个,如果列车工作人员采取积极的抢救措施,在前几站就编写客运记录并交由当地医院进行及时治疗,老人也许就不会死亡。在法院的主持下,死者家属与铁路进行了庭外调解处理,达成了调解协议,由铁路赔付和补偿原告 25 000 元。

从上诉事实来看,列车没有履行《合同法》中规定的救助义务,是一种不作为的侵权行为,应当承担因此引发的损害赔偿责任。你遇到过类似事件吗?

【知识目标】

1.熟悉旅列车旅客伤害或疾病应急作业处理程序;

2.熟悉旅客列车发生重大疫情作业处理程序;

3.熟悉旅客列车发生闯车应急作业处理程序;

4.熟悉列车旅客集体食物中毒应急作业处理程序;

5.熟悉列车发生火灾、爆炸或事故应急作业处理程序;

6.熟悉动车组列车发生火灾、爆炸或事故应急作业处理程序;

7.熟悉旅客列车严重晚点应急作业处理程序。

【能力目标】

1.能够掌握旅列车旅客伤害或疾病应急作业处理办法;

2.能够掌握旅客列车发生重大疫情作业处理办法;

3.能够掌握旅客列车发生闯车应急作业处理办法;

4.能够掌握列车旅客集体食物中毒应急作业处理办法；

5.能够掌握列车发生火灾、爆炸或事故应急作业处理办法；

6.能够掌握动车组列车发生火灾、爆炸或事故应急作业处理办法；

7.能够掌握旅客列车严重晚点应急作业处理办法。

【学习要求】

1.具有良好的服务态度意识；

2.具有良好业务素质；

3.具有较高的服务水准。

一、列车旅客伤害或疾病应急作业

(一)适用范围

它规定了列车发生旅客伤害或疾病时的作业程序、内容及要求。适用于集团公司担当的各次旅客列车,列车旅客伤害或疾病应急作业处理流程图见图7-1。

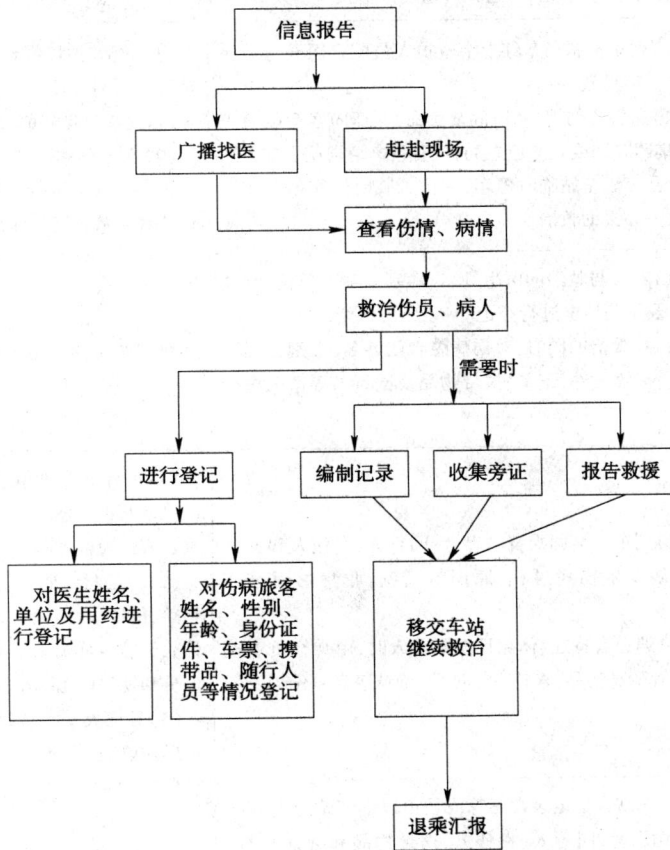

图7-1 列车旅客伤害或疾病应急作业处理流程图

(二)引用规范性文件

《铁路技术管理规程》《铁路行车组织规则》《铁路旅客运输规程》《铁路旅客运输办理细则》《铁路旅客运输管理规则》《铁路旅客人身伤害及自带行李损失事故处理办法》等有关规定。

(三)作业目的

迅速有效处置列车旅客伤害或疾病,及时救治伤病旅客,确保旅客安全。

(四)作业程序(流程图)

列车旅客伤害或疾病应急作业处理流程见图7-1。

(五)作业程序、内容和要求

根据以上处理流程,细化作业过程,现将各个程序中的作业内容和要求绘制成表7-1。

列车旅客伤害或疾病应急作业程序、内容和要求 表7-1

程　序	内　容	要　求
信息报告	列车工作人员发现旅客发生意外伤害或疾病时,迅速报告列车长,安抚伤病患者及同行人情绪。报告时可采用电话、对讲机报告或沿车厢传递方法报告	报告及时,安抚到位
赶赴现场	列车长接到报告后,会同乘警迅速赶到现场了解情况,查看伤情、病情,并通知广播员广播找医护人员	到达现场迅速,广播找医及时
迅速救治	(1)列车长和列车红十字救护人员配合医务身份旅客进行简易救治。 (2)遇旅客伤情、病情危及生命,立即向客运段值班室、集团客调或列车所在局客调报告,请求途中前方三等或县市级车站临时停车,由前方临时停靠站所在地急救中心援助救治	(1)救治时,可视伤病患者情况将患者移至卧车或座车长椅处,必要时可疏散周围旅客,以便提供良好的救治环境。 (2)列车长报告时,讲清日期、车次、时间、地点、列车运行区间、旅客伤病情况、受伤旅客人数,接受上级指示或请求救援
进行登记	(1)对参与救治的医生姓名、性别、年龄、单位、有效证件及用药情况进行登记。 (2)在救治的同时,对伤病患者的姓名、性别、年龄、住址、有效证件、车票、携带物品及同行人等情况进行登记	登记详细,用药及诊断书有救治医生签名
收集旁证	(1)列车长会同乘警向患者、同行人、责任人和见证人了解发生伤病过程、原因等情况,收集书面旁证材料。 (2)遇患者昏迷、休克且无同行人时,由乘警负责检查患者随身物品,查找有效证件,确认患者身份	(1)旁证材料收集不少于两份,采用专用纸张复写(一式三份,一份交受理站,一份回乘交客运段业务科室,一份交车队留存)。 (2)旁证材料证人信息完整(姓名、性别、年龄、住址、身份证号码、车票信息、联系电话),证言真实有效有证人签名。列车工作人员和铁路职工不得充当证人。 (3)见证人不配合时,由乘警采用问话笔录形式取证
移交伤病患者	(1)编制客运记录在三等或县市以上车站向站方移交伤病患者、同行人、责任人、携带物品和旁证材料。必要时拍发列车电报。 (2)因斗殴等刑事案件造成旅客伤害时,列车乘警在客运记录上签字。 (3)特殊情况来不及编制收集旁证材料时,材料后补	(1)电报拍发、客运记录编制真实、准确。 (2)旁证材料齐全;特殊情况补送材料时,三日内送交受理站
退乘汇报	退乘后,列车长将旁证材料、客运记录、处置经过书面材料交客运段业务科室和车队	汇报及时、材料完整

(六)重点控制事项

（1）列车长、乘警到达现场和广播找医及时，抢救伤病患者积极，安抚工作到位。

（2）登记医生、患者、证人身份信息完整，收集旁证真实有效。

（3）到站交接认真，伤病患者移交及时，客运记录签字确认，材料齐全。

(七)记录

（1）铁路电报。

（2）客运记录。

（3）旁证材料。

二、列车重大疫情应急作业

(一)适用范围

本作业规定了列车重大疫情作业程序、项目、内容及要求，适用于集团公司担当的各次旅客列车。

(二)引用规范性文件

《中华人民共和国传染病防治法》《国家突发公共事件总体应急预案》《铁路突发公共卫生事件应急处理预案》《广铁集团公司突发公共事件应急处理预案》《广铁集团公司突发公共事件应急处理办法实施细则》等有关规定。

(三)作业目的

迅速、妥善处理旅客列车发生的重大疫情，最大限度地减少旅客伤亡，防止传染的扩散。

(四)作业程序(流程图)

列车重大疫情应急作业处理流程见图7-2。

```
判明     →   信息     →   控制     →   现场     →   终到
情况         报告         措施         处置         处理
```

图7-2　列车重大疫情应急作业处理流程

(五)作业程序、内容和要求

根据具体情况，我们需要采取不同的处理措施，具体处理内容和要求如表7-2所示。

列车重大疫情应急作业内容和要求　　　　　　　　　　　　表7-2

程　序	内　容	要　求
判明情况	（1）列车工作人员发现传染性疾病或染疫患者时，立即通知列车长和乘警长到现场处理。 （2）列车长指示广播员通过列车广播在旅客中寻找医生，进行初步诊断，判明情况	了解情况要及时、全面、准确
信息报告	（1）列车长应立即向集团公司客调或列车所在局客调、段值班室、前方站报告。 （2）段值班室按照规定立即向集团公司应急办报告	报告内容包括：日期、车次、时间、运行地点以及患者主要症状、所在车厢顺号、旅行目的站和密切接触人员简况等情况
控制措施	（1）列车长利用软席包房或乘务室，将病人或疑似病人隔离，同时控制病人原所在车厢旅客的流动，设专用厕所。 （2）对密切接触者进行登记（内容包括：姓名、性别、年龄、身份证号码、联系方式等）。 （3）检车乘务员对列车通风情况进行检查，根据疫情关闭中央空调，保持车内通风	对病人所在硬座、硬卧车厢的旅客，软卧同包厢的旅客，同行人员以及有关乘务人员应确定为密切接触者

程　序	内　容	要　求
现场处置	（1）对患者进行初步救治，使用列车红十字药箱内的药品进行对症治疗。 （2）处理疑似染疫传染病人时，应急人员做好安全防护措施（穿着隔离服、戴口罩、手套、防护眼镜，穿防护靴，并扎紧袖领）。对患者的呕吐物、排泄物装袋封存，做好消毒工作。 （3）发现疑似染疫动物时，病禽、畜和死禽、畜不得扔下车，禽、畜及粪便到站后装袋密封。配合防疫部门做好消毒工作。 （4）列车长要按照上级指示，对病、死的禽畜及其粪便、疑似的染疫患者、严重呼吸道传染性疾病患者、密切接触者、呕吐物、排泄物交指定车站	（1）对疑似染疫患者、严重呼吸道传染性疾病患者、密切接触者，要详细记录姓名、性别、年龄、职业、住址、单位、身份证号码、联系方式，所持车票发到站及票号、座卧别、所在车厢位置等情况。 （2）运输途中不得冲洗和向车外抛撒禽、畜粪便
站车交接	（1）列车长与前方处理站办理患者或病、死的禽畜及其粪便的交接手续，由车站安排患者到指定医院诊治。 （2）列车上收集的患者呕吐物、排泄物或病、死的禽畜及其粪便交由铁路疾控中心，按规定进行处理	随身物品、资料和收集物品记录齐全、准确，交接清楚
终到处理	（1）列车到达目的地后，配合所在地铁路疾控中心对列车进行消毒。 （2）对密切接触病人的乘务人员，按照卫生防疫部门的安排进行医学观察	消毒及时，处理妥当

（六）重点控制事项

（1）发现疑似染疫传染病人时，要注意隔离，防止传染扩散，同时要宣传注意个人的保护意识。

（2）做好旅客解释安抚工作，稳定旅客情绪，防止事态扩大。

（七）记录

（1）铁路传真电报。

（2）客运记录。

（3）旅客用药登记。

三、旅客列车闷车应急作业

（一）适用范围

本作业规定了旅客列车发生闷车应急处置时的作业程序、项目、内容及要求，适用于集团公司担当的旅客列车。

（二）引用规范性文件

《国家突发公共事件总体应急预案》《铁路旅客运输规程》《铁路旅客运输办理细则》《铁路旅客运输管理规则》《广铁（集团）公司直供电旅客列车供电故障应急处置暂行办法》《广铁（集团）公司高速铁路客运组织应急处置预案》等有关规定。

（三）作业目的

迅速、妥善处置旅客列车闷车事件，保持车厢空气流通，确保车厢秩序和旅客安全。

(四)应急处置程序(流程图)

将应急处理程序分为动车组和非动车组闷车应急处理,处理流程如图 7-3 和图 7-4 所示。

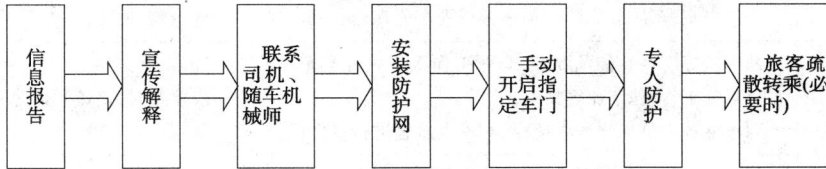

```
信息报告 → 宣传解释 → 联系司机、随车机械师 → 安装防护网 → 手动开启指定车门 → 专人防护 → 旅客疏散转乘(必要时)
```

图 7-3 动车组闷车应急处置

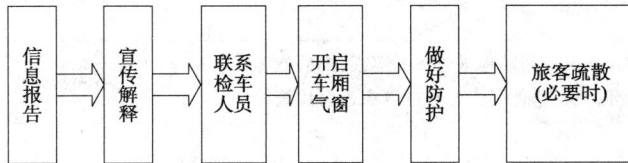

```
信息报告 → 宣传解释 → 联系检车人员 → 开启车厢气窗 → 做好防护 → 旅客疏散(必要时)
```

图 7-4 非动车组列车闷车应急处置

(五)应急处置内容和要求

动车组和非动车组闷车应急处理分别见表 7-3 和表 7-4。

动车组发生闷车应急处置   表 7-3

程 序	内 容	要 求
信息报告	乘务员将车厢闷车情况及时向列车长汇报,列车长及时向段值班室、车队汇报,段值班室及时向集团公司客服调度汇报	汇报内容准确,包括车内人数、闷车程度、旅客反应、车内用水等情况
宣传解释	列车长做好广播宣传及致歉,其他客运、餐饮、保洁人员负责在车厢做好宣传解释工作,稳定旅客情绪。列车乘务人员加强车内巡视,对重点旅客进行重点照顾	广播及时,宣传到位
联系司机、随车机械师	确认故障长时间不能修复时,列车长及时通过对讲机与司机、随车机械师联系,确定开门位置,对其他列车乘务人员进行分工	分工职责明确
安装防护网	随车机械师取出防护网后,列车乘务人员根据分工领取并到指定车厢安装防护网,列车长逐个进行复检	防护网存放位置:CRH1 型在 5 号车工具柜、CRH3 型在 4 号车备品柜、CRH2 型在 3 号车备品柜;防护网安装牢固
手动开启指定边门	复检无误后,车厢乘务员手工开启 1、3、5、7 号车门(重联时同时开启 9、11、13、15 号车门)	开启无邻线侧的边门,保持车内空气流通
专人防护	其中,1、7 号车门分别由 1 名列车员和 1 名保洁员负责,3、5 车分别由 1 名餐饮服务员和 1 名保洁员负责看守车门;重联车 9、15 号车门分别由 1 名列车员和 1 名保洁员负责,11、13 车分别由 1 名餐饮服务员和 1 名保洁员负责看守车门	车门防护到位,严禁旅客上下
旅客疏散转乘(必要时)	列车长组织乘务人员做好防护,组织旅客有序疏散到安全地带或转乘	确保旅客安全

程　序	内　　容	要　　求
信息报告	乘务员将车厢闷车情况及时向列车长汇报,列车长及时向段值班室、车队和集团公司客调或列车所在局客调汇报	汇报内容准确,包括车内人数、闷车程度、旅客反应、车内用水等情况
宣传解释	列车做好广播宣传及致歉,车厢工作人员做好本车厢的宣传解释工作,稳定旅客情绪。 列车乘务人员加强车内巡视,对重点旅客进行重点照顾	广播及时,宣传到位
联系检车人员	列车长及时联系检车人员,确认修复时间和设备状态	联系及时
开启车厢气窗	确认长时间不能修复时,列车长通知乘务员开启各责任车厢的气窗进行通风	确保车厢有空气流通
做好防护	车厢乘务员不间断地进行车厢巡视,提醒旅客注意安全,防止旅客把头、手伸出窗外和往气窗外丢垃圾	不间断巡视,防护到位
旅客疏散 (必要时)	列车长组织乘务员将旅客往空气流通较好的车厢疏散	

(六)重点控制事项

(1)发生闷车时,及时采取通风措施,确保空气流通。

(2)做好重点旅客服务工作,对胸闷、呼吸困难等旅客尽快安排到空气流通、人员较少的地方,确保旅客生命安全。

(3)及时耐心做好宣传解释工作,尽最大可能降低旅客的不满情绪,防止旅客破坏设备设施,扰乱车内秩序,影响列车运行。

(4)遇空调故障无法修复时,列车长应及时拍发电报通知相关车站做好退空调费准备工作。

(七)记录

(1)客运记录。

(2)铁路传真电报。

(3)乘务报告或乘务日志。

四、列车旅客集体食物中毒应急作业

(一)适用范围

本作业规定了列车发生旅客集体食物中毒应急处置时的作业程序、项目、内容及要求,适用于集团公司担当的旅客列车,详见表7-5。

(二)引用规范性文件

《中华人民共和国食品安全法》《中华人民共和国传染病防治法》《国家突发公共事件总体应急预案》《铁路旅客运输规程》《铁路旅客运输办理细则》《铁路突发公共卫生事件应急处理预案》《广铁集团公司突发公共事件应急处理预案》《广铁集团公司突发公共事件应急处理办法实施细则》等有关规定。

(三)作业目的

迅速、妥善处置旅客列车集体食物中毒事件,最大限度地减少旅客伤亡。

(四)应急处置程序(流程图)

列车旅客集体食物中毒应急处理程序见图7-5。

信息报告 → 找医救治 → 封存食品 → 收集证据 → 安置病人 → 站车交接 → 配合调查

图 7-5　列车旅客集体食物中毒应急处置程序

（五）应急处置程序、内容和要求

列车旅客集体食物中毒应急作业内容及要求见表7-5。

列车旅客集体食物中毒应急作业内容及要求　　　　　　表 7-5

程　序	内　容	要　求
信息报告	列车上发生食物中毒或疑似食物中毒后，列车长立即向段值班室、集团公司客调或列车所在局客调报告，段值班室按照规定立即向集团公司应急办报告	报告内容包括：日期、车次、时间、运行区段、中毒人数、危重人数及死亡人数，患者车厢分布、主要中毒表现、可疑中毒食品及食用人数、准备采取的急救措施和现场控制措施等
找医救治	广播员（动车组为列车长）通过列车广播在旅客中寻找医生，列车红十字救护员对患者进行初步救治，使用列车红十字药箱内的非处方药品进行对症治疗	准确登记用药及医生的相关情况
封存食品	如中毒旅客食用过列车上提供的食品，列车长应立即停止食品经营活动，告知旅客不要食用可疑中毒食品。同时指派餐饮人员封存所有可疑食品及其工具、设备，封闭现场	保护现场，留样齐全
收集证据	列车长安排专人负责收集患者呕吐物、排泄物、剩余食品，使用密闭清洁器具存放。列车长、乘警组织开展调查工作，询问中毒患者，了解中毒经过，收集旁证材料	标识清楚：患者姓名、采集时间、是否用药、存放地点、收集人姓名等
安置病人	列车长根据中毒病人人数、症状等具体情况合理安排隔离区域，将中毒及疑似病人集中管理，开窗通风，做好服务工作，稳定病人、旅客情绪	中毒病人与其他旅客隔离，以免引起群体性恐慌
站车交接	列车长与前方处理站办理患者交接手续，由车站安排护送患者到医院诊治。 列车上收集的患者呕吐物、排泄物及剩余食品交由铁路卫生防疫部门，按规定进行处理	随身物品、资料和收集物品记录齐全、准确，交接清楚
配合调查	对有投毒、破坏嫌疑的案件，移交铁路公安机关立案侦察	事实求是，认真配合调查取证

（六）重点控制事项

（1）处置过程中，不论导致食物中毒的责任在谁，首先要确保积极救治旅客，使中毒病人早隔离、早治疗。

（2）在无医生时，由列车红十字救护员进行催吐等抢救措施，对病人及同伴进行适当隔离，避免交叉感染，对病人使用过的厕所，使用消毒水冲刷干净。

（3）在未查清中毒原因及毒源前，禁止向旅客供应列车食品、商品、饮用水。

（七）记录和表格

（1）客运记录。

（2）铁路传真电报。

（3）旅客旁证材料。

（4）旅客用药登记。

（5）乘务报告或乘务日志。

五、列车火灾、爆炸事故应急作业

(一)适用范围

列车发生火灾、爆炸事故时的作业程序、内容及要求,适用于集团公司担当的各次旅客列车(动车组列车除外)。列车火灾、爆炸事故应急作业处理流程见图7-6,处理内容及要求见表7-6。

(二)引用规范性文件

《铁路技术管理规程》《铁路行车组织规则》《铁路旅客运输规程》《铁路旅客运输办理细则》《铁路旅客运输管理规则》等有关规定。

(三)作业目的

迅速有效处置列车火灾、爆炸事故,最大限度减少人员伤亡、财产损失和社会危害,确保旅客安全。

(四)作业程序(流程图)

列车火灾、爆炸事故应急作业处理流程见图7-6。

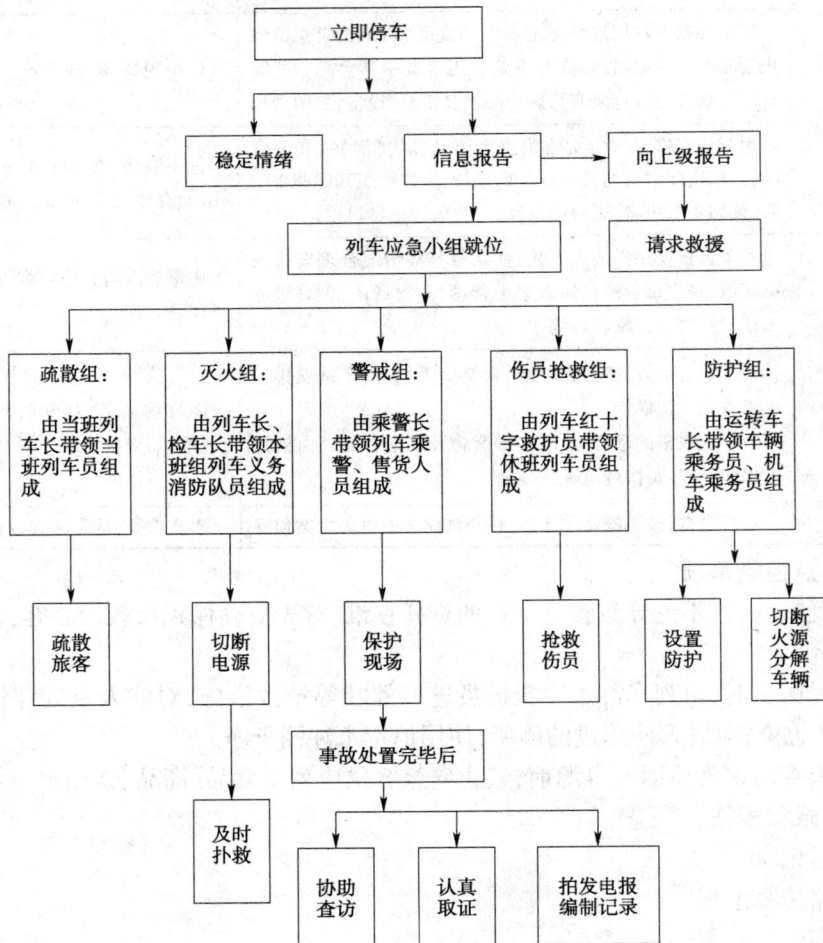

图 7-6　列车火灾、爆炸事故应急作业处理流程

（五）作业程序、内容和要求

列车火灾、爆炸事故应急作业内容及要求见表7-6。

列车火灾、爆炸事故应急作业内容及要求

表7-6

程　序	内　容	要　求
立即停车	列车员发现本车厢或相邻车厢发生火灾或爆炸后,如使用灭火器仍无法扑灭火灾,严重威胁列车和旅客安全时,应立即使用紧急制动阀使列车停在安全地带	使用紧急制动阀及时,列车停稳前不松手。停车时应注意避开桥梁、隧道、重要建筑物、长大下坡道和生产、储存易燃易爆危险品的场所
信息报告	(1)列车紧急制动后,本车厢列车员迅速报告列车长。 (2)列车长接到报告后,立即会同乘警长和检车长赶赴现场。并根据现场情况分别向客运段值班室、集团客调或列车所在局客调、邻近车站、当地消防和急救中心报告事故情况,请求援助	报告内容:日期、车次、时间、地点、列车运行区间、爆炸燃烧物及火势情况、伤亡人数及伤势等情况
列车应急小组就位	(1)列车长、乘警长、检车长迅速组织相关人员赶到现场,成立应急领导小组,实行统一指挥。 (2)现场成立疏散组、灭火组、警戒组、伤员抢救组、防护组,协同合作,分工负责	人员到位及时,指挥统一高效
稳定情绪疏散旅客	(1)疏散组利用列车广播、喇叭等各种宣传工具进行紧急疏散广播,加强宣传,稳定旅客情绪。 (2)根据不同的起火、爆炸点,派人打开边门,必要时开启车窗(击碎玻璃),组织引导旅客就近有序地疏散到安全地带或相邻车厢。 (3)疏散至区间安全地带时,派专人值守,做好宣传安抚工作,稳定旅客情绪,维持好秩序	(1)在引导疏散旅客时做好宣传解释,消除旅客恐慌心理,动员旅客放弃携带物品,提醒旅客慢行,注意安全,防止旅客因盲目窜跑、互相拥挤发生群死群伤事故。 (2)列车停靠区间,安全疏散通道在设置行车防护前,只准打开无邻线侧边门、车窗;列车停靠站台,安全疏散通道只准打开靠站台一侧边门、车窗。严禁向线路中间疏散旅客,以免被邻线列车撞伤、压伤。 (3)火灾疏散旅客时,向旅客宣传防火自救常识,遇烟雾较大时要求旅客用手捂着口鼻,弯腰行走。 (4)重点旅客重点协助。对已经疏散的旅客严禁返回事故车厢
切断电源及时扑救	(1)电器起火必须首先切断电源,防止火势蔓延。 (2)灭火组快速从列车两头将全列灭火器集中至爆炸、起火车厢进行扑救。 (3)如爆炸、火灾严重通知了当地消防部门时,应派人驻守附近路口,引导消防车进入现场。 (4)火情处理完毕,指派专人监护,防止复燃	灭火时根据"先人后物"的原则,统一指挥,控制火势蔓延,迅速扑灭火灾,防止爆炸和复燃
切断火源设置防护	(1)停车后,防护组视情况将爆炸、起火车厢与列车分离。 (2)列车区间停车,机车乘务员、运转车长使用电台向列车调度及相邻车站值班员报告,采取防溜措施;同时携带防护器具在列车前后和邻线规定位置设置行车防护。 (3)电气化区间停车后,机车乘务员和运转车长还需通知供电工区停电,确认接触网断电后方可用水扑灭火灾。 (4)遇接触网塌网,列车长应组织救援人员和旅客远离带电地点	(1)密切配合,摘钩分解,注意防溜。 (2)报告及时,防护到位。 (3)接触网未停电时,救援人员严禁使用高压水枪,用灭火器扑救时,救火人员必须与带电部分保持2米以上的安全距离

程　序	内　容	要　求
抢救伤员	抢救组迅速赶到起火、爆炸车厢,疏散、抢救伤员,实施必要的现场急救,配合医务人员积极救治伤员	(1)动员和组织旅客中医务人员、军政警人员,实施必要的现场急救。 (2)抢救时,先搜救爆炸、起火车厢,再搜救相邻车厢。 (3)对抢救的伤员首先抢救伤势严重伤员,使其脱离危险。 (4)需要紧急救护时,联系120急救中心,请求支援
保护现场	(1)乘警组立即赶至现场,采取措施,维护现场秩序,避免发生盗抢等治安事件。 (2)设置警戒区,禁止实施救援以外的人员进入,保护现场	(1)在现场处置时,列车工作人员配合乘警设立警戒区,禁止无关人员进入、穿行。 (2)不得擅自移动现场任何物品,对事故现场和有关证据采取有效措施,妥善保护
协助查访认真取证	(1)现场处置完毕后,列车长及列车乘务人员积极协助乘警了解情况,认真查访,收集线索,了解火灾、爆炸的原因。 (2)列车乘务人员认真清点疏散旅客和伤员人数及伤害程度,登记旅客姓名、性别、年龄、单位、地址、车票、身份证号码或其他有效证件及携带品。 (3)乘警对肇事嫌疑对象做好审查控制工作。 (4)列车乘务员配合乘警收集列车发生火灾爆炸处理过程的人证、物证,为事故的分析、处理提供原始依据。 (5)处置完毕后,列车长及时拍发电报,编制客运记录	(1)认真清点,及时登记。积极配合,访问旅客。 (2)电报拍发、客运记录编制真实、准确

(六)重点控制事项

(1)旅客疏散时必须开启无邻线侧或靠站台一侧边门、车窗,同时派人在车下防护,防止旅客坠落。离开现场撤离时,派人在队伍前引导慢行,做到有序撤离。

(2)采用正确的灭火方法,正确使用灭火器材,控制火势,迅速扑救火灾,车厢断电前严禁用水浇淋电器设备。

(3)遇电气化区间,断电前保持安全距离。确认接触网断电后,再全面扑救。

(4)如现场火势难以控制时,迅速分解车厢,将起火爆炸车厢与邻车分离。

(5)列车乘务员人员在扑救火灾时要注意自身安全和防护。

(七)记录及表格

(1)铁路电报。

(2)客运记录。

(3)旁证材料。

六、动车组列车火灾、爆炸事故应急作业

(一)适用范围

本应急作业规定了列车发生火灾、爆炸事故时的作业程序、内容及要求,适用于动车组列车。

(二)引用规范性文件

《铁路技术管理规程》《铁路行车组织规则》《铁路旅客运输规程》《铁路旅客运输办理细则》《铁路旅客运输管理规则》《广铁(集团)公司高速铁路客运组织应急处置预案》等有关规定。

(三)作业目的

迅速有效处置列车火灾、爆炸事故,最大限度减少人员伤亡、财产损失和社会危害,确保旅客安全。

(四)作业程序(流程图)

动车组列车火灾、爆炸事故应急作业程序见图7-7。

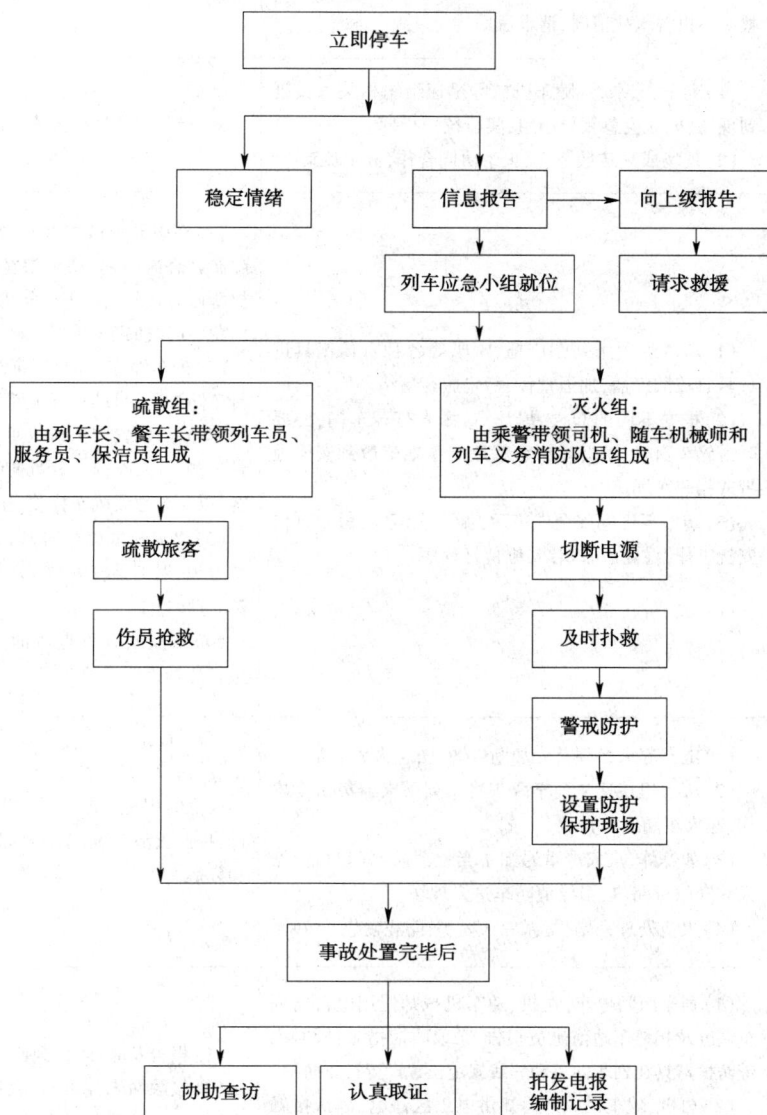

图7-7 动车组列车火灾、爆炸事故应急作业程序

(五)作业内容和要求

动车组列车火灾、爆炸事故应急作业内容及要求见表7-7。

动车组列车火灾、爆炸事故应急作业内容及要求　　　　　表 7-7

程　序	内　　容	要　　求
立即停车	列车工作人员发现本车厢或相邻车厢发生火灾或爆炸后,如使用灭火机仍无法扑灭火灾,严重威胁列车和旅客安全时,应立即使用紧急制动阀停车	按下紧急制动阀,司机确认后停车。停车时应注意避开桥梁、隧道、重要建筑物、长大下坡道和生产、储存易燃易爆危险品的场所
(二)信息报告	(1)列车紧急制动后,本车厢列车员迅速报告列车长。 (2)列车长接到报告后,立即会同乘警和随车机械师赶赴现场。并根据现场情况分别向客运段值班室、集团客调或列车所在局客调、邻近车站、当地消防和急救中心报告事故情况,请求援助	报告内容:日期、车次、时间、地点、列车运行区间、爆炸燃烧物及火势情况、伤亡人数及伤势等情况
列车应急小组就位	(1)列车长、乘警、随车机械师迅速组织相关人员赶到现场,成立应急领导小组,实行统一指挥。 (2)现场成立疏散组、灭火组协同合作,分工负责	人员到位及时,指挥统一高效
稳定情绪疏散旅客	(1)疏散组利用列车广播、喇叭等各种宣传工具进行紧急疏散广播,加强宣传,稳定旅客情绪。 (2)根据不同的起火、爆炸点,派人打开车门,必要时击碎车窗,组织引导旅客就近有序地疏散到安全地带或相邻车厢。 (3)疏散至区间安全地带后,派专人值守,做好宣传安抚工作,稳定旅客情绪,维持好秩序	(1)在引导疏散旅客时做好宣传解释,消除旅客恐慌心理,动员旅客放弃携带物品,提醒旅客慢行,注意安全,防止旅客因盲目窜跑、互相拥挤发生群死群伤事故。 (2)列车停靠区间,安全疏散通道在设置行车防护前,只准打开无邻线侧边门、车窗;列车停靠站台,安全疏散通道只准打开靠站台一侧边门、车窗。严禁向线路中间疏散旅客,以免被邻线列车撞伤、压伤。 (3)火灾疏散旅客时,向旅客宣传防火自救常识,遇烟雾较大时要求旅客用手捂着口鼻,弯腰行走。 (4)重点旅客重点协助。对已经疏散的旅客严禁返回事故车厢
切断电源及时扑救	(1)电器起火必须首先切断电源,防止火势蔓延。 (2)灭火组快速从列车两头将全列灭火器集中至爆炸、起火车厢进行扑救。 (3)如爆炸、火灾严重通知了当地消防部门时,应派人驻守附近路口,引导消防车进入现场。 (4)火情处理完毕,指派专人监护,防止复燃	灭火时根据"先人后物"的原则,统一指挥,控制火势蔓延,迅速扑救火灾,防止爆炸和复燃
切断火源设置防护	(1)列车区间停车,司机、随车机械师使用电台向列车调度及相邻车站值班员报告,采取防溜措施;同时携带防护器具在列车前后和邻线规定位置设置行车防护。 (2)司机、随车机械师通知供电工区停电,确认接触网断电后方可用水扑救火灾。 (3)遇接触网塌网,列车长应组织救援人员和旅客远离带电地点	(1)报告及时,防护到位。 (2)接触网未停电时,救援人员严禁使用高压水枪,用灭火器扑救时,救火人员必须与带电部分保持2米以上的安全距离

程 序	内 容	要 求
抢救伤员	疏散组疏散完旅客后,在列车红十字救护员的指挥下组织抢救伤员,实施必要的现场急救,配合医务人员积极救治伤员	(1)动员和组织旅客中医务人员、军政警人员,实施必要的现场急救。 (2)抢救时,先搜救爆炸、起火车厢,再搜救相邻车厢。 (3)对抢救的伤员首先抢救伤势严重伤员,使其脱离危险。 (4)需要紧急救护时,联系120急救中心,请求支援
保护现场	(1)灭火组灭火后,采取措施维护现场秩序,避免发生盗抢等治安事件。 (2)设置警戒区,禁止实施救援以外的人员进入,保护现场	(1)在现场处置时,客运工作人员配合乘警设立警戒区,禁止无关人员穿行。 (2)不得擅自移动现场任何物品,对事故现场和有关证据采取有效措施、妥善保护
协助查访认真取证	(1)现场处置完毕后,列车长及列车乘务人员积极协助乘警了解情况,认真查访,收集线索,了解火灾、爆炸的原因。 (2)列车乘务人员认真清点疏散旅客和伤员人数及伤害程度,登记旅客姓名、性别、年龄、单位、地址、车票、身份证号码或其他有效证件及携带品。 (3)乘警对肇事嫌疑对象做好审查控制工作。 (4)列车乘务员配合乘警收集列车发生火灾爆炸处理过程的人证、物证,为事故的分析、处理提供原始依据。 (5)处置完毕后,列车长及时拍发报,编制客运记录	(1)认真清点,及时登记。积极配合,访问旅客。 (2)电报拍发、客运记录编制真实、准确

(六)重点控制事项

(1)旅客疏散时必须开启无邻线侧或靠站台一侧车门、车窗,同时派人在车下防护,防止旅客坠落。离开现场撤离时,派人在队伍前引导慢行,做到有序撤离。

(2)采用正确的灭火方法,正确使用灭火器材,控制火势,迅速扑救火灾,车厢断电前严禁用水浇淋电器设备。

(3)遇电气化区间,断电前保持安全距离。确认接触网断电后,再全面扑救。

(4)如现场火势难以控制时,迅速分解车厢,将起火爆炸车厢与邻车分离。

(5)列车乘务员人员在扑救火灾时要注意自身安全和防护。

(七)记录及表格

(1)铁路电报。

(2)客运记录。

(3)旁证材料。

七、列车严重晚点应急作业

(一)适用范围

本作业规定了列车严重晚点作业程序、项目、内容及要求,适用各次旅客列车,详见图7-8和表7-8。

(二)引用规范性文件

《合同法》《铁路法》《铁路运输安全保护条例》《铁路旅客运输规程》《铁路旅客运输办理细则》《旅客列车晚点处置办法》《广铁集团(公司)旅客列车晚点客运系统应急处置办法》《广铁(集团)公司武广高铁突发大客流及动车组大面积晚点应急预案》等有关规定。

(三)作业目的

迅速、妥善处理晚点旅客列车的饮食供应及服务工作。维护车内秩序,确保旅客人身安全。

(四)作业程序(流程图)

列车严重晚点应急作业处理程序见图7-8。

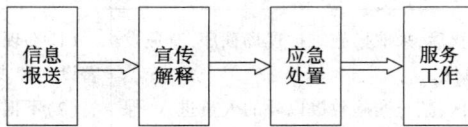

图7-8 列车严重晚点应急作业处理程序

(五)作业程序、内容和要求

列车严重晚点应急作业内容及要求见表7-8。

列车严重晚点应急作业内容及要求 表7-8

程 序	内 容	要 求
信息报送	(1)列车长要立即向所属客运段值班室和列车所在地铁路局客调报告。 (2)客运段值班室接到信息报告后,要在第一时间向段班领导报告,同时向集团公司客调报告。 (3)动车组列车运行晚点超过15分钟时,列车要及时与司机联系,了解晚点原因和列车运行情况,并向客运段值班室汇报情况,听取指示。 (4)需相关站段支援的还应与其联系请求支援	报告的内容包括:晚点列车运行情况,车内旅客情况,餐料、燃料、水等方面存在的困难
宣传解释	(1)列车工作人员应坚守岗位,做好宣传解释工作。 (2)广播员应有针对性地加强广播宣传解释工作,稳定旅客情绪,防止意外发生。 (3)列车晚点超过30分钟的(动车组列车运行晚点超过15分钟),列车长应代表铁路向旅客道歉。 (4)列车晚点停留超过1小时(动车组列车30分钟)以上的,列车应通过广播向旅客说明晚点原因及预计晚点时间,安抚旅客	(1)向旅客通报时,广播每次间隔不超过30分钟(动车组列车每次间隔不超过15分钟)。 (2)晚点原因应根据客调的口径统一宣传
应急处置	(1)列车长立即召开"三乘会议",布置工作,分工负责。 (2)检查餐料、饮用水及发电车用油等存储情况,遇餐料、饮用水、油料不足,及时与有关站段、当地政府联系补料、补水、补油。遇特殊情况(停靠在人员稀少、山区或交通不便地点时),经上级批准,列车长组织"三乘"人员下车购料、取水。 (3)列车长及时了解旅客去向及行包装载情况。主动与车站取得联系,妥善处理好旅客中转换车和行包转运工作。	(1)列车长应每小时全列巡视一次;列车员应每半小时巡视一次车厢(动车组列车不间断巡视)。 (2)尽量满足旅客合理需求,注意节电、节油,确保列车供电(非空车防止锅炉、茶炉干烧)。 (3)如关闭空调时,需开启车厢气窗

程　序	内　　　容	要　　　求
应急处置	（4）检车乘务员与列车长应密切配合，加强车厢巡视，确保设备使用正常。发电车遇油料不够时，确保照明，关闭空调。 （5）列车乘警及时掌握车厢内旅客动态，防范和控制旅客过激言行，保证列车治安秩序良好。 （6）当发现旅客有异常情况时，列车长立即报告上级有关部门，请求协助。 （7）客运乘务人员要加强车门、车窗管理及车内巡视，及时掌握车厢内旅客动态。防止旅客跳车，严禁边门上下旅客，确保旅客安全。 （8）终到后若有旅客强行滞留列车索赔时，列车长应立即通知乘警和车站客运值班员，并积极协助处理	
服务工作	（1）列车工作人员要做好开水和饮食供应、卫生清扫、重点旅客照顾等服务工作，满足旅客的合理要求。 （2）列车工作人员要主动安抚旅客，化解旅客的不满情绪，取得旅客的谅解	（1）重点旅客做到"三知三有"，重点照顾。 （2）供应饭菜、食品不得涨价。对老、幼、病、残、孕重点旅客优先提供饮食及饮用水供应

（六）重点控制事项

（1）列车要增备易于保质的干料、饮用水等应急物品，以满足列车应急需求。

（2）列车需补料时，列车长在客运段的指导下，加强与相关站段联系，做好食品、燃煤等物品的补给。

（3）发电车需补油时，列车长应督促车辆乘务长做好补油工作。

（4）加强车门管理及车内巡视，及时掌握车厢内旅客动态。防止旅客跳车，严禁边门上下旅客，确保旅客安全。

（七）记录

（1）铁路传真电报。

（2）客运记录。

第四节　车站发生突发情况处理办法

【案例7-4】

2月18日上午9时55分左右，韩国东部著名的纺织服装城市大邱市，已经过了上班的高峰时间，第1079号地铁列车上乘坐的大部分是老人和孩子。他们或翻看手中的书报，或闭目养神。除了车轮的声音，车厢里显得非常安静。他们做梦也没有想到，一场巨大的灾难正要降临到他们的头上。列车刚在市中心的中央路车站停住，第三节车厢里一名56岁的男子就从黑色的手提包里取出一个装满易燃物的绿色塑料罐，并拿出打火机试图点燃。车内的几名乘客立即上前阻止，但这名男子却摆脱阻拦，把塑料罐内的易燃物洒到座椅上，点着火并跑出了车站。

车内起火后，车站的电力系统立刻自动断电，站内一片漆黑，列车门因断电无法打开。

车内没有自动灭火装置。正当大火烧起来的时候,刚好驶进站台的对面一趟列车也因停电而无法动弹。大火迅速蔓延过去,两列车的 12 节车厢全被烈火浓烟包围。人们乱作一团,有的拼命撬门,有的四处寻找逃生的出口。

慌乱中,许多乘客因浓烟窒息而死。浓烟不仅从地铁出口向地面上的街道扩散,而且顺着通风管道蔓延至地下商场,200 多家商店纷纷关门。当地警方、消防部门在两分钟内接到了火警警报,迅速调集 1 500 多名人员和数十辆消防车前往救援。军队也加入救援队伍。一时间,大邱市中心区警笛声响成一片,警察封锁了通往现场的所有路口。许多市民闻讯后赶到现场,寻找自己亲属。事故现场周围哭声不断,交通陷入瘫痪。如遇到这类情况,你该怎么办?

【知识目标】

1. 熟悉车站发生火灾、爆炸处理流程;
2. 熟悉车站出现重大瘟疫的处理流程;
3. 熟悉车站发生食物中毒的处理流程;
4. 熟悉车站发生大量旅客滞留、积压的处理流程。

【能力目标】

1. 能够掌握车站发生火灾、爆炸处理方法;
2. 能够掌握车站出现重大瘟疫的处理方法;
3. 能够掌握车站发生食物中毒的处理方法;
4. 能够掌握车站发生大量旅客滞留、积压的处理方法。

【学习要求】

1. 具有良好的服务态度意识;
2. 具有良好业务素质;
3. 具有较高的服务水准。

一、车站火灾、爆炸事故客运应急作业

(一)适用范围

该作业规定了车站发生火灾、爆炸事故时的应急处置作业程序、内容及要求,适用于铁路车站,详见图 7-9 和表 7-9。

(二)引用规范性文件

《铁路技术管理规程》《铁路行车组织规则》《铁路旅客运输规程》《铁路旅客运输办理细则》《广铁(集团)公司高速铁路客运组织应急处置预案》等有关规定。

(三)作业目的

迅速有效处置车站火灾、爆炸事故,最大限度减少人员伤亡、财产损失和社会危害,确保旅客安全。

(四)作业程序(流程图)

车站火灾、爆炸事故客运应急作业程序见图 7-9。

(五)作业内容和要求

车站火灾、爆炸事故客运应急作业内容及要求见表 7-9。

```
                    ┌─────────────────┐
                    │    信息报告      │
                    └────────┬────────┘
                             │
                    ┌────────▼────────┐
                    │   应急小组就位   │
                    └────────┬────────┘
          ┌──────────────────┼──────────────────┐
          │                  │                  │
┌─────────▼─────────┐ ┌──────▼─────────┐ ┌──────▼─────────┐
│     疏散组：       │ │   处置组：      │ │  伤员抢救组：    │
│ 客运干部指挥,由岗 │ │ 专业干部指挥,由 │ │ 专业人员指挥,由  │
│ 位客运人员组成     │ │ 本班义务消防员  │ │ 本班红十字救护员 │
│                   │ │ 组成           │ │ 组成            │
└─────────┬─────────┘ └──────┬─────────┘ └──────┬─────────┘
          │                  │                  │
    ┌─────▼──┐ ┌──────┐ ┌────▼───┐ ┌──────┐ ┌───▼────┐
    │ 稳定   │→│ 疏散 │ │ 切断   │→│ 及时 │ │ 抢救   │
    │ 情绪   │ │ 旅客 │ │ 电源   │ │ 扑救 │ │ 伤员   │
    └────────┘ └──┬───┘ └────────┘ └──┬───┘ └───┬────┘
                  └──────────┐   ┌─────┴────────┘
                             ▼   ▼
                    ┌─────────────────┐
                    │    现场处置      │
                    └────────┬────────┘
                             │
                    ┌────────▼────────┐
                    │ 现场应急处置结束 │
                    └────────┬────────┘
                  ┌──────────┴──────────┐
            ┌─────▼─────┐        ┌──────▼─────┐
            │  保护现场  │        │  协助查访  │
            └───────────┘        └────────────┘
```

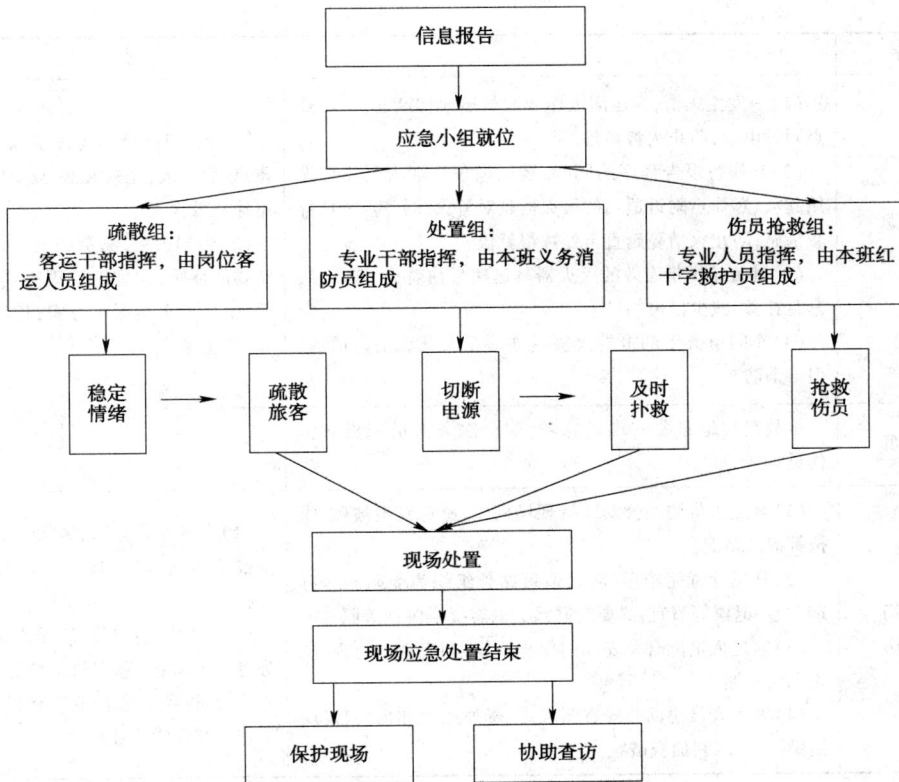

图 7-9　车站火灾、爆炸事故客运应急作业程序

车站火灾、爆炸事故客运应急作业内容及要求　　　　　　　　　　表 7-9

程　序	内　容	要　求
信息报告	（1）客运人员发现火情或爆炸后,第一时间向客运值班站长报告,客运值班站长向车间值班干部、车站派出所报告,车间值班干部报告车间主任并通知广播室向段值班室报告。 （2）客运值班站长根据现场情况,拨打119、120电话	（1）拨打火警电话时,讲清时间、地点、燃烧物及火势情况,请求救援。 （2）及时通知急救中心或有救治能力的医院（协议医院优先）,拨打医疗急救电话时,讲清地点、伤亡人数、伤势等情况
应急小组就位	（1）客运主任迅速组织相关人员赶到现场,成立临时指挥中心,实行统一指挥。 （2）现场成立疏散组、处置组、伤员抢救组,协同合作,分工负责	人员到位及时,指挥统一高效
稳定情绪疏散旅客	（1）疏散组利用广播、喇叭等各种宣传工具进行紧急疏散广播,加强宣传,稳定旅客情绪。 （2）根据不同的起火、爆炸点,派人打开并值守安全出口、疏散通道,组织引导旅客按就近路径快速有序地疏散到安全地带。 （3）必要时立即联系暂停接发列车,防止发生群死群伤重大事故	（1）在引导疏散旅客时做好宣传解释,消除旅客恐慌心理,提醒旅客注意安全,防止旅客因盲目窜跑、互相拥挤发生群死群伤事故。 （2）发生火灾需疏散旅客时,向旅客宣传防火自救常识,遇烟雾较大时要求旅客用手或湿巾捂着口鼻,弯腰行走

程　序	内　容	要　求
切断电源 及时扑救	（1）一发生火情,客运岗位作业人员迅速切断起火、爆炸点附近电源,防止火势蔓延。 （2）在履行报告程序的同时,客运岗位作业人员立即选用起火、爆炸点附近适当的灭火器对着火、爆炸点采取扑救措施,防止火情蔓延直至处置组就位。 （3）处置组携带有效的灭火器具迅速赶往着火、爆炸点,紧急扑救,减少损失。 （4）车间值班干部报告火警后立即派人开启消防通道,引导消防车	（1）灭火时根据“先控制,后灭火;先重点,后一般;先救人,后救物”的原则,迅速扑救火灾。 （2）根据火灾、物资的具体情况和燃烧物的性质,合理选取灭火器材、消火栓、工具等实施灭火方案,控制火势蔓延,防止爆炸
抢救伤员	抢救组实施必要的现场急救,配合医务人员积极救治伤员	
保护现场 协助查访	（1）客运人员协助公安维持现场秩序,避免发生被盗、哄抢等混乱情况。 （2）现场处置完毕后,客运值班站长组织为受阻旅客办理改签、退票等事宜;必要时联系为旅客提供餐饮等服务。 （3）客运人员配合公安部门保护现场,彻底清理检查,防止余火复燃。 （4）客运人员协助公安查明火灾、爆炸原因和损失程度,提供线索,以利侦查破案	（1）在现场处置时,客运人员配合公安设立安全防护区,禁止无关人员穿行。 （2）采取广播宣传、增派人员加强服务等多种措施,稳定旅客情绪,维持好秩序,在得到应急作业完毕的指示后,尽快恢复正常作业程序

（六）重点控制事项

（1）客运值班站长报告火警必须征得本单位现场主要领导同意,报警后提前对消防车通道进行检查,并派人接应配合,指明消火栓位置,以确保消防车能迅速到位处置火情。

（2）疏散旅客时派人在队伍前引导,防止旅客摔倒,提醒后面人员不要拥挤,做到快速有序撤离。

（3）使用有效的灭火器材和正确的灭火方法,迅速扑救火灾,控制火势,严禁用水浇淋广播等着火电器设备（火情无法控制且确认断电后除外）。

（4）如现场火势很大,客运作业人员要根据实际情况进行扑救,先注意自身人身安全,再对火势相对较小的地方进行扑救,待专业消防队员到场后,协助其进行火灾扑救工作。

（5）必要时配合公安部门封闭火灾现场,设置警戒线,阻止未经批准人员进入现场录音、摄像、拍照、采访。

（七）记录及表格

（1）班工作日志。

（2）用药登记簿。

（3）消防台账。

二、车站发生重大疫情应急作业

（一）适用范围

本作业规定了车站遇重大疫情时客运各岗位的作业程序、内容和要求,适用于铁路车站,详见图7-10和表7-10。

(二)引用规范性文件

《中华人民共和国传染病防治法》《国家突发公共事件总体应急预案》《铁路突发公共卫生事件应急处理预案》《广铁集团公司突发公共事件应急处理预案》《广铁集团公司突发公共事件应急处理办法实施细则》等有关规定。

(三)作业目的

迅速、妥善处理客运车站发生的重大疫情,最大限度地减少旅客伤亡,防止传染的扩散。

(四)作业程序(流程图)

车站发生重大疫情应急作业流程见图7-10。

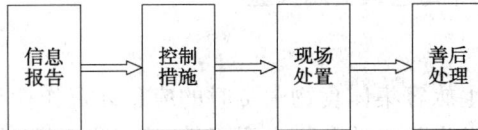

图7-10 车站发生重大疫情应急作业流程

(五)作业内容和要求

车站发生重大疫情应急作业内容及要求见表7-10。

车站发生重大疫情应急作业内容及要求　　　　　　　　　　　表7-10

程　序	内　　容	要　　求
信息报告	(1)岗位工作人员立即报告客运值班站长。 (2)客运值班站长立即向车间值班干部报告。 (3)迅速联系地方医疗机构(或当地卫生部门指定的医疗机构)。 (4)铁路公安部门通报有关情况,铁路公安机关组织警力维护现场秩序,必要时立即封闭现场,设置警戒线,严格控制进出人员及车辆	报告内容包括:时间、地点以及患者主要症状和密切接触人员简况等
控制措施	(1)客运值班站长将病人或疑似病人隔离,同时控制病人原所在候车或停留区域旅客的流动。 (2)客运员对候车室等处的通风情况进行检查,根据疫情关闭中央空调,保持室内通风	对病人的同行人员以及有关客运工作人员确定为密切接触者
现场处置	(1)车间红十字救护员对患者进行初步救治,使用红十字药箱内的非处方药品进行对症治疗。 (2)及时登记疑似染疫患者、严重呼吸道传染性疾病患者、密切接触者有关信息。 (3)处理疑似染疫传染病人时,应急人员做好安全防护措施(穿着隔离服、戴口罩、手套、防护眼镜,穿防护靴,并扎紧袖领)。 (4)对患者的呕吐物、排泄物装袋封存,配合防疫部门做好消毒工作。 (5)发现疑似染疫动物时,装袋密封,配合防疫部门做好消毒工作	对疑似染疫患者、严重呼吸道传染性疾病患者、密切接触者,要详细记录姓名、性别、年龄、职业、住址、单位、身份证号码、联系方式、所持车票发到站及票号、座卧别、所在车厢位置等情况
善后处理	对密切接触病人的客运人员,按照卫生防疫部门的安排进行医学观察	

（六）重点控制事项

(1)发现疑似染疫传染病人时,要注意隔离,防止传染扩散,同时加强个人保护意识。

(2)做好解释安抚工作,稳定旅客情绪,防止事态扩大。

（七）记录与表格

(1)铁路传真电报。

(2)客运记录。

(3)用药登记簿。

三、车站旅客集体食物中毒客运应急作业

（一）适用范围

该作业规定了车站发生旅客集体食物中毒时的应急处置作业程序、内容及要求,适用于发生在 3 人以上集体性或发生死亡的食物中毒事件,详见图 7-11 和表 7-11。

（二）引用规范性文件

《中华人民共和国食品安全法》《中华人民共和国传染病防治法》《国家突发公共事件总体应急预案》《铁路旅客运输规程》《铁路旅客运输办理细则》《铁路突发公共卫生事件应急处理预案》《广铁集团公司突发公共事件应急处理预案》《广铁集团公司突发公共事件应急处理办法实施细则》等有关规定。

（三）作业目的

迅速、妥善处置旅客集体食物中毒事件,最大限度地减少旅客伤亡。

（四）作业程序（流程图）

车站旅客集体食物中毒客运应急作业流程见图 7-11。

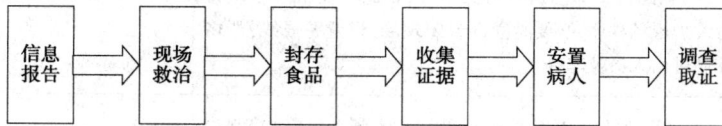

```
信息报告 → 现场救治 → 封存食品 → 收集证据 → 安置病人 → 调查取证
```

图 7-11　车站旅客集体食物中毒客运应急作业流程图

（五）作业内容和要求

车站旅客集体食物中毒客运应急作业内容及要求见表 7-11。

车站旅客集体食物中毒客运应急作业内容及要求　　　　　　　　　表 7-11

程　序	内　　容	要　　求
信息报告	(1)客运人员发现旅客集体性疑似食物中毒症状(3 人以上旅客出现呕吐、抽搐、腹泻、神志不清或周身不适等症状)后,向客运值班站长报告。 (2)客运值班站长立即通知急救中心或有救治能力的医院(协议医院优先),并向车间值班干部、车站派出所报告,车间值班干部向车间主任报告并通知广播室向段值班室汇报	(1)报告内容包括:日期、时间、中毒人数、重病人数及死亡人数、主要中毒表现、可能引起中毒的食物等。 (2)拨打医疗急救电话时,讲清地点、中毒人数、症状等情况
现场救治	(1)由车间红十字救护员对病人进行初步救治,使用红十字药箱内的非处方药品进行对症治疗。 (2)当医疗卫生人员到达现场时,立即协助转送病人	准确登记用药情况

196

程　序	内　容	要　求
封存食品	(1)车间视情况停止食品经营活动。 (2)禁止旅客食用可疑中毒食品,保留所有可疑食品及其工具、设备,封闭现场	保护现场,留样齐全
收集证据	安排人员配合卫生医疗人员收集患者呕吐物、排泄物及剩余食品,使用密闭清洁器具存放	标识清楚:患者姓名、采集时间、是否用药、存放地点、收集人姓名等
安置病人	根据中毒病人人数、症状等具体情况合理安排隔离区域,将中毒及疑似病人集中管理,开窗通风,做好服务工作,稳定病人情绪	中毒病人与普通候车旅客隔离,以免引起群体性恐慌
调查取证	(1)客运人员配合卫生防疫部门调查发病的原因及有关证据收集、证言取证,被取证人包括发病病人、周围旅客及有关工作人员。 (2)对有投毒、破坏嫌疑的案件,配合公安部门开展调查取证工作	实事求是,信息提供准确、真实

(六)重点控制事项

(1)处置过程中,不论导致食物中毒的责任在谁,首先要确保积极救治旅客,使中毒病人得到早隔离、早治疗。

(2)发生旅客集体性食物中毒情况后,立即采取病人集中管理、隔离等有效措施保证其他旅客免受伤害。

(3)在未查清中毒原因及毒源前,车站食品、商品、饮用水禁止向旅客供应。

(4)客运人员加强自我保护意识,在与中毒病人接触、协助处理中毒病人呕吐、排泄物时,必须按卫生防疫部门的有关要求穿戴防护用品。

(5)必要时配合公安部门封闭现场,设置警戒线,阻止未经批准人员进入现场录音、摄像、拍照、采访。

(七)记录及表格

(1)班工作日志。

(2)用药登记簿。

四、车站大量旅客滞留、积压应急作业

(一)适用范围

本作规定了车站遇大量旅客滞留、积压时客运各岗位的作业程序、内容和要求,适用于铁路车站,详见图7-12和表7-12。

(二)引用规范性文件

《合同法》《铁路法》《铁路运输安全保护条例》《铁路旅客运输规程》《铁路旅客运输管理规则》《铁路旅客运输办理细则》《铁路旅客运输服务质量标准》(车站部分)《广州铁路(集团)公司旅客大量积压和滞留客运组织应急预案》

(三)作业目的

迅速妥善处理旅客滞留和积压问题,维护站场秩序,确保旅客人身安全。

(四)作业程序(流程图)

车站大量旅客滞留、积压应急作业流程见图7-12。

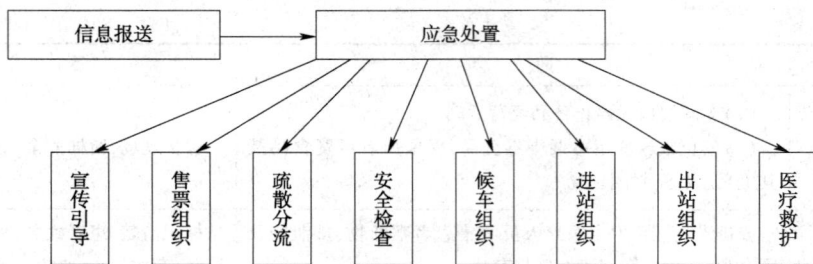

图 7-12　车站大量旅客滞留、积压应急作业流程图

(五)作业内容和要求

车站大量旅客滞留、积压应急作业内容及要求见表7-12。

车站大量旅客滞留、积压应急作业内容及要求　　　表 7-12

程序	内　　　容	要　　　求
信息报送	(1)岗位工作人员立即报告客运值班员。 (2)客运值班员立即向车间值班干部、车站派出所报告。 (3)车间值班干部接到信息报告后,在第一时间向车间主任报告,同时根据情况通知广播室向段值班室报告。 (4)车间主任安排专人负责收集和掌握积压、滞留旅客情况,必要时按程序向所在地人民政府通报客流动态信息	(1)报告的内容包括:站台、候车室、售票厅客流滞留及积压情况;重点旅客和旅客列车运行秩序情况。 (2)车站在某一小时内旅客积压的最高人数达到车站当日最大运输能力的3倍或旅客滞留的最高人数达到车站候车能力的2倍时,车间应立即向车务段值班室报告有关情况
应急小组就位	站长组织相关人员成立联络指挥组、现场维护组、后勤保障组,按照分工迅速赶到现场	人员到位及时,分工明确
宣传引导	(1)各岗位客运人员坚守岗位,做好宣传解释和疏导工作。车站派出所公安积极配合。 (2)广播员有针对性地加强广播宣传解释工作,根据集团统一口径向旅客说明滞留及积压原因,安抚旅客;加强与运转部门联系,通过广播、引导系统及时发布本站旅客列车运行情况。 (3)车间根据需要在相关处所增加临时引导标志、手提喇叭,利用电子显示屏、临时性文字告示等方式加强宣传和引导。 (4)车间按照路段宣传部门统一口径通过电台、电视、报纸等新闻媒体向社会发布消息,告知旅客暂不前往火车站,避免旅客积压、滞留情况进一步加剧。 (5)车间指定专人负责与地方政府宣传部门和相关媒体沟通协调,并通报有关信息	(1)广播室根据规定的广播词每30分钟广播滞留、积压原因并致歉。 (2)坚持实事求是、把握适度、及时准确的原则编写宣传报道信息,经站段宣传部门审查并确定发布时机及方式,向媒体和社会通报。 (3)因旅客积压、滞留发生突发性事件时,要按照《广州铁路(集团)公司突发事件新闻处置办法》实行新闻发言人制度
售票组织	(1)计划员根据现场情况提出票额调整和临时客车加开方案报告上级主管部门。 (2)票房安排人员迅速增开窗口办理退票、改签业务。遇现金不足时,提前报站段收入部门协调解决。 (3)严格按计划售票;视情况停止发售一定时期内客流滞留、积压方向的车票。 (4)停售站台票	计划调整及时,应对措施有力

程　序	内　　　容	要　　求
疏散分流	（1）车间主任视客流情况向地方政府汇报,请求支援。对车站广场周边实行交通管制,严禁车辆通行,维护好站场秩序。 （2）需采取异地候车措施时,车间主任及早与地方政府有关部门联系,取得地方政府支持。指派专人负责异地候车的组织、接驳,确保旅客安全。 （3）需动员旅客改乘其他交通工具时,车站指派专人统计好滞留、积压旅客目的地信息和人数。站长与地方政府联系协调,根据旅客意愿合理安排其他交通工具运送旅客	联系及时,疏散有序,确保安全
安全检查	及时增开危险品检查仪,必要时增派人力进行开包检查	旅客通过安检口进站时保持畅通,杜绝漏检
候车组织	（1）采取分时段、分区域凭票候车措施,合理有序安排候车能力,留有通道,控制候车室内旅客集结数量。 （2）客运工作人员加强候车室巡视,掌握旅客动态,随时做好宣传解释;对情绪激动和有过激行为的旅客,及时予以安抚。对干扰铁路运输秩序的违法行为,配合公安部门予以制止。 （3）车间工作人员加强服务和卫生保洁工作,对重点旅客做到重点照顾	（1）候车室应有充足的饮用水供应,温度达到规定标准;照明良好,空气流通,卫生清洁。 （2）候车室无误放、漏乘,特殊重点旅客交接到位
进站组织	（1）提前检票进站,加派人员维护秩序,防止检票口拥挤混乱。 （2）及时疏通旅客进站上车通道,在天桥、地道、楼道、平交道口等关键部位定岗、定人重点把守,加强防护和引导。有条件的车站要按照"分区候车、提前预剪、专人带队、分批乘降"的组织方法,组织旅客有序进站上车。 （3）加强站场两头和通道的卡堵,及时清理站台,防止旅客爬车、钻车和横跨股道	杜绝无票人员及闲杂人员进站上车
出站组织	在站台、出站口等明显的位置设置出站引导标识,组织旅客快下快出,遇列车集中到达时,安排专人疏导,引导旅客出站	出站有序,杜绝进出站旅客对流
医疗救护	发生旅客疾病或人身伤害时,客运值班员立即拨打"120"或协议医院请求治疗,并按客伤管理办法处理	

（六）重点控制事项

（1）加强广播宣传,做好解释安抚工作,稳定旅客情绪。

（2）严格执行凭票进站、分区候车、提前预检、分批乘降的客运组织方案。

（3）加强巡视,及时掌握旅客动态,做好服务工作。

（4）加强与铁路公安部门的联系,增加警力,维护站车治安秩序。

（5）增开退票、改签窗口,加强票厅秩序维护。

（6）必要时主动与地方政府联系,通过其他交通方式分流,缓解铁路压力。

（七）记录

（1）铁路传真电报。

(2)客运记录。

(3)重点旅客交接簿。

(4)广播日志。

(5)班工作日志。

【案例 7-5】 蓄意破坏,引爆炸药

事故概况:1986 年 1 月 15 日,由××段担当的武昌开往广州 247 次,列车运行在白石渡至坪石间,晚上 22 点 15 分,在硬席 5 号车厢运行前方第 3 档短凳走道中间(列车停在桥上)列车发生爆炸。后经公安部门鉴定,罪犯点燃 10 根导火索(在厕所内)引爆 5 公斤炸药。造成死亡 8 人,重伤 9 人,轻伤 27 人,总计伤亡 44 人的重大事故。

原因分析:罪犯,男 29 岁,对计划生育不满,怀着对社会的报复在列车上作案。

【案例 7-6】 "8.24"旅客列车火灾重大事故

事故概况:1998 年 9 月 24 日,××段担当的襄樊—宜昌的 675 次旅客列车,运行到小烟墩至当阳站间,餐车内台值班人员违章炸鱼导致起火,由于扑救不及时导致餐车烧毁报废。所幸无旅客和乘务人员伤亡,直接经济损失 160 多万元。构成旅客列车火灾重大事故。

原因分析:

炊事员违章违纪。当天,值夜班炊事员刘××运行中加工油炸全鱼时,不坚守岗位,油锅未离火时,刘××离开餐车到邻岗软卧车与其他乘务员聊天,忘记炉子还在油炸鱼,由于时间过长,锅内食油烧干起火,当发现时,内台火焰已窜出外台。

处理火灾事故的应变能力差。火灾事故发生后,列车紧急停车位置不佳,列车长、乘务员、乘警长等列车工作人员用尽全列灭火机奋力扑救无济于事。119 消防车赶到时,因停车位置不靠水源,消防车自带水用尽后大火仍未扑灭,眼看大火就要向前后两头客车蔓延。列车长、乘务员、运转车长及时分离着火餐车,火势才未蔓延到邻车厢。

全列当班人员大部分违章违纪。事发当时近凌晨 5 时,正是夜班疲惫之时,列车长未卡控住关键时间的安全作业,坐软卧包房休息,车厢部分列车员在岗上睡觉。当火烟窜入尾座车时,引起旅客骚动,惊醒餐车领岗列车员冲过餐车到软卧车报告列车长。当工作人员赶到餐车时,列车上的灭火器已经无法扑灭熊熊大火了。

【案例 7-7】 旅客意外伤害

事故概况:1995 年 1 月 1 日,由××段担当的 94 次列车到达信阳站时,乘降完毕,列车启动约 2:46 分时,11 号车旅客邢××,男,21 岁,系武汉体院的举重学生。因专心做试题,未听到列车员通报到站名,(该旅客持武昌到信阳车票,票号 A0709)列车启动后不顾工作人员劝阻,将车门拉开跳车受伤。

原因分析:

旅客邢××跳车的方位是车站北头 979 千米处,列车即将出站了,从车门跳车。那么我们车门是否锁了,是否执行了车门制是问题的关键,如果已锁好,旅客就不可能拉开车门跳车。

是否落实作业程序,夜间是否通报了站名,对双层客车车门门锁的性能是否掌握,正因为该掌握的未掌握,导致一起不应发生的事故未得到防止。

教训:干部职工缺乏安全生产意识,作业程序落实不力,宣传力度不够,未严格岗位前培训,对新型列车的性能掌握不够,造成缺乏安全常识的旅客意外伤害。

本章小结

本章介绍突发事件的含义、突发事件的分类级别和处理原则,分析了突发事件的组织机构的职责,根据其职责重点分析了列车、车站上旅客突发事件的处理方法,并结合实际案例进行深度分析。

通过本章的学习,广大铁路客运职工可以对突发事件有一定认识,针对列车、车站突发的情况,能够进行及时有效地处理,培养其良好的职业素质和专业技术能力。

复习思考题

1. 突发事件的含义是什么?

2. 突发事件怎样分类和分级?

3. 旅客在列车上发生伤害或疾病时应该怎么办?

4. 旅客在列车上发生重大疫情该怎么办?

5. 当车站发生大量旅客滞留、积压时,该采取什么方法处理?

6. 根据所学知识分析以下几起典型案例。

【案例7-8】 皮夹克油起火酿成一起大祸!

1987年2月18日17点18分,同往常一样,由三棵树开往加格达奇的373闪旅客列车就要离开肇东车站了。突然,车下有人高喊:"着火了!"只见6号车厢的车窗玻璃纷纷被砸碎,滚滚浓烟夹带着火苗从车窗里喷涌而出,旅客们正不顾一切地从车窗往外跳。

"快通知乘务员组织旅客下车,报火警!休班乘务员快拿灭火器!"发现险情,车长史顺江一边往6号车厢跑,一边对身边的另一位车长郭振江下达命令。随后,他两手抓住6号车厢门扶手,使尽全身力气,用双脚踹开车门,救出了堵在门口的旅客,然后一头冲进了车厢,从乘客车室抱出两个灭火器,同列车员周立忠一起,扑向火场。

就在这时,添乘干部王文治、李兴国也赶到了6号车厢外。车上扔下的行李物品砸在了他们身上,碎玻璃溅到了他们脸上,他们全然不顾,坚持救援跳窗的旅客。一个跳窗的旅客把王文治撞了一个趔趄,他爬起来,又去救援别的旅客。

车窗玻璃全部被打碎了,强烈的空气对流,更加助长了火势,车厢的地板着了,四壁和棚顶着了,坐席也着了,烈焰飞腾,一片火海。

"妈妈,妈妈!"刚刚报完火警赶回来的郭车长,见站台上站着一个男孩,正在对着车厢哭喊,他透过浓烟定睛一看,只见车上还有几个人影晃动。

"快救旅客!"他和行李员张学礼奋不顾身地冲进车厢。这时,一名旅客已吓得不知所措,男孩的妈妈还在一个劲地往下扔行李。郭车长和张学礼飞身向前,抓住他们,从窗户把他们一个个抱到了车下。

火势越来越大,6号车厢眼看保不住了。为了其他车厢的安全,在本务机车的配合下,乘务员们钻到车下,用石头砸,手板,终于提开车钩,将6、5号车厢分离开了。接着车站职工配合调车机,把7号车厢也分离开了。此时,餐车主任艾志敏额头已被烧伤,他忍着疼痛,带领餐车人员,扑灭了邻近一辆货车上的大火。

5号车厢门头处,烈焰还在逞威,乘务员们鏖战正急。列车员王士伟、李忠冒着危险,挥动着手套、帽子扑打火苗;帽子、手套烧着了,他们又脱下棉衣扑打。门窗的密封胶条燃烧后,形成了一个个通红的小火球,掉在烧水员高志华和曾来春的脖子、手上,立刻烫起了水泡,可他们仍然咬牙坚持着,谁也不肯后退。

在车站和地方消防队积极支援下,一场列车火灾终于扑灭了。但是仍然造成了很大损失:6人重伤,7人轻伤,一节车厢大破,列车中断运行一个多小时。

【案例7-9】 300克铝粉血的代价

震动全局的415次旅客列车爆燃事故,经公安部门立案侦破,真相大白:旅客贺洪才违反规定携带铝粉上车,行车途中,铝粉与化纤物品摩擦,产生静电火花后引起爆燃。公安机关已依法将贺洪才收审。

1988年7月1日晨5时43分,广东海上韶关市饲料总公司停薪留职人员贺洪才,返乡途中持高邑至新乡客票在高邑车站登上415次客车。上车后,贺将装有300克铝粉(属二级易燃固体)及尼龙乡纤织物等物品的旅行包放置在33号和42号座席上方的行李架上。11时26分,当列车运行到安阳至莲花寺站间时,该旅行包突然爆燃起火,酿成了伤亡旅客25人(其中死亡、重伤各6人)、报废客车一辆,直接经济损失达59万元的重大事故。

【案例7-10】 食物中毒案件(源自东方新报)

某日清晨6时54分,本该如期抵达广州的29名旅客,却无奈躺在长沙、衡阳等地的铁路医院接受治疗。此前,他们均在益阳火车站站台购买并食用了由推车供应的钵子饭。目前,所有病人病情稳定,已有两名旅客出院。发病原因尚在调查中。

某晚8时06分,由四川达州开往广州的1010/1007次列车准点驶入长沙火车站,20多名旅客被搀扶着走下列车,其中14人出现呕吐、腹泻、肚子痛等中毒症状。随后,该趟列车在衡阳车站停靠时,又出现了10名发病旅客。另据记者了解,当晚由张家界开往广州的K583次列车上,也出现了5名症状相同的旅客,并在衡阳车站下车接受治疗。

在长沙铁路医院见到来自四川宣汉县塔河乡67岁的向守明时,老人的鼻孔里插着吸氧管。他断断续续地讲诉,1010/1007次列车停靠在益阳火车站,他在站台上购买了3个配有鸡蛋、猪肉、小白菜的钵子饭。食用后10多分钟,他和家人及多名旅客便上吐下泻。据了解,该趟列车共有29人中毒,年龄最小的才1岁零8个月。

【案例7-11】 疑似精神病人挟持旅客

某年1月31日昆明开往北京的K472列车上发生一起疑似精神病人挟持旅客事件,警方已迅速解救被挟持的旅客,没有人员受伤。

某年1月31日凌晨3时47分,杭州开往重庆的L841次列车在湘黔线玉屏车站2站台停靠时,一男子突然从车上窜下,冲上停靠在对面站台昆明开往北京的K472次列车14号车厢。该男子上车后大喊大叫,并将K472次旅客江某抱住,用水果刀架在其脖子上,声称"任何人不准靠近,谁靠近就捅死他"。

车上乘警一面对这名挟持旅客的男子进行劝服,稳定其情绪,一面向最近的怀化铁警方报案。怀化铁路公安处接到报案后,迅速组织了20余名民警赶到怀化车站。5时40分,K472次列车到达怀化车站后,怀化铁路公安处的20余名民警一边与挟持人对话分散其精力,一边紧急疏散旅客。相持约1小时后,乘挟持者不备,5名民警从两侧扑过去将其制服,迅速解救了被挟持的旅客。

【案例7-12】 极端天气,大量旅客滞留车站

由于极端天气的影响,广州春运形势严峻。从2008年1月26日开始,大批旅客滞留广

州火车站,见图 7-13。一时间,广州火车站地区人潮汹涌、拥挤不堪。从 1 月 26 日至 2 月 5 日,在 11 个寒风冷雨的日日夜夜,数百万旅客滞留广州。2008 年 1 月 26 日,一份特急件摆到了广州市委、市政府主要领导的案头:受恶劣天气和京广线湖南衡阳段电力故障的影响,南下北上列车严重受阻,广州火车站积压旅客达 15 万人。而在广州春运史上,广州火车站滞留旅客最多也不过 10 万人。

2008 年 1 月 28 日,春运指挥部全面启动最高一级应急预案,广州火车站地区交通实行封闭管制。受京广铁路逐步恢复通车消息的影响,新一轮返乡高峰悄然形成,并加速向广州火车站涌来。从 1 月 30 日到 2 月 2 日,广州火车站外围滞留旅客量达到最高峰,每日均超过 26 万人。

2008 年 1 月 30 日广州火车站还只能发送旅客 65 560 名,1 月 31 日至 2 月 5 日的关键 6 天内,平均每天发送旅客近 20 万人,疏运速度大大加快。

滞留旅客也感受到了人性化的关怀。9 000 多名母婴、老人、孕妇通过专门的"绿色通道",被直接送进火车站乘车;在整个火车站地区设立 25 个医疗点、备用 5 支医疗队,16 300 多名旅客得到及时治疗,基本用药全部免费发放;加强滞留场地 24 小时卫生保洁,850 名环卫工人每天运送垃圾达 210 吨……

图 7-13　滞留旅客现场

(1)分析造成以上事故的原因。
(2)运用所学的知识分析发生以上事故时应采取怎样的应急措施?
(3)结合案例,对此类事故提出具体防范措施。

实践项目训练

一、实训目的

1.更好地掌握本章的理论知识。
2.运用相关知识解决实际问题的能力。

二、知识要点

1.握突发事件的含义、分类和分级。
2.列车上旅客突发疾病等事件的处理程序和方法。
3.掌握车站旅客突发疾病等事件的处理程序和方法。

4.培养学员在遇到实际突发事件的处理能力。

三、课时

6 课时

四、实训考核办法

根据实训要求,采取学生和师生共同评分的办法,根据每次实训的成绩积分,得出最后成绩。该分数主要在综合实训结束时体现,记入最后学期考核中。

1.实训考核共分为三部分综合评价:

(1)态度(20%):参与的积极性、主动性等。

(2)知识的掌握(30%):对各种突发事件规范的掌握程度。

(3)知识的迁移(50%):运用相关理论解决实际问题的能力。

2.实训项目如下:

(1)列车旅客伤害或疾病应急处理。

(2)旅客列车发生重大疫情处理。

(3)列车发生火灾、爆炸应急处理。

(4)列车旅客集体食物中毒应急处理。

(5)车间发生大量旅客滞留、积压应急处理。

(6)旅客列车严重晚点应急处理。

(7)车站发生火灾、爆炸应急处理。

五、实训要求

1.分组进行训练,模拟不同的场景下的突发事件。

2.分组根据掌握的理论知识对突发事件进行处理。

3.最后由每组给出总结报告。

4.通过场景模拟体会学会处理突发事件的必要性。

5.通过场景体验,掌握处理突发事件的方法。

六、实训小结

个人畅谈实训体会,教师总结,评选出最佳处理方案等。

附　　件

附件一　药品使用登记表

药品使用登记表   附表 1

药名	领用时间	使 用 原 因	数量	领用人签名	保健员签名
去痛片	3 月 20 日	××次列车 3 号车厢旅客头疼	2 片	张三	

××铁路局

客统—1

客 运 记 录

第×号

记事理由:包裹品名不符

　　峨眉站

　　×年×月×日×时,本次列车在西昌开车后发现广通站发峨眉站冻鱼 1 批 3 件 120kg,票号 B000118,其中一件木箱里面是冻虾,现编记录交你站,请按章处理。

　　　　　　　　　　　　××站段编制人员×××次列车长张三(印)
　　　　　　　　　　　　站段签收人员　　　　　　　　　(印)
　　　　　　　　　　　　　　　　　×年×月×日编制

××铁路局

客 运 记 录

第×号

记事理由:行李破损
　　长春站
　　×年×月×日,××次列车运行至铁岭—开原间,由于列车紧急制动,行李车货仓内货件倒塌,将北京站发你站包裹 A711012 号,自押彩电一件,25kg 砸毁,现编制记录说明情况,并将该货交你站处理。

参加人签字:
　　××次乘警　　　　　张三印
　　××次列车行李员　　李四印
　　××次列车司机　　　王五印

××站段编制人员　　×××次列车长刘七(印)
站段签收人员　　　　　　　　　　(印)
　　　　　　　　　×年×月×日编制

附件三　药品发放登记表

药品发放登记表

附表2

编号	药　名	2014 年数量	保健员签名	2015 年数量	保健员签名	2016 年数量	保健员签名

附件四 消防检查记录表

消防检查记录表 附表3

被检查部门		
检查时间	检查人	
检查内容	检查情况	处理结果
火灾隐患整、防范措施落实情况		
安全疏散通道、疏散指示标志、应急照明和安全出口		
消防车通道、消防水原		
灭火器材配置及有效情况		
用火用电有无违章		
重点工种人员、其他人员消防知识掌握情况		
消防安全重点部位管理情况		
易燃易爆危险物品场所防爆落实情况及其他重要物资防火安全情况		

附件五　乘务日志

沿途给谁情况记录

给水站									
给水前数量									
给水后数量									
是否给水									

硬质物品回收登记

日期	车次	铺号	发站	到站	品名	数量	登记时间	回收时间

注:空调车硬质物品只有回收不登记,绿皮车4月1日至10月31日回收登记。

交　接　表

区　　间	交　接　内　容	交班人	接班人

重点旅客登记表

车次：　　　车厢顺号：　　　　　　　车号　　　　　　　　　年　　月　　日

铺号	发站	到站	性别	重点类别	服务措施

车厢设备设施故障登记簿

区　间	检　查　人	设备设施故障问题

备　注

附件六　班组乘务日志

项目 车次	运送旅客人数	运送行保件数	客票进款	餐营进款
往返主要情况记事					

附件七　铁路传真电报

铁　路　传　真　电　报

签发：　　　　　核稿：　　　拟稿人：
会签：劳卫处　　　　　　　　　电话：

发报所名	电报号码	等级	受理日	时分	收到日	时　分	值机员

主送单位：
抄送单位：

报文：

附件八　各类广播记录格式

出站广播

×××次				××××　站	
到点		开点		停分	
行走里程			运行时间		
作业内容					
作业标准					

到站广播

×××次				××××　站	
到点		开点		停分	
行走里程			运行时间		
作业内容					
作业标准					
换乘时刻					

列车上广播

本趟广播宣传中心		

年　　　　月　　　　日　　　次　　　　　　　　广播员

宣传重点：

临时宣传内容：

新闻监听	
车长签字	

参 考 文 献

[1] 蒋海波,等. 城市轨道交通运营管理[M]. 北京:中央广播电视大学出版社,2012.

[2] 王艳辉,等. 城市轨道交通运营管理方法与技术[M]. 北京:北京交通大学出版社,2013.

[3] 张新宇,等. 城市轨道交通运营管理[M]. 北京:人民交通出版社,2012.